EUROPAVERLAG

SAYRAGUL SAUYTBAY
ALEXANDRA CAVELIUS

DIE KRONZEUGIN

Eine Staatsbeamtin über
ihre Flucht aus der Hölle der Lager
und Chinas Griff nach
der Weltherrschaft

EUROPAVERLAG

Hinweis: Dieses Buch entstand 2019/2020 auf der Basis zahlreicher Interviews, die Alexandra Cavelius mit Sayragul Sauytbay geführt hat. Die Übersetzung der Gespräche, anhand derer Alexandra Cavelius die Lebensgeschichte von Sayragul Sauytbai verfasst hat, erfolgte laut Versicherung der Dolmetscher nach bestem Wissen und Gewissen.
Mit * gekennzeichnete Namen wurden von der Redaktion geändert.
Der Europa Verlag dankt Turarbek Kusainov, dem Autor des Buches *Gloom: Sunset on East Turkestan,* für die Überlassung von Fotos.

5. Auflage 2020

© 2020 Europa Verlag AG, Zürich
Umschlaggestaltung: Hauptmann & Kompanie Werbeagentur, Zürich, unter Verwendung eines Fotos von © Regina Recht
Bildnachweis: Gesellschaft für bedrohte Völker S. 203 o., 206 u.; Ruslan Pryanikov/Getty Images S. 203 m.; Turarbek Kusainov S. 203 u., 204 o.; Wikimedia Commons/U.S. Department of State S. 206 o.; Regina Recht S. 207; Wikitravel (Vorsatz), Merics (Nachsatz), alle übrigen: Privatarchiv Sayragul Sauytbay
Layout & Satz: Buchhaus Robert Gigler, München
Gesetzt aus der Bembo Book MT Std
Redaktion: Franz Leipold
Druck und Bindung: Pustet, Regensburg
ISBN 978-3-95890-330-2

Alle Rechte vorbehalten.
www.europa-verlag.com

DANKSAGUNG

Vielen herzlichen Dank an

die Menschenrechtsorganisationen der Vereinten Nationen,
die schwedische Regierung und ihre Bürgerinnen und Bürger,
die Menschen in Kasachstan,
die Regierung der Bundesrepublik Deutschland,
die kasachische Organisation »Atajurt«,
alle internationalen Printmedien, die meinen Fall mitverfolgt haben,
die Fernseh- und Radiosender verschiedener Länder,
alle Journalisten unterschiedlicher Medien,
den kasachischen Sender Free Asia Television.

Sayragul Sauytbay

INHALT

KAPITEL 1
Gespenster der Vergangenheit
SEITE (9)

KAPITEL 2
Trotz chinesischer Invasion und Zerstörung:
Von einer goldenen Zukunft
im Wirtschaftsboom träumen
SEITE (23)

KAPITEL 3
Klebeband vor dem Mund
SEITE (103)

KAPITEL 4
Schlimmer als im Irrenhaus:
Der größte Überwachungsstaat weltweit
SEITE (151)

KAPITEL 5
Absolute Kontrolle: Verhöre und Vergewaltigung
SEITE (169)

KAPITEL 6
Das Lager: Überleben in der Hölle
SEITE (209)

KAPITEL 7
»Besser auf der Flucht sterben als im Lager«
SEITE (267)

KAPITEL 8
Kasachstan: Pekings langer Arm in die Nachbarländer
SEITE (303)

KAPITEL 9
Das (Gedanken)-Virus: Die Welt warnen!
SEITE (333)

KAPITEL 1

GESPENSTER DER VERGANGENHEIT

Flehende Frauen in der Nacht

Jede Nacht versammeln sich die weinenden Mädchen um mein Bett herum. Ihre dunklen Augen aufgerissen, ihre Köpfe kahlgeschoren. »Rette uns!«, flehen sie mich an, »bitte rette uns!« Uns Frauen trifft es an den Orten der Welt, wo die Willkür regiert, immer am härtesten. Es ist so leicht, uns mit den Dämonen der Ohnmacht, Scham und Schuldgefühlen zu ersticken. Doch es sind nicht wir Frauen, die sich für die Wunden schämen müssen, die uns die Männer gerissen haben. Nur muss ich mir das selbst erst noch verinnerlichen, Ich versuche, mich hochzurappeln, aber ich bleibe wie eine Tote liegen.

Seitdem ich im Straflager war, komme ich manchmal nicht vom Bett hoch. Das liegt daran, dass ich dort so lange auf kaltem Betonboden schlafen musste. Meine Glieder und Gelenke schmerzen vom Rheuma. Vorher war ich vollkommen gesund, heute bin ich mit 43 Jahren eine kranke Frau. Sobald ich voller Unruhe für wenige Sekunden einnicke, wecken mich meine Albträume wieder auf.

All diese Frauen, Kinder, Männer und Alte hinter den hohen Mauern aus Stacheldraht haben kein Verbrechen begangen, außer dass sie wie ich als Kasachen, Uiguren oder andere muslimische Nationalitäten in der Nordwestprovinz Chinas geboren worden sind. Dass sie muslimische Namen wie Fatima oder Hussein tragen.

Mein Name ist Sayragul Sauytbay. Ich bin verheiratet, habe vor meiner Inhaftierung als Direktorin fünf Kindergärten geleitet und liebe meine Familie über alles. Wir stammen aus der Nordwestprovinz Chinas, die flächenmäßig größer als Deutschland, Frankreich und Spanien zusammen ist und knapp 3000 Kilometer Luftlinie entfernt von Peking liegt. Umschlossen von bis zu 7000 Meter hohen Gebirgsketten, hat unser Land die meisten gemeinsamen Grenzen mit ausländischen Staaten wie der Mongolei, Russland, Kasachstan, Kirgistan, Tadschikistan sowie Afghanistan, Indien oder Pakistan. Von hier aus ist China dem fernen Europa am nächsten.

Seit dem Altertum befindet sich dort das Gebiet der mehrheitlich vertretenen Uiguren, aber auch zahlreicher anderer Ethnien wie der Mongolen, Kirgisen, Tartaren oder der zweitgrößten Gruppe, der Kasachen, zu denen ich gehöre. Unser Land hieß Ostturkestan, bis sich das benachbarte Riesenreich China dieses strategisch günstig liegende »Tor zum Westen« unter Mao Zedong1949 mit Gewalt einverleibt und in die Autonome Region Xinjiang (»Neue Grenzen«) umbenannt hat. Für uns aber bleibt es Ostturkestan, die angestammte Heimat unserer Vorfahren. Offiziell garantiert Peking uns Einheimischen Selbstständigkeit, Unabhängigkeit und Willensfreiheit. Inoffiziell aber behandelt uns die Regierung wie eine Kolonie Sklaven.

Ab 2016 hat sich unsere Provinz in den größten Überwachungsstaat der Welt verwandelt. Ein Netz von mehr als 1200 oberirdischen Straflagern überzieht nach Schätzungen internationaler Experten mittlerweile unser Land, doch immer öfter dringen auch Nachrichten über unterirdische Lager ans Licht. Etwa drei Millionen Menschen sind nach unseren eigenen Schätzungen inhaftiert. Ohne Prozess. Ohne ein Verbrechen begangen zu haben. Es handelt sich um die größte systematische Internierung eines ganzen Volkes seit Ende des Nationalsozialismus.

Die Parteikader haben mich gezwungen, über all das zu schweigen, was ich als leitende Staatsbeamtin in dieser Hölle von Ostturkestan erlebt habe, »sonst bist du tot«. Ich selbst musste meine Unterschrift unter mein eigenes Todesurteil setzen. Gegen alle Widerstände ist mir jedoch am Ende die Flucht aus dem größten Freiluftgefängnis der Welt bis nach Schweden gelungen.

Mein Fall ist außergewöhnlich, da ich als Ausbilderin in einem dieser Straflager arbeiten musste. Dadurch habe ich den innersten Kern dieses Systems kennengelernt, die bis ins Detail geplante und bürokratisch gelenkte Maschinerie, deren Anweisungen direkt aus Peking kommen. Es geht dabei nicht nur um systematische Folter, Demütigung und Gehirnwäsche. Es geht um das gezielte Auslöschen eines ganzen Volkes.

Während wir hier sitzen, betreiben auch große Firmen aus dem Westen lukrative Geschäfte im Nordwesten Chinas. Gleichzeitig werden nicht weit weg von ihren Firmengebäuden Kinder, Frauen, Männer, Junge und Alte auf engstem Raum wie Tiere zusammengepfercht und auf unaussprechliche Weise gequält.

Jeder zehnte muslimische Einwohner in meiner Heimat, so heißt es in Menschenrechtsberichten, ist mittlerweile interniert. Aus eigener Erfahrung kann ich diese Zahlen bestätigen. Ich selbst war in einem Lager mit 2500 Gefangenen. In diesem Bezirkszentrum namens Mongolkure, das auf Chinesisch Zhaosu heißt und etwa 180 000 Einwohner hat, gibt es noch zwei große Gefängnisse und drei weitere Lager, umgewandelt aus einer alten Parteischule und verlassenen Gebäuden. Geht man von etwa der gleichen Anzahl an Gefangenen aus, sind allein in so einem kleinen Gebiet wie meinem Heimatbezirk etwa 20 000 Menschen eingesperrt. Mittlerweile ist jede muslimische Familie von diesen Inhaftierungen betroffen. In Xinjiang lebt keiner mehr, der nicht mehrere Verwandte vermisst.

Da die Beweislage aufgrund von Satellitenbildern und dokumentierten Zeugenaussagen und zuletzt sogar dank eines chinesischen Whistleblowers mit der Offenlegung der »China Cables«

erdrückend war, hat Peking nach langem Abstreiten die Existenz dieser Lager endlich eingeräumt. Weiterhin sprechen jedoch die hohen Politiker Chinas beschönigend von »Berufsbildungszentren« und zeigen in Propagandafilmen tanzende und lachende Studenten, die dort geschminkt und hübsch angezogen in hellen, schön eingerichteten Klassenräumen den Unterricht besuchen und »zu besseren Menschen umerzogen« werden. Die ausländischen Medien indessen würden »böswillig Lügen verbreiten«, alle »Schüler« seien freiwillig dort, und die meisten wären bereits ohnehin entlassen worden, lässt die Regierung verbreiten.

Wenn ich so etwas höre, frage ich mich, wo all meine Freunde, Nachbarn und Bekannten abgeblieben sind. Warum kann niemand sie anrufen, wenn sie doch wieder auf freien Fuß sein sollen? Und wenn es sich tatsächlich um »Berufsbildungszentren« handelt, wie die Regierung in Peking unverdrossen behauptet, wieso entreißt man kleine Kinder ihren Familien und ihren Schulklassen und schickt sie dorthin? Wieso sollen jene »Internate den Platz der Eltern einnehmen«, wie es die Kommunistische Partei Chinas (KPCh) verlangt? Was hat in so einer »Umschulung« eine 84-jährige Greisin verloren? Wozu brauchen Schriftsteller, Professoren, erfolgreiche Geschäftsleute und Künstler, die alle bereits hochgebildet sind, solche »Fortbildungsmaßnahmen« hinter Stacheldraht?

Wer in Ostturkestan die Wahrheit über diese Straflager verbreitet, wird als ausländischer Spion, Lügner oder Terrorist gebrandmarkt. Alle Fakten im Netz eliminieren Chinas Zensoren sofort, und derjenige, der sie im eigenen Land weitergibt, verschwindet am nächsten Tag spurlos. Sobald eine westliche Delegation mit Journalisten einen Besuch in Ostturkestan ankündigt, wie im Herbst 2019 geschehen, verwandeln die Parteigenossen ein Umerziehungslager kurzerhand in eine normale Schule.

Der Stacheldraht verschwindet von den Mauern genauso wie die schwer bewaffneten Wachen vor den Toren. Die entlassenen Lehrer, die sich zuletzt als Straßenkehrer oder Fabrikarbeiter herumschlagen mussten, werden für die Dauer dieses Pressebesuchs wieder eingestellt. Schnell werden mit kasachischen und uigurischen Schülern neue Klassen gebildet und bunte Bilder fürs Fernsehen gedreht.

Ein Freund, der in dieser Zeit eine Besuchserlaubnis für meine Heimat bekommen hatte, um dort seine Mutter zu beerdigen, hat mir berichtet, wie alle Lehrer und Schüler Parteitexte für die Besucher aus dem Westen auswendig lernen mussten. Wer beim Wiederholen auch nur ein Wort oder ein Komma vergessen hat, der wurde ins Lager verbannt. Die Instruktionen der Parteikader lauteten: »Schüler, ihr dürft nicht sagen, was in den letzten Jahren wirklich passiert ist. Ihr erzählt, wie gut die Partei und wie schön euer Leben hier ist ...« An solche Theateraufführungen und Täuschungen der KPCh sind wir von Kindheit an gewöhnt.

Denke ich an diese Vergangenheit zurück, würgt es mich, und ich muss mich erbrechen, als hätte ich Parasiten im Körper. Ich muss mir den Kopf mit einem Schal zusammenbinden, weil ich den Eindruck habe, dass er sonst zerplatzt. Vielleicht liegt es an den Erinnerungen, vielleicht auch an den Auswirkungen der Folter. Doch ganz gleich, wie sehr mich das Sprechen über meine Erfahrungen quält, ich halte es für meine Pflicht, die Welt zu warnen. Dabei betone ich ausdrücklich, dass ich nicht die chinesischen Bürger für diese grauenhaften Verbrechen anklage, sondern die Verantwortung dafür tragen allein die Regierung in Peking und die Kommunistische Partei Chinas.

Als Kronzeugin teile ich mein Wissen über das Innerste dieses faschistischen Systems mit. Das tue ich nicht nur für mich selbst, sondern ich spreche im Namen aller Insassen dieser Konzentrationslager und derer, die in dieser Diktatur um ihr Leben bangen. Freiheit ist keine Selbstverständlichkeit. Wer sie nicht rechtzeitig schützt, hat schon verloren, denn in den letzten Zügen schwindet sie schneller, als wir Menschen mitdenken können. Das Reich der Mitte plant viele Jahrzehnte voraus. Es nutzt die Möglichkeiten der offenen Gesellschaft, um Stück für Stück die Demokratien zu untergraben. Was es aber bedeutet, in einem von Peking kontrollierten hypermodernen Überwachungsstaat zu leben, einen, wie ihn die Welt zuvor noch nie gesehen hat, habe ich am eigenen Leib erfahren.

Ein Leben ohne Freiheit bedeutet Rennen ums Leben in der Hölle.

Aufbruch aus Schweden nach Deutschland

Es war eine seltsame Situation, als ich von meiner Familie in Schweden Abschied genommen habe, um gemeinsam mit meinem 10-jährigen Sohn Wulanai* für die Interviews nach Deutschland zu reisen. Auf Grundlage unserer Gespräche sollte die Journalistin Alexandra Cavelius ein Buch über meine Erfahrungen schreiben.

Die Fähre legte erst um 22:55 Uhr ab, aber wir hatten bereits vier Stunden vorher das Haus verlassen, obwohl der Hafen nur knapp fünfzehn Minuten von uns entfernt liegt. Wali und meine 14 Jahre alte Tochter Wukilumu* haben uns begleitet. Nach einer Weile wurden beide auf einmal sehr still und hielten sich etwas abseits.

Mein Sohn und ich warteten an der Haltestelle auf den Bus, der uns zum Schiff bringen sollte. »Wieso reden die beiden nicht mehr mit uns?«, wollte Wulanai wissen und zupfte mich an meiner Jacke. »Vielleicht sind sie sauer, weil wir ohne sie fahren?« Daraufhin rannte mein Sohn zu seinem Vater. »Wollt ihr beide, dass wir hierbleiben?« Wali schüttelte den Kopf und strich dem Kleinen übers dichte schwarze Haar. »Nein, nein, das ist doch eine großartige Gelegenheit! Überleg mal, du bist erst zehn Jahre alt und kennst bald schon vier unterschiedliche Länder. Von so etwas träumen doch alle Kinder. Du bist jetzt ein Mann und wirst gut auf deine Mutter aufpassen. Wenn sie einen Tee braucht, dann kochst du ihr einen. Wenn sie Medikamente benötigt, gibst du sie ihr.«

Meine Kinder wissen, dass ich seit dem Straflager krank bin. Keiner kehrt gesund von so einem Ort zurück. Krank werden aber oft auch die Angehörigen, die monate- oder jahrelang zu Hause voller Angst vergebens auf ein Lebenszeichen ihrer Liebsten warten. Meine Kinder sind zu schnell erwachsen geworden.

Als der Bus kam, drehte sich meine Tochter um und fing an, bitterlich zu weinen. Eigentlich war das keine Situation, in der man traurig sein sollte. Aber auf einmal drückten die düsteren Erinnerungen wie Blasen in uns allen wieder hoch. Die Kinder sahen wieder vor sich, wie sie mit ihrem Vater nach Kasachstan geflohen sind, ihre Mutter aber alleine hinter dem Grenzbaum zurückbleiben musste. Zweieinhalb Jahre lang. Ohne jede Verbindung.

Seither hat unsere Familie keinen Tag ohne Sorgen erlebt. Ständig waren wir auf der Flucht, von einem Ort zum nächsten. Bis zu diesem Abend am Hafen hatten wir noch keine Ruhe gefunden, um wie eine normale Familie in Freiheit zu leben. Und auf einmal schlossen sich mit einem Zischen die Bustüren zwischen meinem Sohn und mir sowie meiner Tochter und ihrem Vater. Der Bus war kaum fünf Meter gefahren, da klingelte schon mein Handy. »Wie geht es euch?«, fragte mein Mann, »ist alles in Ordnung? Passt auf euch auf!«

Deutschland

Bin ich heute in einem Bus oder einem Zug unterwegs und der Schaffner kommt, muss ich mir immer wieder ins Gedächtnis rufen: »Nein, dieser Uniformierte will dich nicht einsperren ...« Stattdessen reise ich wie jede andere freie Bürgerin durch die Welt. Eines meiner ersten Ziele war das Außenministerium in Stockholm, dann das Europäische Parlament in Brüssel, um dort als Kronzeugin über meine Erfahrungen im Straflager Bericht abzulegen.

Vielleicht ist es gut, dass dieses Buch zuerst in deutscher Sprache erscheint. Deutschland hat traurige Erfahrung mit der eigenen faschistischen Geschichte gesammelt, sich im Gegensatz zu China seinen dunklen Erinnerungen mutig gestellt, Ursachenforschung betrieben und daraus gelernt. China dagegen schreibt seine Vergangenheit neu um, da sie Partei und Regierung sonst gefährlich werden könnte. Deutschland ist ein starkes Land und in der Lage, mithilfe der Politik vieles zu bewegen. Nur dank der Unterstützung zahlreicher internationaler Politiker sowie verschiedener Menschenrechtsorganisationen habe ich heute mit meiner Familie in einem freien Land eine neue Heimat gefunden.

Wir Menschen leben alle auf dem gleichen Erdball und im selben 21. Jahrhundert, aber da, wo ich herkomme, besteht ein großer Teil der Gesellschaft aus rechtlosen Untertanen, abgeriegelt vom Rest der Welt. Für jemand, der Demokratie und Menschenrechte als selbstverständlich erachtet, ist es schwer vorstellbar, was wir in Ostturkestan jeden Tag durchmachen.

In meiner Heimat gibt es die sehr populäre chinesische Fernsehserie »Reise nach Westen«, die unsere Lebenssituation hervorragend beschreibt. Die Kommunistische Partei benutzt die

Hauptfiguren, um ihre eigene Übermacht zu demonstrieren, denn niemand ist klüger und stärker als die Partei. Im Auftrag des Monarchen bereist im Film ein Zauberer möglichst viele Länder im Westen, um die Lebensweise und die Gepflogenheiten der Einwohner zu erforschen. Der Westen erscheint in einem schlechten Licht: rückständig, zerstritten und schwach. In Chaos und Blutvergießen versunken.

Wenn jener Magier mit seinem Stab einen Kreis um die Menschen zieht, sind darin alle wie in Bann geschlagen. Keiner wagt sich mehr über den Rand des Kreises hinaus. Diese Gefangenen können sich nicht frei bewegen, nicht mehr denken und haben vergessen, dass sie Menschen mit normalen Menschenrechten sind. Sie nehmen alles hin wie Opferlämmer, egal, was ihnen angetan wird. Sie haben keine andere Wahl. Sie versuchen zu überleben. Genau wie unsere Einwohner in der Nordwestprovinz Chinas.

An das Gefühl, mich draußen oder im eigenen Haus unbeobachtet zu bewegen, muss ich mich erst gewöhnen. Zum ersten Mal in meinem Leben sehe und fühle ich, wie ein Mensch in Würde leben darf. In Ostturkestan wird jede Information kontrolliert. Unzensierte Bücher oder Zeitschriften, Social Media wie Facebook oder WhatsApp sind verboten. Obwohl ich seit Monaten in Schweden lebe, spüre ich bis heute noch diesen Druck, unter dem wir täglich gestanden sind. Diese dauerhafte Angst um meine Verwandten, meinen Mann, meine Kinder und um mich selbst. Dann drehe ich mich misstrauisch auf der Straße um und denke: »Wer ist dieser asiatisch aussehende Mensch hinter mir? Gehört er zum chinesischen Geheimdienst? Überwacht er mich?« Die Kommunistische Partei besitzt einen sehr langen Arm, mit dem sie Andersdenkenden überall schaden kann, auch in Deutschland.

In Ostturkestan leben wir Einheimischen wie in einem Irrenhaus, in dem nichts mehr stimmt. Wer jedoch dauernd aus Furcht vor Strafe damit beschäftigt ist, keine Fehler zu machen, hat keine Zeit mehr, etwas infrage zu stellen. Es ist ein Geschenk Gottes, dass ich heute frei bin und diese wichtigen Fragen stellen darf: Wieso werden Hunderttausende Unschuldige ungestraft gefoltert und ermordet? Wie können Menschen anderen Menschen etwas so Grauenhaftes antun? Das gelingt nur, indem sie sich selbst als höherwertige und weit überlegene Rasse begreifen, wie es die KPCh und ihr Generalsekretär Xi Jinping mit leidenschaftlichem Nationalismus propagieren. Die Länder unserer Welt sind so eng miteinander verflochten, wieso lassen sie solche Menschenrechtsverletzungen zu? Nichts wünsche ich mir mehr, als dass eine andere und gerechtere Macht das in Zukunft verhindert.

Wenn Menschen anderer Nationen etwas über China hören, haben sie dabei meist eine hoch kultivierte, fortschrittliche und wirtschaftlich höchst erfolgreiche Nation im Sinn. Kein Wunder, denn eine der mächtigsten Propagandamaschinen investiert enorme Summen, um nach außen hin dieses Bild einer normal funktionierenden und schillernden High-Tech-Gesellschaft zu zeichnen. Über alle Übel und nicht genehmen Wahrheiten breiten die staatlich gelenkten Medien das Schweigen, doch darunter gären Gifte wie im Faulschlamm. Den Einwohnern Chinas ist bewusst, dass die eigene Regierung sie oft belügt, aber durchschauen das auch die Menschen im Westen? Oder lassen sie sich von solch einer Glitzerfassade blenden?

Meine Hoffnung gründet darin, dass die Leute lernen, den wahren Wesenskern und die Absichten dieses Regimes besser einzuschätzen. Dass sie sich gegenseitig vor drohender Despotie schützen und ihre Demokratie stärken. Meine eigene Weltanschauung hat sich völlig umgekrempelt, seitdem ich im Straflager war. Vorher war ich vor allem damit befasst, mich anzupassen und nur ja keinen Regelverstoß zu begehen, um nicht bestraft zu werden.

Ziel des chinesischen Eroberungsfeldzugs ist die politische Kontrolle auf der ganzen Welt. Darum rate ich allen anderen Ländern: »Wendet euren Blick nicht ab von Ostturkestan! Dort seht ihr, wie eure Kinder und Enkel in Zukunft leben werden, wenn ihr eure eigene Freiheit nicht verteidigt!« Die aktuell größte Handelsnation der Welt verfolgt keine freundschaftlichen Beziehungen und keinen offenen Austausch. Nichts geschieht in dieser intransparenten Politik der KPCh ohne Hintergedanken.

Und dort, wo Pekings Einfluss wächst, wuchert als Erstes die Lüge wie Unkraut und erstickt die Wahrheit.

Drohungen und Hoffnungen

Anfangs fühlte sich meine Familie sehr einsam in der neuen Heimat Schweden, fern von all unseren Freunden und Verwandten. In den letzten Wochen aber blieb uns für solche Gefühle gar keine Zeit mehr. Bislang waren Pressevertreter aus bis zu 40 Ländern in unserer Wohnung zu Gast, um mit mir über meine Erfahrungen im Straflager zu sprechen. Nirgendwo aber habe ich meine Geschichte so ausführlich erzählt wie für dieses Buch.

Kaum sind die Journalisten fort, klingeln meist unsere Telefone, und ich erhalte Drohanrufe. »Hör endlich auf zu reden! Denk an deine Kinder!« Manche dieser Männer sprechen Schwedisch, andere Kasachisch und wieder andere Chinesisch. Jedes Mal danach beruhigen uns die schwedischen Polizeibeamten: »Habt keine Angst, hier ist nicht China!« Immer wieder reden sie

uns gut zu: »Versucht einfach, ganz normal zu leben. Ihr habt dieselben Rechte wie alle Einheimischen hier. Wir schützen euch, selbst wenn ihr draußen keine Streifenwagen seht. Nur können wir euch nicht verraten, wie wir das tun.«
Nach einer Weile bin ich den Fremden am anderen Ende der Leitung gegenüber selbstbewusster aufgetreten. »Zwar könnt ihr uns mit euren Anrufen belästigen, aber ihr könnt uns nichts antun!« Trotzdem arbeiten sie weiter daran, uns mürbe zu machen. Kürzlich habe ich auch erfahren, welche Nachricht diese Geheimdienstmitarbeiter einer Uigurin auf Facebook hinterlassen haben: »Hör auf, sonst wird man dich zerstückelt in der schwarzen Mülltonne vor deinem Haus finden.« Diese Frau hatte die »China Cables« veröffentlicht, nachdem ein chinesischer Beamter ihr diese Unterlagen heimlich zugespielt hatte. Dank dem Mut dieser Uigurin gibt es erneut unwiderlegbare Beweise für die systematische Unterdrückung muslimischer Minderheiten in den Straflagern. Nicht einmal Peking hat die Echtheit dieser geheimen Dokumente abgestritten.

Oft kommen die Drohanrufe in unserer Wohnung aus China, eine Nummer auf unserem Display stammte von Sicherheitsbehörden in Peking. »Warum rufst du mich an?«, fragte ich. »Ich wollte nur wissen, wie es dir geht«, gab eine männliche Stimme zurück, »ich weiß genau, wo ihr wohnt. Habt ihr euch gut eingelebt? Und was machen deine Kinder?« Ich versuchte, ruhig zu bleiben. »Alles gut hier, wir sind zufrieden.« »Wenn alles so gut ist, warum hörst du dann nicht auf, mit Journalisten zu reden? Seid froh, dass ihr noch lebt, und hört auf, über das zu sprechen, was hinter euch liegt.« »Ich werde nicht aufhören«, gab ich zurück, »und da du in Peking arbeitest, geh doch mal zu deinem Parteichef und richte ihm aus, dass er endlich aufhören soll, die Menschen in meiner Heimat in Straflagern zu quälen.« Da ist die

Stimme des Anrufers kalt und hart geworden. »Stell sofort deine Gespräche mit den Journalisten ein! Denk an deine Kinder!« Immer enden sie mit diesem Satz. Immer lebe ich in Angst um meine Kinder, die für mich das Wichtigste auf der ganzen Welt sind.

Natürlich fühle ich mich angesichts solcher Drohungen oft winzig klein und denke: »Welche Chance haben wir gegen so einen übermächtigen Gegner?« Doch ich bin nicht nur den Gefangenen in den Lagern die Wahrheit schuldig, sondern auch meinen zahlreichen Unterstützern in Kasachstan. Dort leben so viele verzweifelte Menschen, deren Kinder, Eltern und Großeltern in den Lagern im Nachbarland spurlos verschwunden sind. Es ist egal, welche Übermacht uns da gegenübersteht. Wir dürfen nicht aufhören, diese unmenschliche Vorgehensweise anzuklagen! Vielleicht schaffen wir es dann, eine Bewegung in Gang zu setzen und die grausame chinesische Politik zu stoppen?

Wie lange liegt das zurück, seit ich mich das letzte Mal frei gefühlt habe? Als Kind bin ich noch allein unter Kasachen aufgewachsen. Wir haben unsere eigene Schule besucht, unsere eigenen Traditionen gepflegt und nur Kasachisch gesprochen, denn im Nordosten Ostturkestans befindet sich das Land meiner Ahnen, das die Chinesen »Kasachische Autonome Region Xinjiang« nennen.

Nie haben wir geglaubt, dass uns jemand einmal die eigene Heimat rauben könnte.

KAPITEL 2

TROTZ CHINESISCHER INVASION UND ZERSTÖRUNG: VON EINER GOLDENEN ZUKUNFT IM WIRTSCHAFTSBOOM TRÄUMEN

Glückskind

»So schnell ist das Baby schon da?« Verwundert schob mein Vater mit seinen 39 Jahren und seinem kurzen schwarzen Bart die Filzbahn an der Türöffnung unserer Jurte zur Seite, wo Mutter mich auf der Schafwollmatratze liegend im Arm hielt. Das lange schwarze Haar umrahmte ihr helles Gesicht. Sie war 27 Jahre jung, lachte fröhlich, und man merkte ihr kaum an, dass sie vor Kurzem ihr viertes Kind entbunden hatte. So einfach war es gewesen, mich auf die Welt zu bringen.

An meiner Wiege hingen am 16. September 1976 die Federn eines Uhus, denn sie sorgen für Schutz gegen bösen Zauber und bringen Glück. Als ich in meinem runden Gesicht meine Augen, schwarzbraun wie Kastanien, öffnete, stieg der Rauch des Feuers nach oben durch die Dachöffnung unseres Zeltes auf. Nachts leuchteten von dort die Sterne auf unsere mit Fellen bedeckten schlafenden Körper.

In Ostturkestan gibt es nicht nur schneebedeckte Gipfel, sondern auch die zweitgrößte Sandwüste der Welt. Ich aber bin in der Kornkammer der Ili-Provinz, im Kreis Mongolkure zur Welt gekommen, bekannt für sein lebhaftes Völkchen, das gerne tanzte, sang und Witze erzählte, ebenso wie für seine Wissenschaftler, Poeten und die Veteranen, die zu Zeiten der Revolution gegen die chinesischen Besatzer aufbegehrt hatten.

»Sie ist ein Glückskind«, waren Mutter und Vater überzeugt, »nicht nur für uns, sondern für das ganze Dorf.« Über Monate hinweg hatte eine schreckliche Dürre geherrscht und der Hunger wie ein Ungeheuer in den Bäuchen vieler Menschen gewühlt. Nur eine Woche vor meiner Geburt war der Mitbegründer der KPCh und »große Vorsitzende« Mao Zedong verstorben, der mit seiner Grausamkeit und Menschenverachtung das Reich der Mitte an den Rand des Abgrunds geführt hatte. Am Tag, an dem ich meinen ersten Atemzug tat, fing es an zu regnen, und überall im Land grünte es wieder.

Alle Verwandten schüttelten verwundert den Kopf über mich: »Was ist das nur für ein eigenartiges Kind? Das Mädchen stört nie, schreit nie.« Wenn Mutter mich als Baby in meiner Wiege mit Schnüren festzurrte, schlummerte ich tief und fest bis zu neun Stunden lang vor mich hin. Ab und zu haben meine Eltern mich wachgerüttelt, weil ich keinen Mucks von mir gegeben habe und sie in Sorge waren, ob ich überhaupt noch lebte. Mit fünf Monaten hatte ich bereits gelernt, selbstständig zu sitzen und mich zufrieden allein am Rand des Pferchs zu beschäftigen, während Mutter Ziegen, Schafe und Rinder versorgt hat.

Später hat mir mein Vater immer wieder gesagt: »Du bist wie eine Katze mit neun Leben.« Und wenn ich zurückschaue, hat er damit mehr als recht gehabt. So oft bin ich dem Tod von der Schippe gesprungen in diesem wunderschönen und flachen Grasland, wo in den Wäldern die Wölfe heulten. Mit bunten Kräuterwiesen und weiten grünen Tälern, auf denen sich, von den schneebedeckten Gipfeln aus betrachtet, winzige Farbtupfer bewegten. Das waren kasachische Hirten, die auf ihren kleinen und lauffreudigen Pferdchen zwischen weidenden Schafen, Kühen und Yaks den Staub aufwirbelten. Über allem spannte sich der azurblaue Himmel, in dem die Adler mit weiten Schwingen kreisten.

Mein Heimatdorf lag zu Füßen des Gebirges Tian Shan, dessen teils mehr als 7000 Meter hohe und gewaltige Bergkämme uns Kasachen lange Zeit von China abgeschirmt haben und dessen fruchtbares Ili-Tal sich nach Westen öffnet. Die Entfernung zur grenznahen kasachischen Stadt Almaty betrug ungefähr 450 Kilometer, zur Landeshauptstadt Urumqi ca. 750 Kilometer.

Im Alter von sechs Monaten stand der Tod zum ersten Mal an meiner Seite.

Dem Tod von der Schippe springen

Zu jener Zeit zogen meine Eltern als Halbnomaden mit den anderen Familien, begleitet von blökenden, meckernden und muhenden Herden, im Wechsel der Jahreszeiten von einer Weide zur nächsten. Im Sommer folgten wir dem Wasser und dem Futter nach oben ins Gebirge, und vor Einbruch des eisigen Winters ging es wieder hinab zu unseren festen Weideplätzen. Mein Vater war Lehrer und unterrichtete die Kinder dort, wo wir gerade unsere Zelte aufschlugen, aber gleichzeitig war er Viehhalter, Schriftsteller; Sänger und Musikant; er liebte es, auf der zweisaitigen Dombra neue Stücke zu komponieren.

Neben ihm wirkte Mutter fast klein, blass und schmächtig, obwohl sie rundlich und voller Lebensenergie war. Doch ihr Mann, groß, kräftig und dunkelhäutig, überragte mit seinen 1,90 Meter fast alle anderen. Meine Mutter ist meinem Vater schon versprochen worden, als sie noch in der Wiege lag. Eine Bekannte war von ihrem Anblick so entzückt gewesen, dass sie begeistert ausrief: »Dieses Mädchen wird einmal meine Schwiegertochter sein!« Da war Vater zwölf Jahre alt. Tatsächlich hatten beide Familien auf diese Weise eine glückliche Verbindung gestiftet, denn meine Eltern liebten sich sehr, obwohl sie nie eine andere Wahl gehabt hatten.

Es war windig und kalt in einer Wüste aus Geröll am Tag unseres Umzugs. Vor uns lag eine anstrengende Reise ins Tal, mit all unseren Tieren und unserem gesamten Hab und Gut. Während wir Kasachen, wie vor dreitausend Jahren, durch die Weiten des Landes streiften, hatten sich die muslimischen Uiguren in den anderen Bezirken dauerhaft in Städten oder Dörfern niedergelassen, auch entlang der weitverzweigten Karawanenwege der Seidenstraße. Obwohl wir unterschiedliche Sprachen sprechen, können wir uns verständigen, da unsere Turksprachen miteinander verwandt sind.

Turmhoch zurrten meine Eltern ihren Besitz mit Zeltgestänge und Ballen auf unseren Kamelen fest. Zwischen den Höckern schnallten sie auch die Kleinkinder und Babys wie mich mit Schnüren in Körben fest, sodass die Gewichte auf beiden Seiten möglichst gleich verteilt waren. Dann zog die Karawane los. Es ging steinige und schmale Pfade hinauf, neben denen oft ein tiefer Abgrund gähnte.

Tiere und Menschen schwitzten, atmeten schwer und setzten bedächtig Schritt für Schritt, als mein Kamel plötzlich auf dem Geröll abrutschte, in die Knie ging und seitlich unter lautem Röhren aufschlug. Im selben Augenblick lösten sich die aufgepackten Waren und stürzten hinab in die Schlucht. Von oben blickte die Gruppe atemlos zu, wie mein Körbchen, in dem ich fest angebunden war, mit dem Gepäck hinabkullerte, sich mehrmals überschlug und weiterkullerte, bis es endlich liegen blieb. Für einen Moment hielten alle die Luft an und lauschten angestrengt, aber da war kein Babygeschrei. Nur Grabesstille. Dann drang es aus allen Mündern: »Nein!« Am lautesten von allen hat meine Mutter geschrien.

»Sie ist tot«, stellte Vater erschüttert fest. Das Leben war hart, die Familien hatten meist viele Kinder. Wenn eines starb, hieß es oft nüchtern: »Es war Gottes Wille!« Was sollte man auch machen? Die Übrigen mussten versorgt werden. Das Leben ging weiter. Es war unmöglich, an so einem unwirtlichen Platz wie diesem lange zu weinen, zu trauern und zu verweilen.

Gemeinsam sind alle hinabgestiegen, um unsere Besitztümer zu bergen und meine Leiche irgendwo zwischen den Steinen zu begraben. Vorsichtig näherte Vater sich meinem Korb an, blickte hinein und sah mein rundes Gesicht mit den geschlossenen Äuglein. »Das gibt es nicht!«, schrie er los, und seine Stimme überschlug sich dabei: »Sie lebt noch!« Mutter fiel schluchzend vor mir auf die Knie: »Was bist du für ein Kind? Beinahe bist du gestorben, aber du schlummerst in aller Seelenruhe!« Zum Glück hatte sich auch unser Kamel nur leicht an den Beinen verletzt.

Die Karawane zog weiter.

Die Schlangengrube

Als ich dem Tod das zweite Mal von der Schippe gesprungen bin, war ich bereits zwei Jahre alt. Nachdem Mutter die letzten Kühe am Abend gemolken hatte, setzte sich Vater auf sein Pferd und trieb die Tiere hinaus auf die Weiden, die höher auf dem Berg lagen. Normalerweise hob er mich vorne auf den Sattel. Diesmal aber wollte er noch schnell andere Sachen erledigen und wies mich an: »Du bleibst heute hier!«

Daraufhin trabte er davon, umrundet von der Herde, und bemerkte nicht, wie ich ihm eine lange Strecke hinterherstolperte. Natürlich war das Pferd schneller als ich, sodass ich ihn bald aus den Augen verloren hatte. Als er jedoch spät abends nach Hause kam, blickte er sich suchend unter seinen fünf Kindern um: »Wo ist mein kleiner Schatz? Ist sie nicht zu Hause?« Mutter war überzeugt gewesen, dass er mich, wie immer, mitgenommen hatte; sie ging sofort nach draußen und rief mit meinen älteren Geschwistern nach mir: »Sayragul, wo bist du?«

Nach mir befragt, zuckten alle Verwandten, Freunde und Bekannten nur mit den Achseln und schlossen sich der Suche nach mir an. Bald hatten sie jeden Stein umgedreht, in jede Spalte geschaut, nur blieb ich wie vom Erdboden verschluckt. Und plötzlich plagte alle eine schreckliche Ahnung: »Die Schlangen haben sie getötet!«

Zwar waren wir daran gewohnt, mit diesen Tieren umzugehen, aber lieber gingen wir ihnen aus dem Weg. Gelegentlich hingen in unserer Jurte welche an der Decke, die Mutter dann wieder hinauslockte, indem sie vor ihnen aus einer Tasse ein wenig Milch ausschüttete und auf dem Boden eine Linie bis ins Freie zog. Tatsächlich tranken die Schlangen die Milch und folgten dieser Spur.

Vor dieser Grube im anderen Ort hatten die Alten uns Kindern Todesangst eingejagt: »Geht nicht dorthin! Dort leben Giftschlangen!« Da mich keiner in dieser schwarzen Sternennacht gefunden hatte, waren alle sicher, dass ich dort hinein gestürzt war. Vater gab trotzdem nicht auf, ritt weiter auf eine großen Weide und kundschaftete bei einem Hirten aus: »Hast du ein kleines Kind gesehen, mit Uhufedern am Hut?« Der Hirte lüpfte den gebogenen Rand an seinem hohen, hellen Filzhut, zog seinen langärmeligen Ledermantel vor der Brust zusammen und grübelte: »Da hinten habe ich vorhin einen dunklen Schatten bemerkt. Vielleicht ist das deine Tochter?«

Sofort hat Vater seinem Pferd die Fersen in die Seiten gestemmt, mit der Zunge geschnalzt und ist zu diesem Platz galoppiert. Am Boden sah er mich im milchigen Licht des Mondes liegen, den Kopf hatte ich auf meinen Hut gebettet und meinen schwarzen Zopf wie einen Schal um mich gelegt. Um mich herum aber wimmelte es von Schlangen. Es war unmöglich, an mich heranzukommen.

Vater wagte es nicht, vom Pferd abzusteigen, deshalb holte er die anderen Leute herbei, die mit langen Stöcken die Schlangen nach und nach behutsam entfernten. Da ich während dieser ganzen Prozedur reglos dalag, waren inzwischen alle einer Meinung: »Das Kind ist tot, die Schlangen haben es gebissen.«

Zu diesem Zeitpunkt hatten sich auch die Alten auf ihren Pferden vor Ort eingefunden. »Zur Seite!«, verlangte mein Großvater väterlicherseits, als die Schlangen weg waren. Er war ein großer Mann wie sein Sohn mit einem langen weißen Bart; seinem athletischen Körperbau sah man an, dass er einst ein bekannter Ringer gewesen war. Mit gerunzelter Stirn senkte er sein Haupt zu mir hinab und bemerkte: »Das Mädchen atmet.«

Zu Hause hat Großvater nach einem Schamanen verlangt: »Wir sollten beten und das Kind von ihm untersuchen lassen.« In unserem Glauben vermischten sich Naturreligion und heidnische Bräuche mit Elementen des Islams. Wenig später duckte sich ein grauhaariger Mann mit runder Fuchspelzmütze in einem langen, mit Tiermotiven bestickten Samtmantel unter der Jurtentür hindurch, an der Tierknochen aufgehängt waren, um die bösen Geister abzuwehren. Er blickte mir in meine funkelnden Äuglein, fühlte meine blasse Haut an der Wange und beruhigte erst einmal alle Umstehenden. »Die Schlangen haben ihr nichts angetan.« Um dennoch bevorstehende Gefahr abzuwenden, sollten meine Eltern und Geschwister den Raum mit dem Rauch der glühenden Steppenraute reinigen. Vater sagte dann: »Das war das zweite Mal, dass wir sie als Tote gesehen haben, aber sie schläft jedes Mal nur.«

Und noch fester denn je waren meine Eltern überzeugt, dass ich ein Glückkind sei. Mit jedem Jahr, das nach meiner Geburt verstrich, verbesserten sich die Lebensbedingungen in diesem bitterarmen Bauernstaat. Maos Ausrottungsfeldzug gegen die

»vier Alten« schien beendet, womit das »alte Denken«, die »alte Kultur«, die »alten Gewohnheiten« und die »alten Sitten« gemeint waren. Zwangskollektivierung, Misswirtschaft und Enteignung lagen hinter uns. Die Menschen durften wieder selbstständig arbeiten und ihr Land bestellen. Die Gehälter besserten sich, die Freiheiten wuchsen, Veränderung lag in der Luft.

Ich war drei Jahre alt, als die Kommunistische Partei unter Deng Xiaoping die Liberalisierung der Wirtschaft und »das Programm der Öffnung und Reform« einleitete, dabei ihren autokratischen Kern jedoch fest bewahrt hatte. »Man muss die Fenster öffnen, selbst wenn dabei einige Fliegen hereinkommen«, hielt der Nachfolger Maos seinen Kritikern entgegen.

Aus Nomaden werden Dorfbewohner

1981 ließen wir uns mit etwa 150 anderen Familien am Fuße des Tian-Shan-Gebirges nieder und errichteten unser Dorf Aheyazi, das zum Kreis Mongolkure gehörte (chin. Zhaosu). Eingerahmt war dieser wunderschöne Flecken von zwei smaragdgrünen Flüssen; im Dorfkern plätscherte eine glasklare Quelle, deren Wasser in den Bergen entsprang. Hier entnahmen wir unser Trinkwasser und schleppten die Eimer zu unseren Häusern. Hinter der Brücke am Fluss wuschen die Frauen die Wäsche, da weidete unser Vieh frei auf großen Flächen und lagerte unser Getreide sowie Tierfutter in Scheunen.

Kaum hatte Vater auf unserem Holzhaus die letzte Dachmatte angebracht, schwarz und glänzend wie der Straßenbelag, rief er alle Dorfbewohner zusammen, um eine Schule zu errichten. Die Leute schätzten ihn sehr, weil er ein zutiefst aufrichtiger, zurückhaltender und geduldiger Mensch war, der versuchte, nicht nur seiner Familie, sondern allen im Ort unter die Arme zu greifen. Als angesehener Mann und stellvertretender Schuldirektor war er später ein gern gesehener Gast auf Bildungsveranstaltungen in den umliegenden Orten und Städten. War Vater unterwegs, musste sich Mutter alleine um Haushalt, Stall, Tiere und alle weiteren anfallenden Arbeiten kümmern. Als großes Organisationstalent meisterte sie alles, selbst wenn wir kleineren Kinder dabei um ihre Füße wuselten.

Im Verhältnis zur ständig wachsenden Kinderschar war unser Häuschen mit drei Zimmern sehr klein. Vater und Mutter haben in einem eigenen Raum geschlafen, ebenso wie mein verwitweter Großvater und wir Kinder. In der ersten Reihe oben lagen die drei Jungen, und danach folgten zwei Reihen mit uns sechs Mädchen. Nach dem Aufstehen rollten wir alle unsere Wollmatratzen zusammen und stellten sie neben Truhen und Kisten in eine Ecke. Ganz selbstverständlich haben die Kleinen die Kleider der Älteren aufgetragen, sodass meine Mutter ständig damit beschäftigt war, unsere Hosen oder Kleider zu kürzen oder zu weiten.

Bis in die Nacht hinein hörte man aus allen Fenstern und Türen im Dorf ein fröhliches Summen, Gesang und Gelächter. Bei uns Kasachen war immer viel los. In jedes Haus gingen Tanten, Onkel, andere Verwandte und Bekannte hinein und kamen mit einer großzügigen Wegzehrung bepackt wieder heraus. Immer gab es gutes Essen, viele Gründe, um zu feiern, und einen engen Zusammenhalt, der Peking zunehmend ein Dorn im Auge war.

An einem dieser Tage erwarteten wir Geschwister in unserer Jurte aufgeregt Gäste aus der Stadt. Mein ein Jahr jüngerer Bruder Sawulet und ich hüpften vor Freude, weil sie meist kleine Geschenke für uns Kinder mitbrachten. Verzückt nahmen wir süße Getränke in Glasflaschen entgegen.

Als sie leer waren, liefen Sawulet und ich, mit unseren fünf und vier Jahren, in Baumwollhosen und Hemd über den Hügel hinter unserer Jurte zum Fluss Ahesu, um dort zu spielen und die Flaschen mit Wasser zu füllen. Plötzlich rutschte mir meine Flasche aus der Hand. Schnell versuchte ich, sie wieder herauszufischen, lief ein paar Schritte ins Wasser, stolperte dabei und wurde von der starken Strömung weggerissen.

Strampelnd versuchte ich, wieder ans Ufer zu kommen, aber die Strömung wurde immer stärker, denn nicht weit weg stürzte ein Wasserfall in die Tiefe. »Wenn ich dort hinabfalle, werde ich ertrinken!« In meiner Panik schnappte ich nach den Wasserpflanzen am Ufer, doch sie rissen jedes Mal ab, sodass ich nach der nächsten griff. Mein kleiner Bruder rannte schreiend am Ufer neben mir her, beide Hände vor dem Mund: »Komm bitte wieder raus, sari may (Anm.: Butter)!«

In meiner Familie nannten sie mich liebevoll mit Kosenamen »Butter«, weil meine Haut die blasse Farbe von Butter hatte. Je weiter mich der Fluss in Richtung Abgrund riss, desto verzweifelter waren die Angebote meines Bruders: »Sari may, komm wieder raus! Ich werde dich nie wieder ärgern!« Aber ich schaffte es nicht, meine vollgesogenen Kleider zogen mich nach unten. Ich schluckte Wasser und hustete. »Sari may, komm raus, ich werde alles mit dir teilen!«

Im Gegensatz zu meinen fünf Schwestern war mein kleiner Bruder ein Frechdachs und Streit mit mir eine seiner Lieblingsbeschäftigungen. »Sari may! Du darfst mit meinem Spielzeug spielen!« Nach einer Weile merkte er, dass seine Angebote mir nicht weiterhalfen, und rannte so schnell er konnte mit seinen kurzen Beinen über den Hügel zurück zur Jurte, um Hilfe zu holen. Inzwischen war es mir gelungen, mich an einer großen Minzepflanze am Rande des Flusses festzukrallen. Diesmal waren die Wurzeln der Pflanze stark genug, mein Gewicht zu halten. Schwer atmend schaffte ich es, auf dem Bauch zurück auf das Kiesufer zu robben.

In dem Moment erblickte ich auch schon meine Familie und die Besucher, wie sie mir wild gestikulierend entgegenstürzten. Vorne weg mein Vater und meine Mutter, das Haar so schwarz und glänzend wie das ihrer Töchter, aber unter einem lockeren Kopftuch gebändigt. »Sayragul!« Schreiend nahmen sie mich in die Mitte, so tropfnass wie ich war.

In der Jurte gab mir Mutter trockene Kleider und setzte mich vor den Holzofen. Meine Geschwister schauten mich mit ihren dunklen vorwurfsvollen Augen an, während Vater mich schimpfte: »Wie oft habe ich euch davor gewarnt, an den Fluss zu gehen?! Ihr sollt dort nicht spielen! Wieso hast du versucht, die Flasche wieder herauszuholen?! Das ist verrückt!«

Doch selbst wenn er einmal zornig war, hat er nie die Fassung verloren oder laut herumgebrüllt. Sobald er sich wieder beruhigt hatte, legte er mir seine große warme Hand auf die Schulter. »Pass besser auf dich auf, meine Tochter! Du bist erst fünf Jahre alt und heute zum dritten Mal dem Tod sehr nah gewesen.« Mutter faltete die Hände, blickte kurz nach oben und sagte: »Danken wir Gott dafür!«

Unsere Eltern waren streng, aber liebevoll. Niemals haben sie Hand an uns gelegt. Das war auch nicht nötig, denn Vater und Mutter genossen die höchste Achtung in unserer Gesellschaft. Wenn die Eltern redeten, schwiegen wir Kinder und hörten zu. Mutter musste nur ein kleines Zeichen mit der Hand geben, schon sind wir gesprungen ...

Nie habe ich meine Eltern laut miteinander streiten gehört. Ermahnte Mutter meine Brüder, weil sie sich gegenseitig verdroschen haben: »Seid brav, sonst sage ich das dem Vater«, wurde es im Nu sehr still im Raum. Mutter hat uns auch stets dazu angehalten, Rücksicht auf Vater zu nehmen und leise zu sein, wenn er sich nach einem anstrengenden Tag erholen wollte.

Die höchste Autorität in einer kasachischen Familie aber genoss der »Aksakal«, der Weißbart. Bei wichtigen Entscheidungen haben meine Eltern Großvater um Rat gefragt, er erhielt den Ehrenplatz bei Familienfeiern und bekam immer das beste Stück vom Fleisch.

Du sollst nicht lügen!

Jedes Mal, wenn Großvater auf seinem Pferd von einem Besuch aus dem Nachbarort zurückkehrte, hatte er ein Tuch bei sich in der Tasche, in das er kleine Stückchen Zucker eingewickelt hatte. Sahen wir Kinder ihn als Punkt auf den weiten Wiesen nahen, stürmten wir ihm schon entgegen ...

Mein Großvater, ein gläubiger Mann, hat meinen Schwestern, Brüdern und mir die Regeln des Islams beigebracht. Im Grunde nichts anderes als die zehn Gebote in der Bibel: »Du darfst nicht stehlen, nicht töten, und behandle deinen Nächsten wie dich selbst ...« Während meine älteste Schwester ihm Tee nachschenkte und ich ihm Fladenbrot dazu reichte, lächelte der alte Herr mit seinem vom Wetter gegerbten Gesicht, und tausend Fältchen umkränzten seine Augen wie Sonnenstrahlen. »Kinder, benehmt euch immer anständig! Ein frommer Moslem fügt einem anderen Menschen keinen Schaden zu.«

Unter Kasachen sitzen Frauen und Männer nicht getrennt in unterschiedlichen Räumen. Wir feiern und essen zusammen, nicht anders als die Leute im Westen. Wir leben einen sehr gemäßigten Islam. Die älteren Frauen tragen seit Jahrhunderten ein traditionelles weißes Kopftuch, das sie in mühsamer Handarbeit mit kunstvollen Ornamenten besticken. Bei uns sieht man keine langen schwarzen Schleier oder gar Burkas, wie man es bei Muslimen aus Arabien und manchen Ländern Vorderasiens kennt. Im Jahr 2020 ist, unter dem »warmherzigen Patriarchen« Xi Jinping, wie die Partei ihren Generalsekretär lobpreist, selbst dieses bestickte Kopftuch für uns verboten.

Obwohl Großvater fünf Mal täglich gebetet und die Moschee besucht hat, verlangte er das nicht von seinen Enkelkindern. Auch bei meinen Eltern habe ich nie beobachtet, dass sie auf solche Weise gebetet hätten. Nach dem Essen legten wir alle die Hände aneinander und wünschten für unsere Familie, unsere Gäste oder alle anderen Menschen Segen und Glück. Manchmal sagten wir auch schlicht: »Danke Gott.«

Von klein auf war ich mit Feuereifer bemüht, alle Wünsche und noch mehr zu erfüllen, was mir meine Eltern und mein Großvater zuvor aufgetragen hatten. Ich versuchte, aufrichtig anderen Menschen gegenüber zu sein und jeden respektvoll zu behandeln. Mein Vater freute sich oft über mich und lachte dabei voller Stolz: »Sie ist meine Tochter, sie ist genau wie ich!«

Fast immer bin ich, wie ein Junge, in Hosen und Lederstiefeln herumgelaufen. Mein Zopf baumelte über die Schultern bis zu den Kniekehlen hinab. Ein langes Kleid hätte mich nur beim Laufen und Reiten behindert. Ich war ständig beschäftigt, meinem Vater zur Hand zu gehen, Holz einzusammeln oder Schafe zusammentreiben. Als ich größer war, durfte ich sogar den neu angeschafften Traktor lenken.

Meine Eltern haben mich vor meinen ebenfalls sehr fleißigen Schwestern gelobt: »Seht, wie selbstständig Sayragul ist!« Und jedes Lob hat mich motiviert, noch vorbildlicher zu sein. Natürlich ist das nicht immer gelungen. Als Siebenjährige war ich Klassensprecherin in der zweiten Klasse, als mich der Lehrer darum bat, einen Tag lang die Leitung zu übernehmen, weil er mit der Hochzeit seines Sohnes beschäftigt war. »Pass auf, dass deine Mitschüler keinen Unsinn machen und Ruhe geben.«

Stillsitzen aber empfanden meine kleinen Schulkameraden als eine Strafe, darum fingen sie bald an, sehr laut zu diskutieren. »Wir können hier doch nicht den ganzen Tag herumhocken, das geht nicht«, protestierte ein kleiner schwarzhaariger Wuschelkopf. »Was machen wir dann?,« wollte ich wissen. Sie einigten sich darauf, einen kleinen Ball aus Stoff zu formen, mit Getreide zu füllen und damit in der Klasse zu spielen. Da mir der Vorschlag in Ordnung zu sein schien und ich sowieso keine andere Wahl hatte, stimmte ich dem zu.

Sofort flog der Ball von Hand zu Hand und landete schließlich bei mir vorne am Pult. Ich holte weit aus, um einem Mädchen hinten mit einem kräftigen Zug den Ball zuzuwerfen, verfehlte sie allerdings und traf stattdessen das Fenster hinter ihr, das sofort in viele kleine Scherben zersprang. Wie zur Salzsäule erstarrt, bin ich stehen geblieben. Es war Winter, minus 15 Grad, und die Kälte kroch uns sofort in alle Glieder.

Als die anderen Kinder mich da vorne wie ein Häuflein Elend langsam in sich zusammensinken sahen, versuchten sie, mich zu trösten: »Eigentlich sind wir ja schuld daran, weil das unsere Idee war.« Um mich vor Strafe zu schützen, beschlossen sie, denjenigen in der Klasse als Schuldigen auszuwählen, der sowieso immer Unsinn machte. Sofort danach dichteten wir das Loch notdürftig mit Teilen unserer Kleider ab.

Normalerweise wendeten sich die Kinder an die Mutter, wenn sie Wünsche, Beschwerden oder ein Problem hatten. Ich war die Einzige in unserer Familie, die in so einem Fall zuerst zum Vater lief. »Ich habe heute etwas Schlimmes getan«, beichtete ich ihm und verbarg mein nasses Gesicht hinter beiden Händen. Bedächtig strich er sich über seinen Krausebart und brummte, dass mir nur die Wahrheit aus dieser Klemme heraushelfe.

Die ganze Nacht lang habe ich mich unruhig hin und her gewälzt. Am nächsten Morgen knöpfte sich der Lehrer einen nach dem anderen vor: »Wer war das?« Jedes Kind schüttelte den Kopf. »Ich war es nicht, aber der war es …« und zeigte auf den »Klassenclown«, der ergeben alle Schuld auf sich nahm. Als Nächstes war ich an der Reihe. »Daran bin ich allein schuld!«, presste ich unter Tränen hervor.

Da ich unübersehbar zerknirscht war, sprach der Lehrer sein Urteil: »Nur weil du so ehrlich warst, werde ich dich verschonen. Aber alle anderen haben gelogen und deshalb eine Strafe verdient.« Jeder Mitschüler musste am nächsten Tag einen kleinen Geldbetrag mitbringen, damit die Scheibe ersetzt werden konnte.

Nach dem Unterricht umstellten mich draußen die anderen Kinder. Sie waren empört über mein Verhalten, fühlten sich von mir verraten, da sie nun selbst als Lügner dastanden. »Wieso hast du das gemacht? Wir wollten dir helfen? Du Verräterin!« Was aber hätte ich tun sollen? Immer hatten meine Eltern mir eingeschärft, dass Lügen eine schlimme Sünde sei. Und Gott bemerkte sowieso alles.

Die Situation war sehr unangenehm für mich. Zu Hause aber nickte Vater mir wohlwollend zu. »Das hast du gut gemacht. Du wirst sehen, später einmal werden deine Freunde das verstehen, deshalb mache dir keine Sorgen mehr.« Ich habe trotzdem noch so lange und so ausgiebig geweint, bis ich mich wieder beruhigt hatte.

Unter harten Bedingungen bestehen

Überleben unter harten Bedingungen war nur in einer solidarischen Gemeinschaft möglich. Daher hausten Alt und Jung auf engem Raum zusammen, halfen und brauchten einander. Die Großeltern brachten ihre jahrzehntelangen Erfahrungen über Klima, Tierhaltung und Pflanzenwuchs mit. Anders aber als in den meisten anderen kasachischen Familien wurden unter unserem Dach die Jungen gegenüber uns Mädchen nicht bevorzugt behandelt. Wir fühlten uns gleichwertig und hochgeschätzt.

Mit meinen Schwestern habe ich mich gut verstanden, besonders die Älteste war mein großes Vorbild. Sie war besonnen wie mein Vater. Zudem war sie eine gute Schülerin, sehr klug und hat nie geklagt wie meine Mutter. Alle Geschwister eiferten ihr nach, wenn sie in ihrer sauberen Handschrift die arabischen Buchstaben aufs Papier malte.

So ordentlich und so schön wie sie wollte ich auch einmal sein. Deshalb habe ich die meiste Zeit in ihrer Nähe verbracht und die anstehenden Hausarbeiten mit ihr gemeinsam erledigt. Es gab so viel zu tun. Kochen, Löcher in den Kleidern stopfen, putzen, Tiere versorgen, Kleider am Fluss waschen ...

Oft hörten wir denselben Spruch, wenn Gäste beim Essen und Trinken um unsere Feuerstelle herumhockten. »Lasst die Jungen die Schule besuchen und die Mädchen zu Hause arbeiten. Wozu sollen sie etwas lernen? Sie werden sowieso heiraten und den Haushalt führen.« Vater und Mutter haben sich der Höflichkeit halber auf die Zunge gebissen.

Erst wenn die Besucher gegangen waren, haben sie uns sechs Schwestern beruhigt: »Lasst sie reden, was sie wollen, aber wir halten das trotzdem anders.« Vater guckte uns ernst in unsere runden Gesichter und unsere schmalen Augen. »Ihr braucht eine ebenso gute Bildung wie eure Brüder.« Tatsächlich haben am Ende alle meine Geschwister an der Universität ihren Abschluss gemacht.

Festzeit

Seit ich ein Kind war, habe ich gerne getanzt, geschrieben und gesungen. Daher freute ich mich immer besonders darauf, wenn sich die Wiesen lila und rosa färbten, die Krokusse blühten und das Neujahrs- und Frühlingsfest (Naurus) vom 21. bis 22. März groß gefeiert wurde. Lange davor begannen alle Dorfbewohner mit den Vorbereitungen.

Im Wald und auf den Wiesen suchten wir Kinder prächtige Federn und Tierzähne, um unsere Hüte damit zu schmücken. Wer keine gefunden hatte, bekam von jemand anderem welche geschenkt oder kaufte sie von einem Händler.

Die Frauen schmückten die Häuser mit Blumen und Kränzen. Sie putzten, bis alles glänzte, bereiteten eine spezielle Suppe mit sieben verschiedenen Zutaten vor und beglückwünschten ihre Gäste zum Frühlingsanfang. Tags darauf feierten alle gemeinsam, alt und jung, reich und arm, auf der großen Wiese am Dorfrand. Mit Musik, Tanz und Feuer.

Männer und Frauen bewiesen ihre Kunstfertigkeit im Bogenschießen und bei Reiterspielen. Meine drei Brüder zeigten mit den anderen Jungen, wie gut sie die Kunst des Ringens beherrschten. Und wir Mädchen hatten vorher in der Schule Tänze einstudiert, bildeten Gruppen und sangen dazu. Unsere knielangen schwarzen Zöpfe haben wir auf unseren Köpfen zusammengerollt und festgesteckt.

Alle Dorfbewohner waren hübsch herausgeputzt in ihren bunten Trachten. Ich selbst drehte mich in meinem mit Blumen bestickten kostbaren Trachtenkleid, das Mutter für mich genäht hatte, bis mir schwindelig vor Lachen und Freude wurde. Auf meinem Kopf schaukelten flauschige Uhufedern. Zusammen mit dem Fest des Fastenbrechens, im Anschluss an den Fastenmonat Ramadan, und dem Opferfest bildeten diese drei Ereignisse die Höhepunkte im islamischen Jahreskreis.

Seit 2017 hat die chinesische Regierung alle unsere traditionellen und religiösen Festlichkeiten verboten. Stattdessen zwingt man uns, nur noch chinesische Feste zu feiern, wie deren Neujahrsfest. Seitdem müssen wir Kasachen unsere Häuser nach chinesischer Art schmücken. Die Chinesen verwenden viele verschiedene Motive mit Teufeln und hässlichen Fratzen darauf, für uns sind das unangenehme und schrecklich aussehende Bilder. Wer sich verweigert, gilt als Extremist und wird weggesperrt.

Kulturrevolution: Einen Schatten auf der Seele zurücklassen

Nach vollendetem Tagwerk versammelten sich die anderen älteren Leute gerne um unseren Großvater auf den mit farbigen Ornamenten verzierten Schafwollteppichen, wobei wir Geschwister im Schneidersitz am Rand nahe der Tür Platz genommen und unsere Ohren gespitzt haben. Handelte es sich um die Aufstände gegen die Chinesen, schickten sie uns weg, weil das Erzählte nicht für Kinderohren bestimmt war.

Wie die anderen »Weißbärte« war auch mein Großvater einst ein Kämpfer unter den Aufständischen gewesen. In den 1930er-

und 1940er-Jahren hatten unsere Landsleute für kurze Zeit die chinesischen Eindringlinge aus der Heimat vertrieben. Großvater war dabei, als eine unabhängige Regierung in Ostturkestan gebildet worden war, einem Gebiet, in dessen Nordosten seit Jahrhunderten die Kasachen wohnten. Heute ist es nicht einmal gestattet, den Namen der damaligen Aufständischen zu nennen, geschweige diese Revolten zu erwähnen.

Seit jeher hatten sich die Einheimischen unter dem Joch der Chinesen aufgebäumt und versucht, es mit Gewalt wieder abzuschütteln. Jeden dieser Proteste hatten die chinesischen Besatzer brutal unterdrückt, die Gefangenen an die Wand gestellt, ihnen die Augäpfel herausgedrückt oder die Haare vom Kopf gerissen, was meine Großeltern und Eltern mit eigenen Augen miterlebt hatten. Um die Lage zu befrieden, war Mao in dem damals von Hunger und Not geschwächten China nichts anderes übrig geblieben, als uns Muslimen 1955 die Autonomie zu gewähren.

Jahrhundertelang gehörten die Männer meiner Familie zu den Oberhäuptern in den Clans. Zum Glück aber waren wir nie reich gewesen, deshalb war es meinen Großeltern gelungen, die Kulturrevolution durchzustehen, die hierzulande weit vor 1966 angefangen hatte, auch wenn es anders in den Geschichtsbüchern steht, und erst 1976 endete. Die Rotgardisten zwangen die Einheimischen, ihre Schafe, Rinder und Pferde an die Regierung abzugeben, und versprachen im Gegenzug, eine große Farm für alle einzurichten. Nach der Beschlagnahme verleibte sich die KPCh das gesamte Eigentum ein und vergaß ihr Versprechen. Danach hatten meine Verwandten im wahrsten Sinne des Wortes nichts mehr zu verlieren – außer ihrem nackten Leben.

Bis 1962 hatte die größte Hungersnot Chinas etwa 40 Millionen Menschen das Leben gekostet. Als Schuldigen hatte Mao die

Sowjetunion präsentiert, die das ganze Land angeblich als böser Gläubiger in den Abgrund gestürzt hatte. Das bewirkte, dass die Menschen ihre Wut gegen jemand anderen richteten.

»In jedem Haus musste ein großes Bild von Mao hängen«, erinnerte sich mein Großvater, wobei sich sein Gesicht verdunkelte. »Jeder sollte drei Mal am Tag vor diesem Bild stehen und Mao wie einen Gott anbeten.« Sogar beim Essen musste jede Familie ihn bewundernd anschauen. Vater fiel dazu ein, was die roten Kader damals dem Volk gepredigt hatten: »Wir werden das kapitalistische System auslöschen.« Gleich danach hatte die große Gleichschaltung begonnen. Es durfte keine Unterschiede zwischen den Menschen mehr geben, keiner sollte mehr als der andere besitzen. Für einen Millionär wie Mao galten selbstverständlich andere Gesetze.

»Ja«, stimmte Großvater nachdenklich zu und wiegte seinen Oberkörper vor und zurück. »Dann haben sie angefangen, die Leute gegeneinander auszuspielen; jeder sollte möglichst viele Nachbarn oder Freunde als Kapitalisten denunzieren.« »Das war eine schlimme Zeit«, fügte Vater hinzu, »es gab viele, die da mitgemacht haben, weil ihnen das Vorteile einbrachte.« Man erkannte sie an ihren roten Armbinden und an ihren Reden über die feindlichen, »vom Westen gekauften Spione«. Und an ihren Triumphzügen, bei denen sie die geschändeten Leichen der Verratenen durch die Straßen schleppten.

Nach dieser Schreckensherrschaft war in den Köpfen aller Überlebender die Angst und auf den Seelen ein Schatten zurückgeblieben. Aus Sorge, die alten Geister wiederzubeleben, redete meine Familie nur wenig über die eigene Vergangenheit, obwohl wir das Glück hatten, nach meiner Geburt in der freiesten Zeit zu leben, die es in der Volksrepublik China jemals gegeben hatte. »Sonst bestraft die Partei die ganze Familie für ihre feindlichen

Gedanken«, fürchteten sie weiterhin. So fest hatte sich das Misstrauen in ihre Köpfe eingenistet.

Trotz dieser verhaltenen Reaktionen der Erwachsenen hatten wir Kinder verstanden, dass die Chinesen gefährliche Menschen waren. Und bald schon wurden wir von ihnen selbst jeden Tag daran erinnert. In unserem Dorf lebten allerdings bis auf uns Kasachen lange nur ein paar Uiguren, Kirgisen und muslimische Dungan-Chinesen, die von der Sprache her zu den Chinesen zählten. In unserem Dorf aber redeten alle fließend kasachisch, es gab keine Vorurteile den anderen gegenüber, wir bildeten eine Gemeinschaft. Bis dahin hatte ich noch nie einen Chinesen zu Gesicht bekommen.

»In diesem Land haben wir unsere Wurzeln.« So hatten wir es gelernt. Jeder Kasache war fähig, sieben frühere Generationen aus seiner Familie samt Namen und Geburtsort auswendig zu benennen; andernfalls war er kein echter Kasache oder ein Waisenkind. So zählten meine Geschwister und ich oft mit großem Stolz die Namen unseres Großvaters, Urgroßvaters und noch vier weitere Generation zurück nacheinander auf.

Ein lebendiger Geist aus der Schreckenszeit

Jedes Mal, wenn ich unsere Nähmaschine bediente, blickte ich voller Unbehagen auf die dort angehefteten alten Etiketten, auf denen noch Maos Spruch aufgedruckt war. »Wenn es die kommunistische Partei nicht gäbe, würde es auch dieses neue China nicht geben. Mao Zedong.«

In allen Familien tuschelte man gelegentlich über die Verbrechen unter Mao, aber auch über die Verbrechen Russlands unter Stalin. Beide kommunistischen Nachbarländer hatten in unserem

Land ihren blutigen Spuren hinterlassen, deren Auswirkungen wir bis zum heutigen Tage spüren. Im Dorf spukte noch ein lebendiger Geist aus dieser Schreckenszeit herum. Zumindest erschien sie mir so mit ihren wirr abstehenden weißen Haaren. Es war eine 70 Jahre alte Frau, die während der Kulturrevolution den Verstand verloren hatte.

Einst hatte sie zu einer reichen Familie gehört. Die roten Garden hatten nicht nur alle ihre Besitztümer beschlagnahmt, sondern auch ihren Mann und ihre Kinder im Gefängnis gefoltert. Eines Tages hat man ihren Mann aufgehängt in der Zelle gefunden. Der Witwe erklärten die chinesischen Uniformierten lapidar: »Er hat sich als schuldig bekannt und danach selbst seinem Leben ein Ende gesetzt.« Dabei war jedem bewusst, dass sie ihn aufgeknüpft hatten. Kurz darauf baumelten die blau angelaufenen Füße ihrer Kinder an Kälberstricken in der Luft. Ihre ganze Großfamilie hatten diese Mörderbanden nacheinander ausgerottet. Sie war die Letzte, die übrig geblieben war.

Seither lief diese Verrückte im Dorf hin und her, drang in die Häuser ein und rief um »Hilfe!«. Um sie zu beruhigen, gaben ihr die Leute etwas zu essen. Dieser Anblick einer verzweifelten Mutter schnürte mir vor Traurigkeit die Brust zusammen, ließ mein Herz aber auch vor Empörung kräftig schlagen wegen der Menschen, die ihr das angetan hatten.

Wie heute war es auch damals verboten, über die Toten und Verschwundenen zu klagen, denn »für Mao war kein Opfer zu groß«. Für diesen Anführer sollten meine Großeltern und Eltern seinem Wunsch gemäß ihre »Körper zu Staub zermalmen und ihre Knochen in tausend Stücke zerschlagen lassen«.

Mit meinen ersten Schritten in die Welt begann der atemberaubende Aufstieg Chinas zur zweitgrößten Volkswirtschaft der Welt, dabei stand in Ostturkestan alles unverändert unter absoluter Kontrolle der Kommunistischen Partei: die Verteilung der Arbeitsplätze, die Preisbildung, die Produktionsquoten ...

Die Chinesen kommen!

»Die Chinesen kommen!« Ein erstickter Aufschrei ging von Mund zu Mund durchs Dorf. Es war Anfang der 1980er-Jahre, als mehrere Militärkonvois durch unseren Ort rollten und an der Brücke am Fluss haltmachten. Es handelte sich nicht um die sogenannten Bingtuan, das Xinjiang Produktions- und Konstruktions-Corps, zu dem halbmilitärische Baubrigaden gehörten, die in Ostturkestan große Firmen aufbauten und bald ganze Industriezweige sowie große Teile unseres Baumwoll- und Weinanbaus beherrschten. Diese Truppen waren einer anderen Spezialeinheit zugeordnet.

Flugs bauten die Soldaten eine große Kaserne auf, umgeben von hohen Mauern und Stacheldraht. Weiter hinten auf dem Hügel errichteten sie eine Radarstation. Kaum waren die Arbeiten am Fluss beendet, strömten rund tausend chinesische Uniformierte auf ihren Lkws in dieses Lager und schlossen genauso schnell wie sie gekommen waren die Tore wieder hinter sich. Niemand von uns durfte dort hinein. »Was machen diese Leute da?«

In tiefer Sorge steckten die Dorfbewohner ihre Köpfe zusammen. Dieser Weg über den Fluss war wichtig für uns, um unsere Tiere auf die Weiden zu treiben, doch vom ersten Tag an machten die Fremden uns Probleme. »Sucht euch einen anderen Platz«, schnauzten sie uns an und scheuchten uns weg.

Mit der Ankunft dieser Militärkolonne war es mit der Ruhe und dem Frieden in unserem Dorf vorbei. Die Soldaten raubten unsere Tiere und trieben sie vor den Augen ihrer Besitzer in die Kaserne. Nahe der Mauer stellten sich die Hirten auf den Rücken ihrer Pferde und beobachteten von oben, wie sie dort deren Schafe schlachteten. Sofort kamen wütende Soldaten wie ein aufgescheuchter Hornissenschwarm aus der Kaserne und brüllten sie an: »Was macht ihr da? Zieht Leine!«

Wer in Zukunft noch wagte zu fragen: »Wo sind unsere Tiere?« oder gar gegen den Diebstahl zu protestieren, der wurde bedroht oder gleich zu Brei geschlagen. Das war die erste nähere Erfahrung, die ich mit Chinesen hatte. Auf einmal haben alle im Dorf wieder furchtbare Angst gehabt. Damals besuchte ich die dritte Klasse.

Wenn meine Schwestern und ich fortan unsere Schafe zur Weide trieben, beobachteten wir geduckt von Weitem die Soldaten mit ihren scharfen Wachhunden, die an den kurzen Leinen zerrten. Niemals wagten wir es, offen dorthin zu sehen, immer sind wir so schnell wie unsere Beine uns trugen an ihnen vorbeigelaufen.

»Diese Männer schlagen uns, sie reden nicht mit uns und geben uns niemals Antworten«, raunte mein Großvater verbittert beim Essen. Und Mutter fügte hinzu: »Sie fühlen sich für nichts verantwortlich oder schuldig.« »Das ist Tyrannei«, befand mein Vater resigniert, »aber was sollen wir tun?«

Die ersten Siedlungen: Habt keine Angst vor den Chinesen!

Nach einer Weile ließen sich die ersten Chinesen in unserem Dorf nieder, um einen Lebensmittelladen, ein Fotogeschäft und eine Autowerkstatt zu eröffnen. Auf diese Weise haben wir die

Fremden zum ersten Mal aus größerer Nähe gesehen, doch weiter hielten wir Kinder furchtsam Abstand von ihnen. Nach und nach stießen ihre chinesischen Familien und Verwandten dazu.

Diese Händler hatten schnell heraus, welche Alltagsgegenstände unsere Dorfbewohner dringend benötigten, und versorgten uns damit. Uns fiel es schwer einzuschätzen, was das für Menschen waren. Ob freundlich oder böse? Sie sprachen nur Chinesisch und haben die Arglosigkeit der Einheimischen ausgenutzt, die von Geschäften nichts verstanden haben. Zu Schleuderpreisen haben die Zugezogenen unsere Waren und Erzeugnisse wie Milch, Käse oder Fleisch erworben, um sie teuer an ihre eigenen Landsleute weiterzuverkaufen.

Bald darauf baggerten die Soldaten um ihr Lager herum großflächig Löcher aus. Manchmal sind unsere Tiere hineingestürzt und dort qualvoll verendet. Den Aushub haben sie als Baumaterial benutzt, viele Weideflächen kurzerhand beschlagnahmt. »Wieso kommen immer mehr Chinesen zu uns?«, fragte mich mein kleiner Bruder Sawulet voller Unruhe, aber ich wusste selbst keine Antwort darauf.

Während die chinesischen Händler schnell die Reichsten im Dorf wurden, verarmten unsere Dorfbewohner zunehmend. Sie besaßen keine Weiden mehr, damit weniger Tiere und ein geringeres Einkommen. Bald steckten alle Familien in finanziellen Schwierigkeiten. Jeden Morgen haben uns unsere Eltern eine Warnung mit auf den Weg gegeben: »Macht mit den Tieren einen großen Bogen um die Kaserne, dort ist es zu gefährlich.«

Gleichzeitig hat Peking mit einer Kampagne für sein Land und seine Leute geworben: »Habt keine Angst vor den Chinesen! Durch ihre Ankunft wird sich Xinjiang in ein blühendes Wirtschaftswunderland verwandeln! Ihr bekommt Arbeit und Wohlstand!« Vor unserem neuen Röhrenfernseher überlegten wir, ob das wohl stimmte? Letztlich ist genau das Gegenteil davon eingetroffen. Wir haben nichts gewonnen, sondern alles verloren.

Zu jener Zeit war es sehr beliebt, sich fotografieren zu lassen. Jede Familie, Männer und Frauen, Alt und Jung, wünschten eine Aufnahme von sich. Allerdings trauten wir uns nicht, den einzigen Fotoladen im Dorf zu betreten, da er einem Chinesen gehörte.

Der Fotograf aber war so unverschämt, in unsere Wohnungen einzudringen, ohne vorher um Erlaubnis zu bitten. Auf einmal stand dieser Chinese mitten in unserem Zimmer und lichtete alles ab, uns erschrockene Kinder genauso wie unsere polierten Truhen und Töpfe. Nach ein paar Tagen drückte er meiner Mutter die Fotos in die Hand und verlangte viel Geld dafür. Mutter hat verlegen zu Boden geschaut. Vater war zu höflich, um abzulehnen.

Von Anbeginn an sind diese Fremden uns gegenüber mit großer Arroganz und großem Selbstverständnis aufgetreten. Als Nächstes tauchten chinesische Imker auf, zogen nach Belieben Zäune und nahmen noch übrig gebliebene Flächen für sich in Anspruch. »Wer hat ihnen dafür die Erlaubnis gegeben«, krächzte Großvater empört. Wir wussten nicht einmal, bei welcher Behörde wir diese Frage hätten stellen können.

Illusionen

Trotz der Tatsache, dass von Anbeginn an für Chinesen und Einheimische zweierlei Recht galt, und trotz schmerzhafter Einschnitte blieben wir Heranwachsenden zuversichtlich und voller Lebensmut. Unsere Herzen waren jung und ließen sich nicht so schnell in kleine Kammern sperren. Vater verkniff sich jeden Kommentar über das unverschämte Verhalten der Neuankömmlinge und richtete seinen Blick vor allen auf unsere Zukunft. »Ihr müsst fleißig lernen, damit ihr einmal einen guten Beruf bekommt.«

Von uns unbemerkt hat er uns damals schon darauf vorbereitet, dass wir einmal zur Zielscheibe von noch weit größerer Ungerechtigkeit werden würden. Er hatte solche Demütigung bereits selbst erfahren und gab sein Bestes, um uns dagegen zu wappnen. Mit Selbstbewusstsein, Stolz auf unsere Kultur und einer akademischen Bildung.

Kaum war Vater in Rente, konzentrierte er sich mit Mutter ganz auf unsere kleine Landwirtschaft und auf die Vergrößerung unseres Hauses. Die Dinge schienen sich günstig zu entwickeln. Als ich mit 12 Jahren langsam in die Pubertät kam und mein Körper frauliche Formen entwickelte, hatte unser Familienoberhaupt für meine erwachsenen Schwestern und Brüder erst zwei, dann drei neue Schlafräume angebaut. Im Sommer eröffnete gegenüber einer Diskothek ein Freiluftkino, wo wir Jugendlichen für wenig Geld von einem chinesischen Dungan-Muslim ein Ticket erworben haben, um mit offenen Mündern ausländische Filme wie »Sparta« oder »Alcatraz« zu bestaunen.

In unserem Dorf lebten wir abgesondert wie in einer Blase und bekamen nichts mit, was sonst um uns herum vor sich ging. Wir ahnten nicht, dass zeitgleich Studenten in Peking für mehr Freiheit und gegen die korrupte Führung sowie deren sich hemmungslos bereichernde Familienclans protestierten. Dass in der Nacht vom 3. auf den 4. Juni 1989 die Panzer auf den Platz des Himmlischen Friedens rollten und die Studenten unter sich zerquetschten. Dass Soldaten Unbeteiligte erschossen und mit Bajonetten erstochen haben.

Nur später im Studium hörte ich einmal meine Kommilitonen miteinander flüstern: »Habt ihr von diesem Uiguren namens Urkesh gehört? Er hat auf dem Tian'anmen-Platz für unsere Rechte gekämpft.« Urkesh war für sie ein Held, aber er musste aus China fliehen und lebt heute in Taiwan. Bis heute weiß keiner, ob es Hunderte oder Tausende Tote waren, mit der Deng Xiaopings Regierung die Demokratiebewegung gewaltsam begraben hatte.

Genauso wenig haben wir von den blutig niedergeschlagenen Aufständen in den 1990er-Jahren in anderen Teilen Ostturkestans erfahren, wo zumeist Uiguren gegen Diskriminierung und Unterdrückung aufbegehrt hatten. In den seit 1949 staatlich gelenkten Medien hörte man stets nur über die großartigen Erfolge der chinesischen Regierung. Nicht aber darüber, dass sie größere Versammlungen wie ein Fußballturnier von Uiguren oder den Neubau einer Moschee in Baren verboten hatten, weil sie das für »staatsgefährdend« hielten. Sofort folgten drastische Maßnahmen zur »Einkesselung der Schwerverbrecher«. Der Zerfall der Sowjetunion aber ließ sich vor niemandem verbergen.

Als die UdSSR am 21. Dezember 1991 in Almaty aufgelöst wurde und an ihre Stelle die Gemeinschaft Unabhängiger Staaten (GUS) trat, in der alle zentralasiatischen Republiken als souveräne Staaten vertreten waren, herrschte große Freude im Dorf. Viele Einwohner nutzten die neu gewonnene Möglichkeit, über die Grenze zu ihren kasachischen Verwandten zu reisen, ganz umzusiedeln oder sich bei Besuchen auszutauschen. Peking betonte derweil unablässig, dass die Unabhängigkeitserklärung der Nachbarländer eine falsche Entscheidung gewesen sei, um alle Hoffnung auf Unabhängigkeit im eigenen Land umgehend im Keim zu ersticken.

Schriftsteller, Intellektuelle und Sänger aus Kasachstan strömten in unsere Provinz, um Konzerte zu geben oder ihre Werke auf anderen kulturellen Veranstaltungen zu präsentieren. Vor den Buchhandlungen standen die Menschen Schlange, um Romane zu kaufen. So sind wir an russische Literatur, beispielsweise von Maxim Gorki oder Anton Tschechow, und andere ausländische Bücher gekommen.

Wie mein Vater habe auch ich wissbegierig diese Klassiker verschlungen und war hungrig nach mehr Informationen über die westlichen Länder. Vielleicht könnte ich einmal dorthin reisen, wenn ich eine berühmte Schauspielerin, Fernseh-Journalistin oder Moderatorin wäre? In diesen politisch relativ lockeren Zeiten leiteten noch unsere eigenen Landsleute die Radio- und Fernsehsender. Nur blieben die Medien unverändert »Zunge und Kehle« der Partei.

Diese Unwissenheit, in der uns die Regierung bewusst hielt, hat unsere Illusion aufrechterhalten, frei zu sein. Lange fühlten wir Kasachen uns in diesem Teil Ostturkestans unabhängig und wie ein eigenes Volk. Noch blieb uns Raum und Luft zum Atmen. Wir haben nicht gemerkt, dass wir bereits in einem großen Gefängnis lebten, dessen Mauern um uns herum langsam immer enger zusammenrückten und immer höher und unüberwindbarer wurden ...

1993 bis 1997: Studentenzeit

Je älter die Kinder, desto größer die Sorgen der Eltern. Jedes Jahr fing einer nach dem anderen von uns an, zu studieren und in eine andere Stadt fortzuziehen. Wie aber sollten Vater und Mutter das bezahlen? Und wer passte auf uns Mädchen in den Städten auf, wo dort die Sünde und die Gesetze des Dschungels herrschten? Wo es mit einem Mal nur noch um Geld und Gier ging? Das ganze Land und damit auch die alten Werte hatten sich in rasendem Tempo verändert. Das war zu viel für die älteren Leute, dazu kam die neue Lebenssituation im eigenen Dorf.

»Habe stets ein Auge auf deine Töchter«, erteilte Vater meiner Mutter als Auftrag. Das war überflüssig, denn das hat sie sowieso getan. »Hütet euch vor fehlerhaften Schritten«, predigte sie uns. Nie im Leben hätten wir es gewagt, etwas Unmoralisches zu tun und damit die Ehre unserer Familie zu beflecken. Ich habe nicht einmal daran gedacht, eine Sünde zu begehen. Jungen waren für mich völlig uninteressant. Für mich war nur Karriere wichtig, damit meine Eltern noch mehr Grund hatten, auf mich stolz zu sein, und ich sie später besser unterstützen könnte.

Nachdem ich mit sehr guten Noten die Schule abgeschlossen hatte, wechselte ich als Einzige aus meiner Klasse an die Universität nach Ili. Statt für das westliche Medizinstudium hatten mich die Behörden für die traditionelle chinesische Medizin vorgeschlagen. Als mein Vater mich Wochen zuvor dorthin zur Anmeldung begleitet hatte, war es für Muslime noch nicht so schwierig, einen Studienplatz zu bekommen. Einige der Schulleiter waren Einheimische, und in der Stadt lebten etwa 90 Prozent Kasachen. Mittlerweile haben uns die Chinesen zur Minderheit im eigenen Land gemacht.

Ich war 17 Jahre alt, als ich mich alleine auf dem Weg in die etwa 600 Kilometer weit entfernte Stadt machte. Wie schon bei meinem ersten Besuch bestaunte ich durchs Busfenster die zahlreichen Hochhäuser, unter denen sich die traditionellen Teehäuser duckten, wo Frauen in dampfenden Kesseln den Vorübereilenden handgezogene Nudeln anboten. Über den Straßen und Läden hingen überall mit Ornamenten geschmückte Plakate, auf denen in großen kasachischen Buchstaben stand: »Willkommen«, dasselbe darunter kleingedruckt in Chinesisch. Heute prangen darauf nur noch chinesische Schriftzeichen, unsere Worte haben sie ganz gelöscht.

In den ersten Monaten fiel mir das Leben in der Großstadt schwer. So viele Menschen auf der Straße, so viel Krach, so viele ungewohnte Eindrücke. Als einfaches Mädchen vom Land unter 6000 Studenten, davon etwa 30 Prozent Chinesen genauso wie 70 Prozent der Dozenten. Nachts mit acht fremden Mädchen in einem der zweistöckigen Betten schlafen, so weit weg von meinem Dorf und meinen Eltern. Über mir und neben mir eine Chinesin.

Immer wieder meldete sich das Heimweh, zwickte mir im Magen. Voller Sehnsucht dachte ich an die Berge, an den Geruch nach Steppenraute in unserem Haus und an unsere Pferde, die so bedeutsam für uns Kasachen waren, dass unsere Sprache alleine 50 Worte für ihre Fellfarben und Schattierungen kannte. Vor dem einzigen Telefon mit Wählscheibe im Gebäude bildete sich meistens eine lange Schlange. Also setzte ich mich hin, schrieb einen Brief und achtete darauf, dass meine Tränen nicht die Buchstaben verwischten: »Ich vermisse euch so sehr ...«

Das Studentenheim war wie ein eigener kleiner Kosmos mit einem Geschäft und einem Restaurant. Wettbewerb und Konkurrenz untereinander waren groß. Wer in diesem System als Einheimischer weiterkommen wollte, dem blieb nichts anderes übrig, als Chinesisch zu lernen. Manche meiner muslimischen Kommilitonen beschwerten sich hinter vorgehaltener Hand: »Wozu sollen wir eine fremde Sprache lernen? Sollen die Chinesen doch Kasachisch lernen!«

An der Uni war es unmöglich, diesen Fremden wie zu Hause im Dorf aus dem Weg zu gehen. Von Anbeginn an stand das Misstrauen zwischen uns wie eine Wand. Wir Einheimischen achteten im Beisein chinesischer Mitstudenten auf jedes Wort, das wir von uns gaben, aber sie haben sowieso nie viel mit uns geredet. Offene Debatten waren tabu. Wer es wagte, auch nur verhalten den autoritären Politikstil Pekings zu kritisieren, dem schlug von ihrer Seite meist die Arroganz entgegen: »Ihr seid nur neidisch, weil China so erfolgreich ist!« Da wir uns von ihnen immer bespitzelt fühlten, bewegten wir uns hauptsächlich in unseren eigenen Kreisen.

Davon abgesehen stellte ich fest, dass sie keine Ungeheuer, sondern normale Menschen mit ganz normalen Sorgen waren. »Wie komme ich am besten über die Runden? Wie kann ich meine Eltern finanziell entlasten? Wie schreibe ich gute Noten?«

Wer in der Gruppe A sehr gute Prüfungen ablegte, sammelte Pluspunkte und erhielt finanzielle Unterstützung und Stipendien vom Staat. Gelegentlich erhielt man auch Gutscheine fürs Essen. Ich bin immer satt geworden, weil ich so viele Pluspunkte gesammelt habe. Bald war ich nicht nur die Jüngste, sondern auch die Beste in meinem Kurs.

Wenn die Einsamkeit meine Gedanken schwärzte, setzte ich mich am Wochenende in den Bus und besuchte meine ältere Schwester in der Nachbarstadt an der Universität, wo wir uns gegenseitig trösteten. Bald folgte mein kleiner Bruder Sawulet nach, der sich für Maschinenbau eingeschrieben hatte.

Im ersten Jahr besuchte Mutter uns alle zwei Monate, denn es wäre zu teuer für uns drei Geschwister gewesen, eine Fahrkarte nach Hause zu kaufen. Ungeduldig, auf den Zehenspitzen hin- und her tretend, haben wir sie jedes Mal unten am Eingang erwartet. Mutter brachte nicht nur ihre Liebe, sondern auch etwas Geld und heimische Kost mit, denn sie hatte für uns gekocht. Und das in großen Mengen. Da mein Vater jedes Mal zu Hause sehnsüchtig geseufzt hat, sobald sie ihre Tasche gepackt hat, schlug sie ihm vor: »Das nächste Mal bist du an der Reihe.«

Bald hatte ich mich an das neue Leben gewöhnt und zu meinem Glück unter den kasachischen Mädchen meine beste Freundin Gulina* gefunden. Im Gegensatz zu mir war sie groß und hatte hellere lange Haare, aber vom Charakter her war sie ähnlich veranlagt wie ich. Wir fühlten uns wie Schwestern. Beide immer darauf bedacht, unsere Pflichten zu erfüllen. Stets ehrgeizig, ruhelos und bestrebt, das nächste Ziel so erfolgreich wie möglich zu erreichen und wieder das nächste ... So gesehen waren wir beide typisch chinesisch.

Das Glück aber war uns immer einen Schritt voraus.

Maos Wiedergeburt

Ob beim Kinobesuch oder anderen kulturellen Veranstaltungen, allerorten schwadronierte die Partei auf einmal über Maos große Leistungen für den Kommunismus. Dabei ging es vor allen um Idealismus und die Opferbereitschaft des Volkes, nicht aber über den von ihm verbreiteten Terror und Schrecken. Ich war skeptisch, kannte ich doch vage von unseren Alten die dunkelste Seite dieser Geschichte.

Die Stimmen der Klügeren unter uns Studenten senkten sich, bis sie so leise sprachen, dass man sie kaum noch verstehen konnte. »Dieser neue Personenkult ist kein gutes Omen« oder »Damit öffnen sie die Türen, die uns direkt zurück in die Vergangenheit führen« oder »Die Partei erfindet die Vergangenheit neu, damit sie sich ihr nicht stellen muss.« Andere wiesen das empört zischend zurück. »Wenn Mao nicht groß und gut gewesen wäre, würde das auch nicht in unseren Büchern stehen und dauernd im Fernsehen kommen.« Ich selbst hielt mich bei diesen Diskussionen im Hintergrund und hörte nur zu.

Wurde einem ständig wiederholt, wie großartig, sozial und hilfreich für alle der Kommunismus war, wusste man am Ende selbst nicht mehr genau, was stimmte. Und der Schrecken der Vergangenheit, den wir nie richtig über unsere Eltern oder Lehrer kennengelernt hatten, verblasste wie auf alten Schwarz-Weiß-Fotos, auf denen bald nur noch Nebel zu sehen war.

In jedem Buch, das ich in der Uni aufblätterte, fanden sich auf den ersten Seiten Informationen über Mao, Lenin und Marx. Verfassten wir eine Hausarbeit oder stellten diese vor Kommilitonen vor, mussten wir eingangs über deren Ideologien referieren oder schreiben. Andernfalls gab es keine guten Noten. Maos Verdienste seien zu 70 Prozent gut, denn er habe die größten Feinde der Nation vertrieben. Seine Fehler zu 30 Prozent vernachlässigbar, plapperten die Lehrer die Vorgaben der Parteikader nach.

»Der große Anführer hat uns gelehrt, loyal zur Gemeinschaft zu sein, zur Partei, zum Land«, schrieb ich bei der nächsten Arbeit. Der Gedanke leuchtete mir ein, dass erst alle anderen kamen, zuletzt man selbst. Die Gemeinschaft war wichtiger als der Einzelne. Wieso aber hatte Mao dafür so viele Menschen so grausam getötet? Hinterfragen und verstehen brachte jedoch keine Lösung, sondern nur neue Probleme. Für mich war Politik kein Thema. Ich wollte einfach nur in Ruhe studieren und dem Credo des Landes folgen: »Werdet wohlhabend und erfolgreich!«

Ob man aber wollte oder nicht, dennoch stieß man dauernd auf Fragen, die man nicht stellen durfte. »Woher haben sie so viele gesunde Organe?«, staunte meine Freundin Gulina vor den Seziertischen und sah sich sogleich erschrocken nach allen Seiten um, als wir im Übungssaal unsere ersten Operationen durchführten. Aber jeder tat so, als ob sich ihre Frage gleich bei Lautwerden in Luft aufgelöst habe, und keiner wollte etwas gehört haben.

Vor uns Tische voller unversehrter Lebern, Herzen, Lungen … Eine ungewöhnlich große Fülle an Organen stand uns Medizinstudenten zur Verfügung. Wortlos nahmen wir unser Skalpell und konzentrierten uns auf die Arbeit. Jeder sprach in Ostturkestan darüber, dass Studenten der von Parteichef Jiang Zemin verteufelten Religionsgemeinschaft »Falungong« und andere Menschen in Ostturkestan für solche Zwecke immer wieder von der Straße verschwanden. Genauso war es bekannt, dass China weit mehr Organe transplantierte, als freiwillige Spender und Exekutierte zur Verfügung standen. Dass Peking »etwa Zweidrittel der Transplantate hingerichteten Gefangenen entnimmt«, hat der chinesische Gesundheitsminister Huang Jiefu später, im Jahr 2009, unverhohlen eingeräumt. Der sehr profitable Organhandel in China wird nicht von Kriminellen auf dem Schwarzmarkt, sondern von der KPCh selbst betrieben.

Geld scheffeln

Nachts lagen Gulina und ich manchmal nebeneinander im engen Bett und träumten mit offenen Augen von Reichtum und Ansehen. Wer reich war, so nahmen wir fälschlicherweise an, könnte sich alles kaufen. Auch die Freiheit. Immer sah ich vor meinem inneren Auge, wie erschöpft und abgearbeitet meine Eltern waren. Alles hatten sie in ihrem Leben für ihre Kinder vom eigenen Mund abgespart, nichts sich selbst gegönnt. Und nach mir und Sawulet folgten noch vier weitere jüngere Geschwister, deren Studium bezahlt werden musste. »Ich habe eine Idee«, fiel mir eines Abends eine großartige Möglichkeit ein, neben dem Studium Geld zu verdienen, »aber meine Eltern dürfen das niemals erfahren.«

Kurzerhand fuhr ich am Wochenende mit dem Bus zur Grenze nach Kasachstan. Dort nahm ich einem der zahlreichen Großhändler große Stückzahlen an Ordnern, Stiften, Blöcken und anderen Schreibwaren ab, um sie abends in meiner einstündigen Lernpause etwas teurer meinen Kommilitonen anzubieten. Da ich als beste Schülerin hochrespektiert bei allen anderen war, lief das Geschäft von Anfang an so gut, dass ich mein Angebot noch mit künstlichem Goldschmuck für die Mädchen erweiterte.

Schließlich hatte ich die Taschen so voll mit Yuan, dass ich davon meinen an die Universität nachrückenden Geschwistern etwas zuschießen konnte. »Wo hast du denn so viel Geld her?«, erkundigte sich mein Vater verblüfft. »Das habe ich, weil ich eine so erfolgreiche Studentin und so fleißig bin«, sagte ich, ohne rot zu werden; das war zwar nur die halbe Geschichte, aber zumindest keine Lüge.

Um jeden Preis wollte ich vermeiden, dass meine Eltern schlecht über mich dachten. Die Gefahr war groß, wenn das aufflog, da ich erstens unbegleitet als junge Frau mit dem Bus fuhr und zweitens in einer von Männern dominierten Branche wie ein Bauer auf dem Markt um Preise und Waren schacherte. Meine Eltern hätten sich bestimmt Sorgen um meinen Ruf gemacht. Außerdem hätten sie sich geschämt, dass sie selbst nicht genügend Geld verdienten und mich in diese Lage gebracht hatten.

Zwei Mal im Jahr, zum Semesterende hin, reisten meine Geschwister und ich nach Hause in unser Dorf. Jedes Mal aber war unsere einst so wunderschöne Landschaft noch schlimmer verunstaltet. Die Erde war von Baggern aufgewühlt, der Berg von Minen unterhöhlt. Immer mehr Straßen und Autos durchkreuzten unseren Ort. Und mit jeder Baumaßnahme kam weniger Wasser aus unserer leise murmelnden Quelle im Dorf.

1997: Die Quelle versiegt

Gezielt schickte Peking immer mehr Siedler aus dem Osten nach Ostturkestan, um die rohstoffreichste Provinz Chinas auch in entlegenen Gebieten zu sinisieren. Nicht nur das Ortsbild hatte sich im Laufe der Jahre verändert, sondern auch das Verhalten unserer Dorfbewohner.

Sie haben sich nicht mehr wie früher mitten auf der Straße getroffen und offen miteinander geplauscht. Ihre Gesichter waren verschlossen, ihre Gemüter geplagt wie die gestresste Landschaft rundherum. Selbst in unseren eigenen vier Wänden hatten meine Eltern es sich mittlerweile verboten, über ihre Sorgen zu sprechen.

Die älteren Leute versanken in Trübsinn. »Wo die Chinesen hintreten, da wächst kein Kraut mehr.« So einen verheerenden Eindruck hatte diese Volksgruppe bei den alten Kasachen hinterlassen. »Eine Katastrophe kommt auf uns zu ...«, war sich mein Großvater gewiss. Damit sollte er leider recht behalten.

Als ich wieder einmal nach Hause zu Besuch kam, war die Quelle im Dorf versiegt, und die Dorfbewohner hatten kein Trinkwasser mehr. Dann sank auch der Wasserspiegel am Fluss und verwandelte sich in ein stinkendes Rinnsal, in dem die Fische mit den Bäuchen nach oben trieben.

Im Winter versuchten die Einwohner, ihren Wasserbedarf mit Schnee aus den Bergen zu decken. Schicht für Schicht haben sie das Eis abgetragen und mit Eseln heruntertransportiert. »Was geht da bloß vor sich?«, zerbrachen sich meine Eltern die Köpfe. Großvater strich mit seinen faltigen Händen den langen weißen Bart entlang und schüttelte murmelnd den Kopf. »Die Berge und das Wasser sind heilige Geschöpfe. Niemals darf man sie mit Müll und Fäkalien verunreinigen, so wie es die Chinesen machen. Wasser muss immer rein bleiben, sonst wird sein Geist zornig.« Mutter senkte betroffen den Kopf. »Darum hat es sich also von uns zurückgezogen ...«

Es gab in Ostturkestan so viele Proteste in dieser Zeit gegen die zunehmende Einschränkung religiöser und kultureller Freiheiten durch die Fremdherrschaft, dass ich im Nachhinein nicht mehr weiß, was ich davon mitbekommen und was ich vergessen habe. Ich hatte nicht erfahren, dass am 8. März 1997 in Peking in mehreren Bussen Bomben hochgegangen sind, während auf einem Kongress die Lage in Ostturkestan schöngeredet wurde. Je größer der Druck auf die Menschen, desto heftiger ihr Widerstand. Doch Peking reagierte mit immer noch heftigeren Repressionen und Gewalt.

Unsere Familie war Leid gewohnt. Wir duckten uns wie nach einem Sturm nur kurz zusammen, damit uns die umherfliegenden Trümmer nicht die Köpfe zerschlugen, doch gleich darauf hat jeder wieder seine Arbeit aufgenommen und die Kühe im Stall gemolken. All unsere Kraft war darauf ausgerichtet, den Alltag erträglicher zu machen, indem wir uns materiell gegen Armut und Verlust absicherten. Im Gegensatz zu meinen Geschwistern verschwendete ich keinen Gedanken daran, eine Familie zu gründen. Möglichst rasch wollte ich meine Prüfungen ablegen und einen gut bezahlten Arbeitsplatz finden.

Im Krankenhaus sind nicht alle Kranken gleich

Dank meinem hervorragenden Abschluss habe ich unmittelbar nach dem Studium im Bezirkszentrum Mongolkure (chin. Zhaosu) in einem großen Krankenhaus eine gut bezahlte Anstellung als Medizinerin gefunden. Zu Hause beratschlagten wir gemeinsam, wie ich weiter vorgehen sollte. »Alleine kannst du als junge Frau nicht in der Stadt wohnen«, befand Mutter. Was würden da die Leute reden?

Vater hielt es für das Beste, wenn ich dort in der Stadt zu einem entfernten Verwandten mütterlicherseits zöge, der mir ein Zimmer in seiner Wohnung zur Verfügung stellte. Er und seine Frau waren leitende Beamte mit tadellosem Ruf. Ich war einverstanden, da das für beide Seiten ein guter Handel zu sein schien. Ich sparte Kosten für Miete und Essen und meine Verwandten Auslagen für Personal, da ich im Haushalt mit anpacken und den beiden Söhnen Nachhilfe für die Schule geben sollte.

Mit gemischten Gefühlen trat ich meinen ersten Arbeitstag an. Etwa 80 Prozent aller Mitarbeiter waren Chinesen, die die Regierung nach Ostturkestan abbestellt hatte. Ob mich meine chinesischen Kollegen als vollwertiges Mitglied akzeptieren würden? Als Einheimische hatte ich immer das Gefühl, besser sein zu müssen als alle anderen. Sonst hieß es sofort: »Die Kasachen sind faul und haben nicht viel Verstand im Kopf.«

Erleichtert atmete ich auf, als ich abends nach Hause kam. »Das Arbeitsklima ist gut«, berichtete ich gut gelaunt der Hausherrin, die mich in die Küche manövrierte und gleichzeitig ausfragte. Flink bereitete ich für die Familie das Essen zu und deckte den Tisch. »Das freut mich für dich«, sagte meine entfernte Verwandte, nur sah sie dabei nicht froh aus. Ich schenkte ihrer kühlen Reserviertheit zunächst keine Beachtung, meine ganze Konzentration war auf meine neue Stelle gerichtet.

Wenn wir in der Klinik gemeinsam am Bett eines Kranken standen und über die Behandlung sprachen, verhielten sich meine chinesischen Kollegen mir gegenüber wie Freunde. Sie ließen mich ihre Vorurteile nicht so deutlich spüren, da ich eine gebildete Frau war, ihre Sprache und ihre Kultur kannte. An ihren Verhaltensweisen aber spürte ich trotzdem, dass sie sich selbst für etwas Besseres, Überlegeneres und Klügeres hielten. Nie schienen wir ihnen gut genug zu sein, immer waren wir zu sehr dies oder zu wenig jenes.

Es war die Sprache der Politik, die sie weitertrugen. Peking unterschied zwischen »wir« und »ihr« und pflanzte Ablehnung in die Köpfe seiner chinesischen Landsleute. Damit wuchsen sie auf, daraus formte sich ihre Wirklichkeit. Einem Mund aber, der ständig Vorurteile predigt, folgt alsbald die Faust. Und schon bald heißt es: »Wir gegen die anderen!«

Mitunter kam es vor, dass ein erkrankter Kasache oder Uigure aus dem Dorf zum ersten Mal in die Stadt reiste. Wie sollte er sich in diesem riesigen Krankenhaus zurechtfinden? Also bat er in seiner Landessprache am Empfang um Hilfe: »Können Sie mir sagen, wo ich mich hinwenden muss?«

Doch niemals erhielt er von den chinesischen Mitarbeitern eine Antwort, denn sie behandelten alle Einheimischen wie Luft. Verzweifelt versuchte es dieser Mensch noch einmal und schilderte seine Leiden: »Mir geht es schlecht, mein Darm ist voller Geschwüre ...«, aber sie würdigten ihn nicht einmal eines Blickes.

Irgendwann gaben unsere Landsleute auf und stellten sich schicksalsergeben an die Seite, um dort zu warten und zu warten ... Weiter aber huschte das weißgekleidete Personal an ihnen vorbei und ignorierte sie. Stattdessen tuschelten sie hinter vorgehaltenen Händen. »Was ist das für eine schmutzige Ameise?« Möglicherweise handelte es sich um einen Bauern, seine Kleidung war einfach, aber war das ein Grund, einen Menschen zu erniedrigen? Nur weil er einem anderen Volk angehörte?

Wenn ich so einen Alleingelassenen im Vorbeilaufen bemerkt habe, bin ich sofort auf ihn zugegangen, habe mich bei ihm untergehakt und ihn zum richtigen Ort geführt. Mit solchen Diskriminierungen zum ersten Mal konfrontiert, reagierte ich empört.

Verärgert stemmte ich die Arme in die Seiten und stellte meine chinesischen Kollegen am Abend zur Rede: »Wieso gehst du so schäbig mit diesen Patienten um? Das ist ein Krankenhaus. Unser Beruf ist es, uns um alle Schwachen und Kranken zu kümmern, keine Unterschiede zwischen ihnen zu machen!« Für meine Haltung erntete ich meist sehr überraschte Blicke, denen die Frage folgte: »Oh! Waren das etwa deine Verwandten? Willst du sie deshalb unterstützen?« Kopfschüttelnd hielt ich dagegen: »Nein, das sind ganz normale Menschen. Sie kennen nur die Sprache und die Regeln hier nicht, deshalb will ich ihnen helfen.«

Wir waren Ärzte und Schwestern, uns verband eine gemeinsame Ethik, nach der jeder Mensch gleich viel wert war. Wenn man aber schon an so einem Ort der Barmherzigkeit und Liebe die Auswirkungen der negativen Staatspropaganda spürte, wie verhielt es sich dann erst auf der Straße?

In den Geschäften, auf dem Bazar oder in einem Restaurant wehte uns Alteingesessenen ein noch viel eisigerer Wind ins Gesicht. Häufig ernteten wir abfällige Blicke der chinesischen Inhaber: »Was willst du denn hier?«, sie kehrten uns den Rücken zu oder beleidigten uns offen: »Ihr Muslime seid doch alle vom Esel getreten.«

Die Kluft zwischen mir und meinen Kollegen offenbarte sich sogar, wenn wir einander abends gelegentlich nach Hause zum Essen einluden. Seltsamerweise stellten sie mir immer Fragen über Kasachstan, wo einige meiner Verwandten lebten. Dahinter verbarg sich keine offene Neugierde, sie wollten lediglich ihre schlechten Ansichten bestätigt haben.

»Dort gibt es nicht so ein gutes Warenangebot wie bei uns in China«, oder »die Kasachen sind arm und krank, sie leben in Blechhütten und in Slums unter schlimmsten Umständen.« »Nein, nein«, korrigierte ich sie höflich, »die Kasachen leben in Großstädten in Hochhäusern wie die Menschen hier auch.« Meine Kollegen versuchten herauszufinden, welche Gefühle ich für unser Nachbarland hegte. Ob ich eine kasachische Patriotin und damit möglicherweise eine chinesische Vaterlandsverräterin war?

Ich bemühte mich darum, ihnen möglichst nüchterne Auskünfte zu erteilen: »Kasachstan verbindet Europa und Asien. Es ist der größte aller Binnenstaaten, der sehr viele Möglichkeiten bietet.« Für solche Bemerkungen verlachten sie mich. Für sie war der Nachbarstaat unterentwickelt, verarmt und zurückgeblieben. »Die Kasachen können selbst keine Firmen leiten, keine Computer bedienen, keine Maschinen bauen ...« Nur dank der Aufbauhilfe der Chinesen würde bald auch dieses Land, genau wie Ostturkestan, die Früchte einer fortschrittlichen Entwicklung einbringen.

Im Nachhinein überlege ich, ob sie schon damals Notizen über mich angefertigt haben. Im Jahr 2017 haben die Parteikader nämlich Aussagen der Einheimischen aus dieser Zeit als Beweismaterial herangezogen, um sie als »Feinde des Systems« in Handschellen zu legen. Wer als Freund Kasachstans galt, bewies nach Meinung der Partei »verräterische Gefühle«. Ein Grund, ihn im Straflager zu »de-radikalisieren«.

Können Sie sich im Westen heutzutage so eine Vorgehensweise vorstellen? Sie servieren ihrem Gast Tee und Süßigkeiten, befragen ihn daraufhin gezielt zu einem bestimmten Thema und schreiben seine Antworten klammheimlich auf, um ihn 18 Jahre später auf Grundlage dieser Informationen bei den Behörden anzuprangern: »Dieser Mensch könnte gefährlich werden. Verhaftet ihn, sperrt ihn weg, vernichtet ihn!«

Stellte ein Chinese in Ostturkestan seinem Besucher solche Fragen über das Ausland, hatte er meist Schlechtes im Sinn. Deshalb hat bald kein Einheimischer noch freiwillig mit Chinesen über Politik gesprochen. Nachdem sie aber keine Informationen mehr von uns erhalten haben, reichte ihnen zuletzt ein Stempel aus Kasachstan in unserem Pass. Das war Beweis genug, ein »Extremist« zu sein.

Der Tod meines Großvaters

Gerade fühlte ich den Puls eines Patienten, als mich eine Schwester nach draußen ans Telefon rief. Mutter war am Apparat: »Komm schnell nach Hause, deinem Großvater geht es schlecht.« Tatsächlich hatte der alte Herr alle seine Enkel und Angehörigen zu sich ans Bett rufen lassen und uns angekündigt: »Ich werde in ein paar Tagen sterben.«

»Nein«, widersprachen wir ihm überrascht, »du wirst noch lange leben!« Noch vor Kurzem war er auf seinem Pferd in die Nachbarorte geritten, um dort Bekannte zu besuchen. Bis zu diesem Tage hatte er niemals einen Arzt aufgesucht und niemals Medikamente verordnet bekommen. Sogar seine Zähne waren noch vollständig und strahlend weiß. Obwohl er 1897 geboren und 100 Jahre alt war, kam sein Tod für uns alle unerwartet. Zwar hatte Großvater ein sehr langes Leben geführt, aber wir hätten ihn trotzdem noch gerne weiter bei uns behalten.

Ganz gleich, wie arm eine kasachische Familie war, jedem Toten zu Ehren hielt sie eine große Erinnerungsfeier ab. Während die Frauen die Totenklage verrichteten und den Leichenschmaus vorbereiteten, hüllten die von den Alten dazu berufenen Männer meinen Großvater nach der Waschung und dem Totengebet in ein weißes Leinentuch. Die anderen hoben seinen Körper in eine Holzkiste und bestatteten ihn an der Bergseite auf unserem Dorffriedhof in seinem prächtig geschmückten Grab, wobei das Gesicht des Toten nach Mekka blickte.

Leider blieb mir nur wenig Zeit für die Trauer in der Familie, da mich die Arbeit zurückrief. Im Krankenhaus fiel es mir anfangs schwer, mich auf die Patienten zu konzentrieren. Ich merkte, wie wichtig mein Großvater für mich gewesen war und wie sehr er mir fehlte. Es hat einige Tage gedauert, bis ich wieder normal funktioniert habe. Großvater hatte so etwas Ursprüngliches und Klares wie unser Wasser, das direkt aus unseren Bergen entsprang.

Das Gedenken an die Toten ist uns Kasachen heilig, denn unsere Heimat ist da, wo unsere Ahnen bestattet liegen. Ob ich Großvaters Grab heute noch finden würde? 20 Jahre später galt in Peking alles, was muslimisch war, als terroristisch. Im Jahr 2017 haben alle Einheimischen den Befehl der Verwaltungen erhalten, sämtliche muslimische Zeichen wie den Halbmond von den Grabsteinen unserer Verwandten zu entfernen.

Besonders unter langjährigen kasachischen Parteimitgliedern beteiligten sich daraufhin einige außergewöhnlich aktiv an der Zerstörung ihrer eigenen Familiengräber, um sich bei den chinesischen Parteimitgliedern beliebt zu machen. Natürlich führte das zu ernsten Konflikten in den eigenen Familien und zerriss viele Beziehungen.

Viele Friedhöfe, die danach noch unversehrt geblieben waren, haben die städtischen Bagger einplaniert. In manchen Großstädten argumentierten die Behörden mit »Platzmangel«. In anderen Orten haben sie unsere Leute gezwungen, ihre Toten aus den Gräbern herauszuholen, um sie danach auf chinesischen Friedhöfen zu bestatten. Die Spuren unserer Ahnen sollten getilgt werden. Das war eine seelische Grausamkeit und große Verletzung für uns Muslime.

Dass sich der Horizont wie bei einem Sandsturm verdunkelte und Gefahr aufzog, hatten die Alten lange vor uns erkannt. Unsere Generation wusste sie jedoch erst einzuschätzen, als es zu spät war.

Die erste Bankkarte

Mit freudig klopfenden Herzen habe ich meine erste Bankkarte entgegengenommen, auf die mein Monatsgehalt von 500 Yuan eingegangen war. Kurz darauf habe ich zusätzlich die Nachtschicht im Krankenhaus übernommen, dafür kassierte ich noch mal etwa die Hälfte dieser Summe an Zuschlägen, die mir der Kassierer zu meinem Entzücken bar in die Hand blätterte.

So viel Geld brauchte ich für mich allein überhaupt nicht. Kurzerhand bin ich mit dem Bus zu meinen Eltern gefahren und habe meinem verdutzt dreinblickenden Vater meine Bankkarte in die Hand gedrückt. »Hier schenke ich dir meine monatlichen Einnahmen. Davon kannst du kaufen, was du willst.« Voller Dankbarkeit verwendete er das Geld für die Ausbildung meiner jüngsten Geschwister.

Meine Zuschläge reichten, um mir schöne Kleider und anderen Luxus zu leisten. Unter meinen Bekannten gehörte ich längst zu den am besten gekleideten Personen. Die Frauen bestaunten mich: »Oh, du hast aber einen ganz besonderen Stil.« Das stimmte. Es waren nicht unbedingt kostbarere Stoffe, sondern nur ausgefallenere Schnitte, die ich im Geschäft eines Bekannten entdeckt hatte, der türkische Waren feilbot.

Um mich herum träumten alle Frauen davon, dieselben teuren Marken und dieselben Sachen zu tragen. Darum sahen alle gleich aus, aber ich wollte anders aussehen als die anderen. Ich bevorzugte helle Farben, wenn alle dunkel getragen haben, und lange Röcke, wenn kurze angesagt waren. Neugierig erkundigten sich meine Bekannten: »Wo bekommt man so etwas? Wir wollen auch so etwas haben ...«

Wenn ich mich so herausgeputzt in den Schaufenstern spiegelte oder medizinische Veranstaltungen moderierte, habe ich gelegentlich noch an meinen alten Traum vom Journalistenberuf und die damit verbundenen Weltreisen gedacht. Ob ich vielleicht noch eine zusätzliche Ausbildung anhängen sollte? Aber das war zu viel des Guten, irgendwann habe ich diesen Traum begraben. Bis auf mein Faible für Kleidung blieb mir sowieso keine Zeit, mein Geld auszugeben.

Nach der Arbeit war ich im Haushalt meiner Verwandten eingespannt. Als wichtige Persönlichkeiten waren sie ständig in der Stadt zum Essen oder zu Hochzeiten eingeladen, abends und am Wochenende waren sie meist unterwegs. Dann hieß es: »Wir müssen noch mal weg, bitte pass auf unsere zwei Söhne auf und mache noch alles sauber.«

Wenn ich selbst einmal Freizeit hatte, musste ich die Hausherrin erst um Erlaubnis bitten, ob ich fortgehen dürfe. Sie wusste genau, dass ich tanzen über alles liebte und eine anständige Frau war. Sie hätte mich einfach ziehen lassen können, stattdessen aber hat sie bei meinen Eltern angerufen und ihre Bedenken vorgetragen: »Was meint ihr? Sayragul will heute mit ihrer Freundin um 20 Uhr in einen Club zum Tanzen gehen. Auf keinen Fall will ich, dass sie uns ins Gerede bringt ... Wie stehen wir sonst vor den anderen da?« Unsere ganze Existenz und unser guter Ruf befanden sich unter dem kleinen Dach meines Elternhauses, niemals hätten wir eins von beiden leichtsinnig aufs Spiel gesetzt.

Gleich darauf hat mein Handy geklingelt, und Mutter war am Apparat. Nachdem ich ihr genau auseinandergepflückt hatte, mit welchen Mädchen aus welchen Familien ich in welchen Club ginge und um welche Uhrzeit wir alle gemeinsam zurückkehrten, entfuhren Mutters Brust mehrere Seufzer: »Gut, aber achte darauf, dass du dich richtig benimmst, und bleib nicht so lange. Komme um 22 Uhr wieder zurück.«

Obwohl ich seit Jahren nicht mehr zu Hause lebte und mittlerweile 22 Jahre alt war, blieben meine Eltern weiterhin streng darauf bedacht, meine Ehre zu hüten. Denn jeder noch so kleine Fehler von mir würde einen Schatten auf sie selbst werfen. Meine Freundin Gulina und ich malten unsere Lippen rot und die Augen schwarz, kämmten unser langes glänzendes Haar, zogen schicken Kleider und hochhackige Schuhe an und drehten uns auf der Tanzfläche im hineingeblasenen Nebel und unter bunten Lichtern zu meinen Lieblingssongs von »Modern Talking«.

Sogar auf der Tanzfläche klingelte mein Handy, und Mutter erkundigte sich: »Hast du die Zeit im Kopf? Nicht, dass deine Tante ärgerlich wird ...« Das führte dazu, dass ich beim Tanzen dauernd auf meine Uhr geblickt habe. Noch zehn Minuten. Synthesizer und E-Gitarre. »You're my heart, You're my soul ...« Die Namen meiner Lieblingssänger Dieter Bohlen und Thomas Anders waren damals das Wichtigste für mich, was ich über Deutschland wusste. Heute sind solche unpolitischen Lieder aus dem Westen in China wieder verboten. Der Westen mitsamt seiner Meinungsfreiheit und seinem Pluralismus gilt wie früher als Feind. Verlottert, liederlich, verwerflich ...

Erste Vorbereitung auf schwierige Zeiten

Als Ärztin in der Klinik gab ich mein Bestes, danach war ich in meiner neuen Bleibe als Putzfrau, Köchin und Nachhilfelehrerin bis spät abends gefordert, meine Kräfte unter Beweis zu stellen. Ich brauchte lange, um zu verstehen, dass ich es nie schaffen würde, solchen Leuten wie meiner herrschsüchtigen Hausherrin etwas recht zu machen.

Vielleicht hing ihre Unzufriedenheit damit zusammen, dass die Politik den Menschen in diesem Land schon im Vorschulalter mithilfe von Liedern eingeprägt hatte, treu der Regierung, der Partei und der Gemeinschaft zu dienen, nur nicht sich selbst. Darum setzten manche Leute alle anderen herab, die ehrlich geblieben waren und ihnen damit unwissentlich den Spiegel vorgehalten haben.

Trotz dieser Probleme in der Wohnung blieb ich engagiert, pflichtbewusst und ehrgeizig und schluckte nach Feierabend herunter, was mich bedrückte. Ich selbst stellte an mich die höchsten Ansprüche. Je mehr ich mich anstrengte, so hatte ich es als Kind gelernt, umso mehr wurde ich aufgewertet und geliebt. Und ich wollte immer zu den Besten gehören, wachsen und mich jeden Tag weiterentwickeln.

»Du darfst heute Abend weggehen«, gestattete mir die Hausherrin großzügig und scherzte, »dein Vater sieht es ja nicht, komme aber um Mitternacht wieder.« Als ich guter Dinge davon gezogen war, hat sie meine Mutter aus dem Bett geklingelt und entgegen unserer vorherigen Absprache über meinen Club-Besuch in Kenntnis gesetzt: »Es ist 22 Uhr, und Sayragul ist noch immer nicht zurück ...«

Natürlich hat meine Mutter in heller Aufregung dauernd bei mir angerufen, aber diesmal war ich nicht so aufmerksam beim

Tanzen, und es war so laut im Club, dass ich davon nichts mitbekommen habe. Erst auf dem Heimweg, kurz vor Mitternacht, habe ich das Klingeln gehört. Ein Schwall von Worten drang an mein Ohr: »Wo bist du? Ich konnte nicht schlafen. Bis jetzt habe ich auf deinen Rückruf gewartet. Wieso hast du dich nicht gemeldet? Deine Tante ist ganz aufgeregt. Was soll sie jetzt über uns denken?« Ich war völlig perplex, dass Mutter von meinem Ausflug wusste, und hatte prompt ein schlechtes Gewissen. »Mutter, beruhige dich ...« »Wie kann ich ruhig schlafen, Sayragul, wenn du nicht zu Hause bist?« Danach habe ich beschlossen, solche Unternehmungen ganz einzustellen.

Auf keinen Fall wollte ich meine Eltern durch mein unkorrektes Verhalten belasten. Ungehorsam kam für mich nicht infrage. Noch viele Tage lang fühlte ich mich schuldig, weil ich so spät nach Hause gekommen war und meiner Familie dadurch Probleme bereitet hatte.

Nach einer zwölfstündigen Nachtschicht erledigte ich die Wäsche für die ganze Familie, kaufte ein und kochte, bis ich endlich wie eine Tote ins Bett gefallen bin. Nach außen hin hat mich die Hausherrin vor allen Besuchern gelobt und ihre goldbereifte Hand auf meine Schulter gelegt: »Sie ist eine so liebe, hilfsbereite Verwandte. Wir sind froh, sie bei uns zu haben.« Das hat mir einerseits gutgetan, andererseits war ich gleich darauf erneut den wetterhaften Launen dieser Frau ausgesetzt.

»Du musst dich mehr anstrengen und mit den Jungen mehr lernen, damit sie bessere Noten schreiben!« Oder »Putze die Wohnung sauberer!« Obwohl ich den Jungen half, wo es ging, und längst alles so glänzte, dass man sich darin spiegeln konnte. Diese Ungerechtigkeit war schwer zu ertragen. War ich etwa nicht gut genug? So blieb ich in meinen Selbstvorwürfen gefangen, drehte mich gedanklich im Kreis und fand keinen Ausweg.

Nie habe ich Widerworte gegeben; immer habe ich versucht, meinen Zorn zu unterdrücken. Sonst hätte das keinen Tag länger funktioniert.

Diese Familie hat mich als Werkzeug benutzt, um sich selbst stärker zu fühlen. Im Nachhinein betrachtet war die Zeit in dieser Wohnung eine gute Lehrzeit für das, was in meinem Leben noch folgte. Die Hürden und Hindernisse wurden immer höher. In einer Gesellschaft wie dieser musste man hart gegen sich selbst bleiben und versuchen, Probleme aus eigener Kraft zu überwinden.

Seitdem ich jedoch im Westen lebe, überlege ich manchmal, ob ich vielleicht manche Kröte besser nicht hätte schlucken sollen. Alles, was ich für meine Eltern jemals getan habe, geschah jedoch aus tiefster Überzeugung. Für uns Kasachen ist die Familie das Wichtigste. Niemals habe ich ihnen gegenüber etwas bereut, mich ausgenutzt oder mich unter meinen Geschwistern benachteiligt gefühlt; eher zweifelte ich an mir, ob ich wirklich genug für sie geleistet hatte.

In diesem Haus in der Stadt aber hätte ich meine Tasche packen, ausziehen und meine Freiheit für andere Dinge nutzen sollen. Doch verlorene Zeit lässt sich nicht mehr zurückholen.

Neuanfang

Unvorhergesehen tauchte Vater eines Tages in der Wohnung dieser Familie auf. Sein Gesicht war grau, er wirkte niedergeschlagen. »Deine Mutter ist sehr krank. Könntest du vielleicht zu uns kommen und sie pflegen?« Meine älteren Geschwister waren fast alle verheiratet oder weggezogen, die Jüngsten besuchten noch die Schule und mussten ebenfalls versorgt werden. Das war eine verzwickte Situation für mich.

Ratlos legte ich Vater meinen Arbeitsplan vor. »Sieh mal, diese Schichten werden immer schon einen Monat vorher festgelegt. Da schaffe ich es nicht jeden Tag, mit dem Bus hin- und herzufahren.« Zwischen Dorf und Krankenhaus lagen etwa 50 Kilometer. Es blieb nur ein Ausweg. »Am besten kündige ich«, schlug ich ihm vor.

Gedankenschwer schüttelte Vater sein graues Haupt. »Das musst du für dich alleine gut abwägen, mein Schatz. Niemals würde ich dich zu so einem Schritt zwingen wollen.« Ich musste nicht lange nachdenken. Gutes Geld konnte ich überall verdienen, auch im Dorf meiner Eltern. Wenn meiner Mutter aber etwas passierte, weil ich ihr nicht rechtzeitig geholfen hatte, würde ich mir das nie verzeihen. Nach fast zwei Jahren hängte ich meinen Job als Medizinerin an den Nagel, obwohl ich gut verdiente, meine Arbeit liebte und eine geschätzte Mitarbeiterin war.

Es ist ein ungeschriebenes Gesetz unter Kasachen, dass die Kinder niemals die Eltern sich selbst überlassen. Üblicherweise ist es der jüngste Sohn oder eine der Töchter, die bei der Familie leben, um die Alten in späteren Jahren zu betreuen.

Zum Glück war ich ein Mensch, der nicht lange haderte oder Verlorenem lange hinterhertrauerte.

Zurück im Elternhaus

Mutter lag schwer krank darnieder. Sie litt unter dumpfen und bohrenden Magenbeschwerden, brachte kaum ihre Suppe herunter. Ich erschrak, als ich sie so abgemagert und schwach in ihrem Bett vorfand. Sorgfältig glättete ich ihr Kissen und wachte nachts über ihren unruhigen Schlaf. »Ich benötige Zeit, um mich gut um sie zu kümmern«, sagte ich morgens zu Vater. Also brauchte ich eine Stelle, die mir flexible Arbeitszeiten gestattete. Da keiner im Dorf eine Medizinerin brauchte, schulte ich kurzerhand auf Lehramt um. Das war unkompliziert, da Einheimische mit chinesischen Sprachkenntnissen in allen Bildungseinrichtungen händeringend gesucht wurden. Fortan brachte ich an der Ahyaz Schule als stellvertretende Leiterin den kasachischen Kindern im Alter von 6 bis 13 Jahren Chinesisch bei.

Zwischendrin habe ich meine kranke Mutter in verschiedenen städtischen Krankenhäusern einigen Ärzten vorgestellt, aber keiner konnte ihr mit ihren Magengeschwüren helfen. Später habe ich einen traditionellen mongolischen Heiler ausfindig gemacht. »Ursache sind Bakterien«, meinte er und verabreichte ihr verschiedene Kräuter und Tees. Nach einer Woche war sie gesund.

Für Menschen im Westen mag es seltsam anmuten, aber vom 11. September 2001, den Anschlägen islamistischer Terroristen auf das World Trade Center in New York und das Pentagon in Arlington haben wir in unserem Dorf nur ganz am Rande erfahren. In der Nachschau betrachtet, lieferte Peking der in der Folge weltweit einsetzende Krieg gegen den Terrorismus einen fadenscheinigen Grund, brutaler denn je in unserer Heimat durchzugreifen. Der Islam diente dabei als geeigneter Vorwand.

Hatten die Einheimischen bislang noch die Wahl gehabt, ob sie der KPCh beitraten oder nicht, verpflichtete die Regierung fortan alle jungen Beamten dazu. So kam es, dass ich ab 01. Juli 2001 zum Parteimitglied wurde, obwohl ich das gar nicht gewollt hatte.

Für Peking war es ein leichtes Spiel, zuerst die Uiguren in Ostturkestan als islamistische Terroristen abzustempeln, da es unter ihnen auch sehr religiöse Gruppen gab. Die Regierung benutzte sie als Mittel, um den Weg für die heutige Unterdrückung aller muslimischen Minderheiten zu ebnen.

Wie kann jemand sein eigenes Haus zerstören?

Unser Land war von den Chinesen nicht nur wegen seiner strategisch wichtigen Lage so begehrt, sondern auch weil in der Erde unermessliche Schätze schlummerten, wie Erdöl, Uran, Gold, Eisenerze und die größten Kohlevorkommen der Welt. In Ostturkestan befindet sich das Zentrum von Rüstungsindustrie, Bergbau und Baumwollplantagen.

In unserem Dorf war das Militär längst abgezogen, dafür suchten seit Anfang des Jahres 2000 chinesische Bauarbeiter in den Bergen nach Rohstoffen. Es waren dunkel aussehende Mineralien, die sie in der leer stehenden Kaserne lagerten und bearbeiteten.

»Wer von euch sucht eine gut bezahlte Arbeit?«, horchten die Angestellten einer neuen Baufirma sich im Dorf um. Das hätte uns misstrauisch machen sollen, denn die guten Jobs sicherten sich in der Regel die Chinesen selbst, aber kein Einziger fand sich dort. Unsere jungen Männer drängte die Geldnot. Tag und Nacht wechselten sie einander ab, arbeiteten in drei Schichten durch.

Sehr schnell veränderten sich unsere kräftigen Burschen in Invaliden. Die staubige Luft vergiftete ihre Lungen. Sie husteten sich die Seele aus dem Leib. Ihre jungen Körper waren schwach und ausgezehrt wie die von Alten. Ihre Augen färbten sich gelb, wo sie sonst weiß waren. Die Leber kam mit der Entgiftung nicht hinterher. Viele junge Männer waren bald nicht mehr in der Lage, selbst einfachste Arbeiten zu verrichten. Und keiner hat sich davon je wieder erholt.

Mit der Zeit haben die chinesischen Firmen nicht nur das Dorf, sondern auch den Berg dahinter mit Dynamit zerstört.

Und das 24 Stunden lang. Das donnernde Krachen war kaum noch auszuhalten. Die Gläser zitterten auf dem Tisch. Gleichzeitig rauschte ein Transportfahrzeug nach dem anderen durch den Ort.

Um die Schätze des Berges abzubauen, haben sie zusätzlich Chemikalien eingesetzt. Und auf einmal wehte ein seltsamer Geruch von der Bergseite ins Dorf. Da haben es die Einwohner mit der Angst zu tun bekommen. »Das ist giftig«, raunten sie einander zu. Bald darauf trocknete einer der Flüsse aus, eine weitere Lebensader fürs Dorf.

Wo man hinsah, überall kaputte Erde. »Alles haben wir verloren, unsere Weiden und unsere Tiere«, trauerten die Alten, »unseren Frieden und nun auch unsere heiligen Berge.« Es war fast unmöglich, an diesem Ort zu bleiben. Sehr viele Einheimische haben ihre Rucksäcke geschnürt und sind weggezogen. Wir sind geblieben.

Die Berge und die Landschaft waren uns heilig. Ich dachte an Großvater, der sich so oft vor Kummer die Haare gerauft hatte. »Das ist unser Heimatland. Wie kann jemand sein eigenes Haus so zerstören?« Viele haben nur noch leise geweint und über den Verlust von Mutter Erde geklagt, die unsere Vorfahren über Jahrhunderte genährt hatte.

Nachdenklich blickte ich aus dem Fenster. In meiner Kindheit hatten auf den Wiesen noch wilde Tulpen, duftende Kräuter und Mohn bis zum Horizont geblüht. Zwischen Nadel- und Laubbäumen hatten noch jede Menge Vögel und Wildtiere gelebt. Wo waren sie alle hin? Im Sommer hatten die Bauern auf unseren fruchtbaren Böden Obst und Getreide angebaut sowie Heu und Stroh für ihr Vieh geerntet. Im Jahr 2020 aber liegen viele Felder brach und sind mit Unkraut überwuchert. Es gibt dort fast keine Bauern mehr, weil die Kommunistische Partei so viele Menschen in die Lager interniert hat. Mit den Investitionen der Chinesen hatte deren Invasion begonnen, und dieser war die Zerstörung auf den Fuß gefolgt.

Im selben Jahr reichten Freunde den bekannten Roman »Verbrechen« des kasachischen Historikers Kajihkumar Shabdan von Hand zu Hand weiter. »Lies das«, flüsterte mir Gulina zu, »dann verstehst du, dass es zwei Geschichten über unser Land gibt.« Eine wahre über Ostturkestan und eine von Chinesen erfundene über Xinjiang, die besagte: »Xinjiang war schon immer ein untrennbarer Teil von China.« Bereits als kleines Mädchen hatte ich solche Sprüche gehört und bis dahin tatsächlich angenommen, dass ein wahrer Kern darin enthalten sei.

Mit Staunen las ich darüber, wie Chinesen den abgeschlagenen Kopf eines kasachischen Helden zur Abschreckung auf eine Brücke gehängt hatten. Ich erfuhr vom Scheitern der ostturkestanischen Republik im Jahr 1933, als England, China und Russland das »Great Game« ausgefochten hatten, das Spiel um die Vormachtstellung in Ostturkestan. Zehn Jahre später, im Juli 1944, hatten Uiguren, Kasachen und andere muslimische Völker in Ili erneut eine unabhängige Republik Ostturkestan ausgerufen, deren Präsident jedoch unvermutet auf mysteriöse Weise verschwunden war.

Uns war nur ein flüchtiger Blick in unsere wahre Geschichte vergönnt. Der Schriftsteller dieses bekannten Romans hatte über 40 Jahre lang im Gefängnis verbracht, war nur kurz in Freiheit und starb am Ende wegen seiner Bücher im Gefängnis Tarbagatay im Februar 2011.

Jahrelange Aufarbeitung der eigenen Vergangenheit, selbstkritische Ursachenforschung oder Trauer, wie es in einem freiheitlichen Land üblich ist, waren uns versagt.

Ewige Jungfer bleiben oder nicht?

Letztlich blieb mir gar nichts anderes übrig, als optimistisch zu sein, sonst wäre ich ins Stolpern geraten und vielleicht liegen geblieben, weil uns die Machthaber ständig Steine in den Weg warfen. »Du wirst trotzdem erfolgreich sein ...«, sagte mir mein Verstand. Gleichzeitig nagte jedoch gelegentlich die innere Stimme des Zweifels in mir, die ich aber unterdrückte, indem ich den Blick auf die vorteilhafteren Seiten des Lebens lenkte.

Im Grunde hatte ich Glück, fand ich, denn meine neue Arbeit mit den kasachischen Schülern bereitete mir große Freude. Und wäre ich nicht von der Ärztin zur Lehrerin geworden, hätte ich auch nie meinen Mann Wali kennengelernt. Im Juli 2002 fand eine vierwöchige Fortbildung im Landeszentrum Gulja statt, wo sich Lehrer und Lehrerinnen aus den elf Verwaltungseinheiten Ilis zusammengefunden haben.

Viele Jahre später erzählte mein Mann unseren zwei Kindern immer wieder dieselbe Geschichte über unsere erste Begegnung: »Mit anderen Kollegen habe ich mich draußen am Schulungsort vor der Tür unterhalten, als die Autos mit den Lehrern vorgefahren sind. Ich habe eure Mutter beim Aussteigen gesehen und war sofort wie in Bann geschlagen. Was ist das für eine unglaublich faszinierende Frau ...?!, habe ich mich gefragt.«

Wali konnte sich sogar genau an meine Kleidung und meine Schuhe von damals erinnern. »Sie trug ein sehr modisches langes, farbiges und luftiges Sommerkleid und hohe Absätze. Und ihr langes schwarzglänzendes Haar ist ihr offen bis zu den Kniekehlen hinabgefallen ...« Selbst meinen Körperbau hatte er in Erinnerung behalten. »Sie war schlank, zart und hatte ein wunderschön geschminktes Gesicht mit Mandelaugen ...«

Ich allerdings habe den Männern vor der Tür keine Beachtung geschenkt. Vom Gefühl her war ich sowieso überzeugt, dass ich einmal als alte Jungfer sterben würde. Meine zukünftigen Aufgaben sah ich nicht im Aufbau einer eigenen Familie, meine Kraft war alleine für meine Eltern und Geschwister bestimmt.

Unter den 30 Lehrern in unserem Raum ist mir Wali dennoch aufgefallen. Irgendwie habe ich gleich gespürt, dass er ein besonderer Mensch ist. Einer, dessen Stimme einem schon vertraut ist, bevor man sie gehört hat. Und, wenn ich genauer zu ihm hinblickte, was ich natürlich nur selten und im Verborgenen tat, war er auch attraktiver als die anderen. Relativ groß, kohlschwarze Haare und ein rundes, überaus freundliches Gesicht. Er trug ein leichtes schwarzes Jackett, darunter ein rotes Hemd, Jeans und schwarze Schuhe. In der Pause klemmte er sich eine kleine viereckige Aktentasche unter den Arm, was damals in Mode war.

Nach einem Monat ist jeder Lehrer wieder in seine Ortschaft zurückgekehrt. Im Bus setzte sich Wali neben mich. Normalerweise hätte er nach zwei Stunden aussteigen müssen, aber er ist noch weitere vier Stunden bis zu meinem Dorf mitgefahren. »Komisch«, dachte ich, »aber vielleicht hat er dort etwas zu erledigen.«

Doch auch am Abend war er noch da. Und am nächsten Morgen habe ich ihn wieder im Dorf gesehen, wo er bei Bekannten übernachtet hatte. Gut, es war Ferienzeit. Ab und zu rief er mich an: »Bist du da? Können wir uns treffen?« »Was machst du noch immer hier?« Ich war mir sicher, dass er irgendetwas im Ort zu besprechen hatte. Warum sonst sollte er hier sein? Allerdings hatte Wali etwas anderes im Sinn, nur hatte ich sein Interesse an mir als Frau nicht bemerkt. »Komm gut nach Hause«, wünschte ich ihm daher als Kollegin am Telefon.

Ab August fing er an, mich jede Woche im Dorf zu besuchen. Natürlich haben alle Bewohner aufmerksam verfolgt, wie sich das über Monate hinzog. Wenn Wali bei mir war, haben wir uns über allgemeine Dinge wie unseren Beruf und die Arbeit mit den Schülern ausgetauscht. Im Grunde war mir dieser Mann sehr ähnlich. Ein hilfsbereiter und ehrlicher Typ, der offen aussprach, was er dachte. Noch immer empfand ich aber nicht viel mehr als Freundschaft für ihn.

In den nächsten Wochen war ich ohnehin mit anderen Angelegenheiten sehr eingespannt, weil ich mit meinem kleinen Bruder Sawulet Geld zusammengelegt hatte, um unser Elternhaus komplett zu renovieren und auszubauen. Sobald jemand in unserem Dorf Neuerungen vornahm, schauten die anderen erst neugierig zu und machten es dann nach. Überall wurde gehämmert und geklopft.

Als die Bauarbeiten abgeschlossen waren, statteten wir alle Zimmer mit neuen Möbeln und modernen Haushaltsgeräten aus, dazu gehörten auch Internet und ein großer Flachbildschirm. Das alles hat viel Zeit in Anspruch genommen.

Erst im Dezember hat Wali seinen ganzen Mut zusammengenommen und mir offenbart, dass er tiefere Gefühle für mich hegte. Heute muss ich lachen, wenn ich daran denke, wie wir für einen Augenblick beide steif und mit brennenden Wangen voreinander gesessen sind.

Zwar waren wir uns inzwischen recht vertraut und jeder wusste einzuschätzen, welche Mentalität und Einstellung der andere hatte, aber als er mich dann das erste Mal auf Heirat angesprochen hatte und höflich darauf hinwies, dass wir beide alt genug dafür seien, stieß ich hervor: »Muss ich jetzt etwa auch unter die Haube?«

In der nächsten Sekunde kaute ich mir verlegen auf meiner Unterlippe herum. »Oje, wie verhalte ich mich nur richtig?« Vielleicht hatte er ja tatsächlich recht? Viele meiner Freundinnen hatten bereits geheiratet und Kinder bekommen. Keine Frage, er war ein toller Typ. Nachdem ich den ersten Schreck verdaut hatte, gab ich lachend zurück, dass ich mir das erst noch reiflich überlegen müsste.

Mir war klar, dass die Gerüchteküche im Dorf ohnehin schon überkochte. Was gab es also noch lange zu bedenken? Noch im Dezember zeigten wir uns wie Verlobte und tauchten bei Festen und Veranstaltungen gemeinsam auf. Ich war so glücklich in dieser Zeit, drehte die Musik von »Modern Talking« im Zimmer laut auf und tanzte dazu. Im Gegensatz zu mir jedoch wussten die meisten anderen um mich herum, dass es noch zwei andere junge Frauen gab, die hinter Wali her waren. Unabhängig voneinander spannen sie Intrigen gegen mich und streuten das Gerücht, dass sie ihn an meiner statt bald heiraten würden.

Die Konkurrenz schläft nicht

Ein Kuss vor der Hochzeit? Undenkbar in unserer Kultur! Kein kasachisches Liebespaar umarmte oder näherte sich vorher auf so unanständige Weise einander an. Wer das verbotenerweise machte, fühlte sich danach bestimmt furchtbar schuldig und unanständig. Wali und ich hielten uns höchstens schüchtern an den Händen, wenn wir zusammensaßen und gemeinsam unsere Zukunft ausmalten.

Eine der jungen Frauen, die mir meinen Liebsten ausspannen wollte, bekleidete das Amt einer stellvertretenden Bürgermeisterin. Sie war vielleicht fünf Jahre älter als ich, hübsch und stammte aus einer sehr angesehenen Familie. Der fleißige Wali war ihr sofort ins Auge gestochen, als er in ihrem Dorf in Aksu seine Arbeit als Lehrer aufgenommen und sich bald darauf ein eigenes Haus gebaut hatte.

Während dieser Zeit hat sie für ihn Essen gekocht oder seine Wäsche gewaschen. Diese Frau war sich gewiss, dass er nur sie zur Ehefrau erwählen könnte. Immerhin schrieb sie Gedichte, verstand es zu singen und besaß einige andere künstlerische Talente. Wer sollte da widerstehen? Aber dann hatten sich die Dinge doch anders entwickelt, als sie es sich ausgemalt hatte. Über Mittelsmänner ließ sie mir eine Nachricht überbringen, dass ich sofort von Wali ablassen solle, da sie ihn heiraten werde. Darauf habe ich aber nicht reagiert.

Kurz darauf fand ein Bildungskongress an einem anderen Ort statt, an dem sie ebenfalls teilnahm. So sind wir im Saal aufeinandergetroffen und ins Gespräch gekommen. »Dieser Mann hat sich bereits mir versprochen«, legte sie mir sachlich dar. In mir stürzte wie nach einem Beben ein Gebäude nach dem anderen zusammen. »Wenn das so ist, werde ich ihn nicht länger festhalten«, entgegnete ich, darum bemüht, jedes Zittern in der Stimme zu unterdrücken, und bog meinen Rücken durch. »Ich bin keine Person, die sich zwischen zwei Liebende drängt.« Undenkbar, wenn so etwas meinen Eltern zugetragen würde! Ihr Leben lang waren Vater und Mutter darauf ausgerichtet gewesen, uns Mädchen Bescheidenheit und Höflichkeit zu lehren. »Bedenke stets, was du tust, und wäge jedes Wort ab.« Die anderen sollten kein schlechtes Bild von mir und meiner Familie bekommen.

Respektvoll sind wir Frauen nach dem Treffen auseinandergegangen. Danach aber bin ich losgestürmt und habe Wali erbitterte Vorwürfe gemacht: »Wenn du diese Frau wirklich so gerne magst und ihr ein Heiratsversprechen gegeben hast, dann beenden wir das hier sofort!« Aufgeregt schüttelte er den Kopf: »Nein, nein, so ist das nicht richtig. Ich habe nichts vor dir verborgen.« Und dann setzte er mir haspelnd auseinander, dass diese Frau ihm zwar im Haushalt geholfen habe, aber für ihn wie eine Familienangehörige sei, »nicht aber eine begehrenswerte Frau wie du«. »Gut«, sagte ich mit gerecktem Kinn und stellte verärgert fest, wie glücklich ich dabei klang.

Wenig später hatte ich im Auftrag der Schulbehörde etwas im Stadtzentrum zu erledigen und wollte davor noch schnell in einem Restaurant etwas essen. Kaum hatte ich mich alleine hingesetzt und meine Nudeln auf die Gabel gedreht, eilte meine zweite Konkurrentin, von der ich bis dahin nichts geahnt hatte, auf mich zu. Das Gesicht dieser Studentin aus Gulja war weiß vor Wut. »Was treibst du da für ein gemeines Spiel? Wali ist *mein* Verlobter. *Ich* werde ihn heiraten. Lass die Finger von ihm!«

Sie war ein großes, schlankes und wirklich hübsches Mädchen. Viel hübscher als ich. Ihre Haare waren wie meine sehr lang, dunkel und fielen offen über ihren Rücken. Unübersehbar hatte sie auch sehr viel Temperament. Weit mehr als ich.

»Wie oft soll ich es dir noch sagen? Er ist mein Geliebter! Gib ihn frei, ansonsten werden dir die Jungs zeigen, wo es lang geht!« Mit dem Kopf wies sie rechts hinter sich zu einigen halbstarken Typen in Jeans und Hemd, die sich am Eingang postiert hatten.« Vorsichtig sah ich mich nach allen Seiten um. Die Gäste blickten interessiert zu meinem Tisch. Nach außen hin tat ich so, als ob mich ihr Geplärr nichts anginge. In Wirklichkeit war ich völlig entnervt, das Blut pulsierte in meinen Schläfen, aber ich habe mich bemüht, weiter zu essen, ganz ruhig die Gabel zu heben, zum Mund zu führen, zu kauen und das Schlucken nicht zu vergessen.

»Hau lieber ab! Meine Freunde werden dich sonst verprügeln ...«, knurrte sie mich an. Die eine Hand in die Hüfte gestemmt, die andere an ihren Hinterkopf. Andere Mädchen wären bei diesem Auftritt wahrscheinlich davongelaufen. Mich konnte man so leicht nicht erschrecken. Ich war ein furchtloser Mensch. Mein Vater hatte mich so erzogen, immer ruhig zu bleiben, egal, was geschah. Das aber reizte das Mädchen bis aufs Blut. »Wieso hörst du nicht auf mich?« Ganz ruhig die Gabel zum Mund führen und wieder zurück ... In dem Moment riss sie mir den Teller mit meinem Essen weg und schleuderte ihn vor den Augen der anderen Besucher auf den Boden.

Alle hatten mitgehört. Jeder wusste Bescheid. Ein entsetzlich peinlicher Moment. Mitten in der Öffentlichkeit. Mein Kopf war vermutlich knallrot wie eine Warnlampe. Jeder kannte mich. So ein Lärm nur wegen eines Mannes! Sauer nahm ich meine Jacke und eilte schnellen Schrittes davon.

Zu Hause habe ich mich kochend vor Zorn hingesetzt und Wali einen Brief geschrieben, dabei mit dem Stift fast das Papier durchstochen. »Was soll dieses Theaterspiel? Wenn du etwas mit diesem Mädchen zu tun hast, kommst du sofort hierher und regelst die Sache. Bis dahin ist Schluss zwischen uns!« Das hallte wie ein Donnerschlag in mir nach. Innerlich tobte und wetterte ich. »Es soll ihm ruhig schlecht gehen. Das geschieht ihm recht!« Seinetwegen war ich in der Öffentlichkeit so blamiert worden! Wie stand ich nun da?

Genussvoll malte ich mir aus, wie Wali vor Reue verging und mich um Gnade anbettelte, aber er kam nicht. Tag für Tag verstrich. Je mehr ich dagegen ankämpfte, nicht mehr an diesen Mann zu denken, desto intensiver beherrschten mich die Gedanken an ihn. Was sollte ich nur tun? Dauernd sah ich sein schönes Gesicht vor mir, ich schaffte es einfach nicht loszulassen.

Wieso meldete er sich nicht? Und mit einem Mal war mir klar: Ich will diesen Mann und keinen anderen. Glühend rann die Eifersucht durch meine Adern. Nachts lag ich mit Herzklopfen wach. Unruhe und Unbehagen packten mich. Bis dahin hatte ich solche Gefühle nie gekannt. Wali war der erste Mann in meinem Leben, der solche Sehnsucht in mir auslöste und mit dem ich mir eine gemeinsame Zukunft vorstellen konnte. Und plötzlich sollte das alles vorbei sein?

So gerne hätte ich mit ihm geredet, aber das hat mir mein Stolz verboten. Immer wieder habe ich den Zettel mit seiner Telefonnummer hervorgezogen, den Hörer genommen, um ihn anzurufen, aber augenblicklich wie eine heiße Kartoffel wieder zurückgeworfen. Dreißig Tage lang hatten wir nicht miteinander geredet und uns nicht gesehen.

Und dann tauchte ein Junge mit ausgebeulten Taschen in meinem Zimmer auf.

Der Bote

Der Junge stand mit flehendem Gesichtsausdruck vor mir. »Bitte Schwester, draußen wartet jemand auf dich und möchte mit dir reden, bitte gehe zu ihm hin.« Ich hielt es für unwichtig, vielleicht ein Nachbar, dem langweilig war, und wehrte ab. »Nein, lass mal, ich habe zu tun, später komme ich.« Der Junge aber fing fast zu weinen an und klopfte auf seine vollgestopften Taschen. »Bitte, Schwester, komm mit mir. Er hat gesagt, du sollst kommen, sonst will er alle Süßigkeiten von mir wieder zurück haben.«

Da hat sich das Mitleid in mir geregt, und ich bin mit ihm vor die Tür gegangen, wo Wali lachend hinterm Haus hervorspitzte.

»Ich bin hier, um mich bei dir zu entschuldigen«, sagte er, noch bevor ich vor ihm stand, »ich habe alles erledigt, wie du es gewollt hast!«

Obwohl innerlich alle Stimmen in mir jubelten, habe ich die Brauen gelangweilt hochgezogen und den Kopf zurückgeworfen. Verunsichert räumte Wali ein: »Ja, ich kannte dieses Mädchen, ja, ich hatte sie öfter getroffen, aber ich habe nie ernsthaft Interesse an ihr gezeigt.« Je höher ich mein Kinn reckte, desto schneller sprudelten seine Worte aus dem Mund. »Mit diesem Mädchen war überhaupt nichts, aber ich habe ihr das noch einmal deutlich gesagt. Bitte verzeihe mir!«

Dieser Mann, der sich da so verzweifelt um die richtigen Worte mühte, besaß alles, was ich haben wollte. Er hatte nicht nur einen guten Beruf, sondern einen anständigen Charakter und war zudem ein überaus liebenswerter Mensch. Außerdem wollten weitaus angesehenere Frauen ihn zum Mann haben und liefen ihm hinterher. Wieso sollte ich so einen tollen Typen anderen überlassen? Langsam wich die Strenge aus meinem Gesicht, und Freude stieg in meine Augen. »In Ordnung, lass uns heiraten«, sprach mein Mund, ohne dass ich etwas dazu getan hatte.

Es war ohnehin genug Zeit verstrichen. Im Juli 2002 hatten wir uns kennengelernt, unsere Hochzeit aber fand erst im Juni 2004 statt. Vielleicht suchen wir Frauen, ohne es zu merken, oft nach einem Mann, der unserem Vater ähnelt? Wali und mein Vater hatten denselben Charakter. Ruhig und überlegt, beide waren meine besten Ratgeber und Unterstützer. Solange aber mein Vater lebte, blieb er mein engster Vertrauter, mit dessen Hilfe ich viele Schwierigkeiten gemeistert habe.

Komplizierte Hochzeitsvorbereitungen

Natürlich haben meine Eltern und alle anderen längst gewusst, dass Wali an mir Interesse hatte, und bestimmt heimlich die Hände gerungen: »Wann macht er ihr endlich einen Antrag?« Da ich aber eine sehr eigenwillige Persönlichkeit war, hielten sie es für unsicher, wie ich mich am Ende entscheiden würde. So haben sie die Dinge laufen lassen und erst einmal abgewartet ...

Eine Hochzeit ist bei uns Kasachen eine hochkomplizierte und lang dauernde Zeremonie, die aus mehreren Festen besteht. Niemals geht die Braut zu den Eltern und informiert sie direkt über ihre Pläne, daher schickte ich meine Schwägerin vor. Erst danach informierte Wali seine Angehörigen, die daraufhin meine Familie aufsuchten.

Einer meiner Brüder zeigte sich in der großen Runde begeistert, weil er Wali zufällig kannte: »Das ist ein sehr netter und anständiger Kerl. Er wird unsere liebe Schwester mit 100-prozentiger Wahrscheinlichkeit glücklich machen.« Sofort waren alle mit meiner Wahl einverstanden, bestimmten den Brautpreis sowie den Tag der Hochzeit und hoben die Gläser.

Wenn es um eine kasachische Hochzeit geht, spielt Geld keine Rolle. Wer kein Geld hatte, nahm einen Kredit auf. Beide Familien zahlten ihren Anteil und trafen ihre eigenen Vorbereitungen. Nach 15 bis 20 Tagen fand sich Walis große Verwandtschaft erneut zu Besuch bei uns ein. Als Brautgeschenk für meine Eltern führten sie am Halfter ein wunderhübsches rostbraunes Pferdchen bei sich, geschmückt mit flauschigen weißen Uhu-Federn und neugierig aufgestellten Ohren. Damit war offiziell unsere Verlobung verkündet, die wir erneut mit Essen, Musik und Tanz feierten.

Wenige Wochen später organisierten Walis Eltern die nächste Hochzeitsfeier in seinem Dorf. Ich selbst durfte nicht daran teilnehmen, nur meine Verwandten und Freunde. Allerdings übergaben bei dieser Gelegenheit die Angehörigen und Bekannten des Bräutigams Geschenke wie Geld, Fernseher oder Haushaltswaren, damit er ohne Probleme in die Ehe gehen konnte.

Anschließend fingen in meinem Elternhaus die aufwendigen Vorbereitungen für meine Verabschiedung an, schließlich mussten Hunderte Verwandte und Bekannte eingeladen werden. Immer zog die Braut zum Mann. Verhielte es sich andersherum, würde man den Mann als Weichling verspotten.

Ein langer, trauriger Abschied folgte ...

Verabschiedung

Die Abschiedsfeier der Braut am 19. Juni 2004 war fast so groß wie die Haupthochzeit selbst. An diesem Tag trug ich ein weißes, mit Pflanzenranken und Blütenornamenten besticktes Kleid. Zunächst feierten wir mit vielleicht 400 oder 500 Gästen und den neuen Familienangehörigen im Garten meines Elternhauses.

Mehrere Pferde, Lämmer und andere Tiere wurden geschlachtet, sodass sich die Tische unter den üppig aufgetragenen Speisen bogen. Zwischendrin trugen die Gäste Volkslieder, Reden und Gedichte vor. Abends hatten wir noch zusätzlich ein großes Lokal angemietet, in dem vor allem die jungen Leute zusammenkamen, um zu essen und zu tanzen. Unter uns hatten aber auch meine stolzen Eltern und Schwiegereltern Platz gefunden.

Im Anschluss daran durfte ich noch ein paar Tage lang zu Hause bleiben. Jeden Morgen wurde der Tisch gedeckt, und andere Bekannte oder Verwandte kamen ins Haus, um mir noch mal persönlich gute Wünsche mit auf meinen neuen Lebensweg zu geben.

Am späten Nachmittag, bevor ich mein Dorf verließ, waren alle sehr nachdenklich geworden. Wie meine Eltern war auch ich felsenfest überzeugt gewesen, dass ich für immer bei ihnen bliebe. Morgen aber wäre ich für alle Zeiten fort. Es herrschte eine sehr gedrückte Stimmung. Tröstlich war für Vater und Mutter nur, dass mein kleiner Bruder Sawulet zu ihnen ziehen wollte.

Bei der letzten Abschiedszeremonie liefen uns allen in Strömen die Tränen über die Wangen. Begleitet vom Spiel und Gesang langer Melodien, überbrachten mir die Gäste noch ihre letzten Geschenke für unseren neuen Haushalt. Meine Stimme war höher als sonst, das Sprechen schneller, die Augenlider zuckten. Gulina, die längst verheiratet war, drückte mir die Hand. Unterdessen trieb es Mutter immer wieder unruhig in unsere Zimmer, um zu prüfen, ob ich noch da sei. Solange es möglich war, wollte sie sich noch an meinem Anblick erfreuen. Der Gedanke, mich ziehen zu lassen, machte ihr das Herz schwer, und auch ich ließ den Kopf hängen, von Trübsinn erfüllt.

Früh am nächsten Morgen brachten Wali und seine Verwandten mich zu seinem Elternhaus in Aksu, gefolgt von einem langen Autokonvoi. Die Tradition verlangte, dass Vater zu Hause blieb. Damit er sich nicht so einsam fühlte, leistete ihm eine meiner jüngeren Schwestern Gesellschaft. Nur Mutter und meine anderen Geschwister reihten sich in die Schlange hinter uns ein. Am Ende folgte ein Transporter, beladen mit meiner Mitgift.

»Nicht mehr lange, dann sind wir als echtes Liebespaar miteinander vereint«, dachte ich voll nervöser Vorfreude. Doch bis zur Hochzeitsnacht sollten noch viele und schlimme Tage vergehen...

Die Haupthochzeit

Auf der vierstündigen Fahrt, am 26. Juni 2004, verschwanden zunehmend Berge, Bäume und Grün hinter uns, immer flacher, trockener und karger wurde das Land. Die Sommer in Aksu waren heißer als bei uns. Ich kannte die Gegend bereits von früheren Besuchen, da hier viele Verwandte meiner Mutter lebten.

Vor Wallis Elternhaus stoppten wir. Im großen Hof hatten sich bereits viele Leute um die schön geschmückten Tafeln versammelt. Für meine Ankunft hatte meine Schwiegermutter etwas Tierfett über dem Feuer erwärmt, um zur Begrüßung mit ihren eingefetteten Händen mein Gesicht zu berühren. Ich lächelte, denn das bedeutete, dass ich willkommen war und es mir in dieser Familie wohl ergehen würde.

Endlich folgte der Tag der Hochzeit selbst. Ein langes rotes Hochzeitskleid betonte meine schmalen Hüften. Auf meinem Kopf thronte ein spitzer, von Biberfell umkränzter roter Hut wie der einer Zauberin, dessen Höhe die Reinheit der Braut symbolisierte. Der Schleier daran verhüllte meine dunkelumrahmten Augen und die rot geschminkten Lippen. Wali selbst trug einen mit Tiermotiven bestickten blauen Samtanzug. Beide waren wir verliebt und verzaubert voneinander wie Märchenfiguren.

Kaum war der letzte Vers eines Liedes verklungen, legte der Musikant die Dombra beiseite. Es kribbelte in meinem Bauch, als ich vor ihm niederkniete, um dabei an die Vorfahren meines Mannes zu denken, während sich meine Verwandten um uns herum verneigten. Behutsam deckte der Sänger mit einem langen Stock den Brautschleier vor meinem Gesicht auf.

Mit dem Tanz des Hochzeitspaares beginnt das Fest, unterbrochen von Darbietungen und gemeinsamen Tänzen, Wettkämpfen und Spielen. Um zwei Uhr nachts stimmten alle abschließend das Hochzeitlied an, während die Verwandten das Brautpaar zum Haus begleiteten. So war es eigentlich üblich, aber bei uns lief es anders ab.

Braut und Bräutigam durften nämlich erst zusammenkommen, wenn alle Gäste fort waren. Da aber meine Schwestern und Verwandten über Nacht in Wallis Elternhaus blieben, schlief ich bei ihnen im Zimmer, und unsere Hochzeitsnacht musste verschoben werden. Ehrlich gesagt, war ich dafür nicht undankbar, denn ich war hundemüde und schlief sofort ein.

Heute kommt es mir fast unwirklich vor, wenn ich unser Hochzeitsfoto ansehe, aufgenommen am Rande meines Elterndorfes. Wie wir beide so jung, so hübsch und so glücklich, voreinander stehend, uns an den Händen halten. Im Hintergrund der Tian Shan und die Weite unseres Graslandes.

Damals ahnten wir nicht, dass traditionelle Feste wie diese bald in unserer Heimat verboten waren.

Komplikationen

Als Braut hatte ich die Aufgabe, morgens als Erste aufzustehen, um für alle Gäste das Frühstück vorzubereiten und ihnen Tee einzuschenken. Plötzlich rief meine Schwiegermutter aus der Küche. »Sayragul! Schnell! Ein wichtiger Anruf von zu Hause.« Ihr Tonfall war so kummervoll, dass mir ganz flau wurde.

Hastig nahm ich den Hörer entgegen, aber ich verstand meine Schwester kaum, weil ihre Stimme von Tränen erstickt war. »Unser Vater ist gestürzt, er zuckt am ganzen Körper ...« In der Nacht zuvor hatten beide unsere beste Milchkuh tot am Boden vorgefunden. Außerdem waren das rostbraune Pferdchen, mein

Brautgeschenk, und unser Hund spurlos verschwunden. Das hatte meinen Vater offenbar so stark mitgenommen, dass er in derselben Nacht einen Schlaganfall erlitten hatte. Sein Gesicht war gefühllos, der Kopf einseitig verdreht.

Nach diesem Anruf waren die Gäste aus meiner Familie aufgescheucht wie ein Hühnerhaufen, in den ein Fuchs hineingeraten war, und rasten ohne Frühstück wieder nach Hause. Am liebsten hätte ich Mutter begleitet, aber das hat mir unsere Kultur verboten. Wali und ich durften mein altes Zuhause erst aufsuchen, nachdem wir eine offizielle Einladung meiner Eltern erhalten und sie zu diesem Anlass ein Lamm geschlachtet hatten. Hielten wir uns nicht daran, brächte das Unglück für alle mit sich.

Normalerweise halfen uns solche Regeln, mit unberechenbaren Situationen besser umzugehen, doch in diesem Fall herrschte großes Durcheinander, und mittendrin hockten Wali und ich in elendem Zustand in seinem Elternhaus fest. Mein Schwiegervater brummelte: »Das ist wirklich eine sehr schwierige Situation für dich, Sayragul.« Er ließ uns aber gemeinsam in Walis Haus nach Aksu fahren, das nahe bei meinem Elterndorf lag. »Wenigstens seid ihr beide zusammen und von dort aus könnt ihr leichter mit deinen Verwandten Informationen austauschen«, richtete meine Schwiegermutter mich auf.

An eine Hochzeitsnacht oder romantische Küsse war selbst in Walis Haus in diesem Gefühlsaufruhr nicht zu denken. Am nächsten Morgen legte mein Bruder Sawulet einen kurzen Zwischenstopp bei uns ein, damit ich Vater kurz sehen konnte, bevor er ihn ins Krankenhaus einlieferte. Mit halbseitig gelähmtem Gesicht versuchte mein alter Herr, mir angestrengt etwas mitzuteilen, aber ihm kamen nur unverständliche Laute über die Zunge und Tränen aus den Augen. Erschüttert habe ich ihn in den Arm genommen, und wir beide vergossen bittere Tränen. »Das reicht«, unterbrach uns Sawulet, »du musst jetzt in deinem neuen Haus bleiben. Wenn es etwas Neues gibt, werden wir euch später darüber berichten.«

Tags darauf informierte mich ein anderer Bruder. »Sie finden die Ursache nicht.« Meine Rastlosigkeit steigerte sich noch mehr. Wieder klingelte das Telefon. Ich erwartete Neuigkeiten über den Zustand meines Vaters, erfuhr aber stattdessen, dass zu allem Überfluss meine Mutter nun auch noch schwer erkrankt sei. »Was mache ich nur? Ich kann doch unmöglich weiter hier im Haus herumsitzen und nichts tun.« Wali und ich warfen uns verzweifelte Blicke zu.

Wir einigten uns darauf, dass meine ältere Schwester meine Mutter in eine Bingtuan-Klinik der 27. Division brachte, die für ihre guten Ärzte bekannt war. Auf dem Weg dorthin gabelte sie mich auf. Wenigstens war Mutter in der Lage, im Auto mit mir zu reden. Sie hatte aber keine Kraft mehr, um aufzustehen. »Mein ganzer Körper ist leblos«, seufzte sie mit schwacher Stimme.

Zwar arbeiteten in dieser Klinik nur Chinesen, aber dank der guten Beziehungen meiner Schwester, die mit einer der Ärztinnen studiert hatte, haben sie uns behandelt wie alle anderen. Meine Schwester blieb zwei Wochen bis zum Abschluss, während ich nach einigen Tagen zurückfuhr, sobald Mutter wieder aufstehen konnte.

Meinem Mann und mir schwirrten die Köpfe. Noch immer waren wir kein echtes Ehepaar und durften uns nicht küssen, weil unsere Hochzeitszeremonie nicht korrekt abgeschlossen worden war. Meine Verwandten hatten den rettenden Einfall. »Fahrt schnell wieder zurück nach Aksu und heiratet einfach ein zweites Mal!« Gesagt, getan. Nochmals luden wir Gäste ein und kochten groß auf.

Mein Bruder hatte in der Zwischenzeit einen Tierarzt einbestellt, der die tote Milchkuh obduziert hatte. »Vielleicht hat ihr jemand während der Hochzeitsfeier Gift gegeben«, hatte Sawulet gemutmaßt. Doch zum Erstaunen aller war das junge und völlig gesunde Tier infolge eines Herzstillstands umgekippt. Also begrub Sawulet die Kuh hinterm Haus. Das Pferdchen und der Hund aber blieben für immer auf rätselhafte Weise verschwunden.

Möglicherweise hatten irgendwelche Leute die Situation ausgenutzt, da fast die ganze Familie außer Hause zur Hochzeit war, und das Pferd geklaut; der Hund ist vielleicht hinterhergelaufen, aber dass dann auch noch die Kuh stirbt, der Vater und die Mutter erkranken, das waren schon komische Zufälle. Dafür hatte ich keine Erklärung.

Im Krankenhaus erlitt unser Familienoberhaupt einen zweiten Schlaganfall. Als er nach Hause zurückkehrte, war er nicht mehr der Alte. Deshalb haben wir einen traditionellen Heiler zur Unterstützung geholt, der beiden Eltern wieder einigermaßen auf die Beine geholfen hat.

Aufregung ohne Ende

Da ich Vater und Mutter noch immer nicht offiziell besuchen durfte, sie aber trotzdem außerhalb des Elternhauses gesehen hatte, beschloss Vater, diesen Zustand aufzulösen: »Wir werden ein Lamm schlachten und euch einladen, so wie es unsere Traditionen verlangen.« Nach dem Essen war es mir gestattet, ohne weitere Formalien wieder so oft zu kommen, wie ich wollte.

Als alles in die richtige Bahn gelenkt war, Wali und ich uns in Aksu vorsichtig einander annähern und einen Kuss wagen wollten, scheuchte uns erneut das Klingeln des Telefons auseinander. Es war schon dunkel draußen. Dieses Mal war meine Mutter am anderen Ende der Leitung: »Komm schnell zurück, deine Schwester hatte einen schlimmen Unfall.« Als ich es meinem Mann erzählte, sah er mich ungläubig an. Komischerweise hat er aber trotz alle dieser mit mir verbundenen Unglücksfälle nie an der Entscheidung gezweifelt, dass ich die einzige und die richtige Frau für ihn war.

Meine 16 Jahre alte Schwester, die wegen unserer Hochzeit ihr Studium unterbrochen hatte und extra nach Hause gekommen war, lag bewusstlos in ihrem Bett. Sie war auf dem Moped unterwegs gewesen, um schnell etwas zu erledigen, als ein Autofahrer sie übersehen und ihr dabei die halbe Ferse abgerissen hatte. Die Zeugen am Unfallort hatten die Schwerverletzte zu Hause abgeliefert.

Noch in der gleichen Nacht haben Mutter, Wali und ich meine vor Schmerz stöhnende Schwester ins Bezirkskrankenhaus gefahren. Die Ärzte schüttelten traurig die Köpfe. »Man muss einen Teil des Fußes amputieren, sie wird für den Rest ihres Lebens gehbehindert bleiben.« Meine Schwester, von Angst und Schmerz überwältigt, schrie auf: »Mein Leben ist vorbei!« »Nein, nein, alles wird gut ...!«, redeten wir auf sie ein und entschieden uns, noch andere ärztliche Meinungen einzuholen.

Übers Internet fand ich in Nanjing einen chinesischen Chirurgen, der die Patientin auf andere Art operieren, aber vorher begutachten wollte. Für seine Anreise müssten wir nichts bezahlen, wenn er aber anschließend die Operation durchführte, kostete uns das 20.000 Yuan. Wir Geschwister legten alle zusammen.

Schon am nächsten Tag flog dieser chinesische Arzt nach Gulja in die Landeshauptstadt und erwartete uns im dortigen Krankenhaus. »Mit viel Glück wird sie wieder laufen können«, schätzte er die Lage ein. Garantieren könne er das aber nicht. Während Wali und meine Mutter zurückfuhren, blieb ich an der Seite meiner Schwester.

Zu Hause erledigte mein Mann derweil noch einige Formalitäten auf den Ämtern in Aksu, damit ich in Zukunft als Lehrerin an derselben Schule wie er arbeiten durfte. Nach all diesen Strapazen und Aufregungen blieben mir am Ende noch fünf Tage zur Erholung, bevor ich in der neuen Stelle anfangen musste. Wali selbst war stellvertretender Leiter, und ich ihm an dritter Stelle untergeordnet. Unser Arbeitsort lag nur zehn Minuten zu Fuß von zu Hause entfernt.

Über zwei Wochen nach unserer Hochzeit und all diesen unglücklichen Ereignissen, waren wir zum ersten Mal alleine und ungestört. Es war am 10. Juli, als wir noch lange am Tisch gesessen sind und geredet haben. Danach haben wir uns innig umarmt und geküsst und uns erstmals wie ein glückliches Liebespaar gezeigt. Von Anbeginn an hat sich Wali als ein unglaublich liebevoller und sanfter Ehemann erwiesen. Wir beide waren bereit, füreinander alles zu geben.

Nach einem Monat hat Mutter mich am Telefon um einen Gefallen gebeten: »Kannst du deine Schwester noch mal zur Kontrolle zum Krankenhaus bringen?«

Diese Fahrt hat meinem Leben eine entscheidende Wendung gegeben.

Eine mysteriöse Begegnung

Für den Transport hatte ich ein Großraumtaxi vor die Tür bestellt, damit meine Schwester auf der Rückbank über vier Sitze ausgestreckt liegen konnte. Sitzen war noch unmöglich für sie.

Meine Schwester, sonst ein lebhaftes Kind, dauernd den Mund offen und fröhlich plaudernd, war seit dem Unfall sehr schweigsam geworden.

Wenn sie aber redete, stellte sie immer die gleiche Frage: »Was soll jetzt aus mir werden? Ich werde behindert bleiben, keine Arbeit finden und allen eine Last sein.« Sie war immer schlank gewesen, mittlerweile aber wirkte sie, als könne der nächste Windhauch sie fortblasen. Mit traurigem Gesicht lag sie hinten auf der Rückbank.

Ich nahm vorne am Fenster Platz, neben mir war noch ein Sitz frei. Unterwegs stieg ein Kasache zu, zwischen 40 und 50 Jahre alt, rabenschwarze Haare und Augen. Das Gesicht klug und weise wie das einer Eule. Still habe ich die Landschaft an mir vorbeiziehen lassen, bis ich nach einer Weile die Blicke dieses Mannes neben mir wie Finger auf meiner Haut fühlte. Entschlossen drehte ich mich zu ihm um. »Kennen Sie mich?«

Er musterte mich und antwortete: »Wie es aussieht, hast du kürzlich geheiratet, und jetzt gibt es in deinem Elternhaus große Schwierigkeiten. Das rührt daher, weil du mit deinem Auszug die ganze Energie und Kraft von dort mitgenommen hast.« Ich schluckte. Mit ruhiger Stimme fuhr er fort: »Du warst bislang der Mittelpunkt in diesem Haus. Ohne dich ist die Stabilität zusammengebrochen. Deshalb passieren all diese schlimmen Sachen.«

Mit großen Augen blickte ich ihn an. »Woher wissen Sie das? Sind Sie ein Schamane oder ein Wahrsager?« Mit faulem Zauber hatte ich nichts am Hut, aber es war offensichtlich, dass dieser Mann anders war und über besondere Gaben verfügte. Ohne weiter nachzudenken, erzählte ich ihm vom Unfall meiner Schwester und dass sie jeden Monat zur Kontrolle ins Krankenhaus müsse. Am Ende fragte ich: »Wird meine Schwester wieder geheilt?«

Der mysteriöse Fremde schloss seine Augen, lehnte sich nach hinten, stöhnte dabei leise, als sähe er unheimliche Bilder vor sich, beugte sich wieder nach vorne und klappte seine schweren Lider auf. »Deine Schwester wird geheilt, aber das wird lange dauern. Sie wird eine Familie gründen und ein glücklicher Mensch sein.«

Tief bewegt, bat ich ihn noch um einen weiteren Rat. »Was kann ich bloß machen, damit die Dinge in meinem Elternhaus wieder ins Gleichgewicht kommen?« Noch einmal schloss er die Augen, bevor er mir Antwort gab. »Das nächste Mal, wenn du deine Eltern besuchst, wirst du mit einem Lächeln dort eintreten und das Haus mit einem Lächeln wieder verlassen.« Er machte eine kurze Pause, um seine Worte wirken zu lassen.

»Wenn dir jemand wehtut, verberge vor ihm deinen Schmerz. Obwohl er dir Böses angetan hat, lass den Hass nicht in dein Herz einziehen. Dann bleibst du stark und bestehst alle Schwierigkeiten in der Zukunft.« Nach einer Weile fügte er noch hinzu: »Du solltest dich schonen und nicht jedes Mal deine Schwester begleiten. Du bist nicht alleine, du bist zu zweit.«

Verwirrt blickte ich ihn an. Er senkte den Kopf und gab mir durch seine Haltung zu verstehen, dass er nun genug geredet habe. An der nächsten Haltestelle ist er ausgestiegen. Vier Tage später habe ich erfahren, dass ich mit 28 Jahren schwanger war. Das war die beste Nachricht, die es für mich und Wali gab! Wir waren unfassbar glücklich. Alles, was dieser Mann prophezeit hatte, ist wahr geworden. Tatsächlich hat sich meine jüngere Schwester erholt, konnte aber erst nach zwei Jahren ohne Probleme wieder richtig laufen. Sie hat einen guten Arbeitsplatz und einen passenden Mann gefunden und zwei Kinder bekommen.

Nach dieser Begegnung habe ich versucht, alles mit größerer Gelassenheit anzunehmen. Hatte mich vorher ein chinesischer

Beamter bei den Behörden schikaniert: »Komm morgen wieder. Erst bearbeiten wir die Anträge von Chinesen«, hatte mich die Wut gepackt und nicht mehr so leicht losgelassen. Ebenso war ich selbst allzu schnell im Schmerz zerflossen, wenn ein mir naher Mensch trauerte.

Ab sofort habe ich ein Lächeln versucht, selbst wenn mich jemand traktiert hat. Den Abschiedsschmerz versteckte ich vor meiner schluchzenden Mutter und sagte: »Ich komme doch bald wieder ...« Das hat mir gutgetan.

Es mag seltsam klingen, aber ohne diesen wegweisenden Ratschlag hätte ich die folgenden Jahre nicht überstanden.

Sich die Zukunft golden ausmalen

Unser Ziegelhäuschen stand im Zentrum, direkt an der Straße, neben einem Basar. Im Sommer heizte es sich unter dem roten Blechdach fast wie in einem Backofen auf, im Winter war es dafür bei Temperaturen bis minus 24 Grad nicht eiskalt. Manchmal feuerten Wali und ich mehrere Kohleöfen an, um die drei Zimmer zu beheizen. Vor dem Haus befand sich ein recht großer Hof, dahinter ein schöner Garten mit Apfelbäumen und einem Bach, wo wir Gemüse angepflanzt haben.

Während mein Bauch runder und runder wurde, haben Wali und ich Zukunftspläne geschmiedet. »Wenn wir einmal Kinder haben, werden wir ihnen ein besseres Leben gönnen, als wir es selbst einmal hatten.« Darin waren wir uns einig.

Mehr als zwei Kinder durfte ein arbeitendes Ehepaar einer muslimischen Minderheit nicht bekommen, das war seit 1992 gesetzlich in China festgelegt. Den Chinesen selbst war nur ein Kind erlaubt, was bei vielen Neid auslöste. »Das ist ungerecht!

Wieso dürfen diese Einheimischen ein Kind mehr haben als wir?« Damals war der Anteil der Chinesen bei uns im Ort trotz der in Ostturkestan betriebenen Ansiedlungsprogramme Pekings mit etwa 20 Prozent noch nicht so hoch. Heute hat sich die Zahl fast vervierfacht.

»Ja, lass uns fleißig sein, in Zukunft Handel treiben und viel Geld verdienen.« Vergnügt rieb ich mir die Hände. Aksu war mit über 500 000 Einwohnern gut geeignet für Geschäfte. Im Vergleich zu den anderen größeren Ortschaften war hier eine passende Infrastruktur vorhanden, auch die kommunalen Einrichtungen waren sehr gut ausgebaut und organisiert.

Am 19. April 2005 spürte ich ein starkes Ziehen im Unterbauch. Nur Mutter begleitete mich ins Krankenhauszimmer, meine Brüder und Schwestern sowie Schwager und Schwägerinnen warteten mit dem nervösen Wali draußen im Flur. Es war eine schwierige Geburt, die Wehen dauerten bereits fast 30 Stunden an. Ich war völlig erschöpft und schweißgebadet.

Zwischendrin ist Mutter hinausgegangen und hat meinen zahlreichen Verwandten Bericht erstattet. Das nächste Mal klatschte sie im Flur in die Hände: »Geht nach Hause, das dauert noch länger!« Kaum aber waren alle fort, ist meiner Mutter plötzlich siedend heiß eine alte kasachische Tradition in Erinnerung gekommen. »Wenn jemand während der Geburt nach Hause geht und erst später wiederkommt, muss er etwas Persönliches zurücklassen. Sonst geschieht ein Unglück.« Sofort rannte sie wieder hinaus, um alle zurückzuholen, aber einer meiner jüngeren Brüder war schon auf der Autobahn unterwegs. »Wo ist er?! Holt ihn zurück!«

Da er sein Handy ausgeschaltet hatte, erreichte ihn der Anruf meiner Schwester erst, als er zwei Stunden später zu Hause seine Jacke im Flur aufhängte. »Komm schnell zurück!« Verstört kratzte er sich am Kopf: »Wieso? Ihr habt mich doch gerade erst heimgeschickt!« »Beeil dich!«, befahl meine Schwester, ohne eine weitere Erklärung abzugeben. Da mein jüngerer Bruder überzeugt war, dass mir etwas Schlimmes geschehen sei, setzte er sich weinend hinters Steuer und fuhr in rasender Geschwindigkeit zurück. In Gedanken sah er mich schon sterbend vor sich und wollte mich unbedingt noch sehen, bevor ich meinen letzten Atemzug tat.

Aufgelöst rannte er ins Krankenhaus, wo ihn die anderen sofort beruhigten. »Lass einfach irgendeine persönliche Sache von dir da und fahre wieder nach Hause.« »Nein, nein, bestimmt ist etwas passiert. Ihr lügt, ihr sagt mir nicht die Wahrheit. Ich muss unbedingt meine Schwester sehen.« Alle haben ihn beschwichtigt: »Kein Problem, wir haben dich nur zurückgerufen wegen dieser Tradition.« Da hat er sich vor Lachen gebogen, drückte Mutter seine Uhr in die Hand und ist wieder ins Auto gestiegen.

»Wir nehmen einen Kaiserschnitt vor«, hatten die Ärzte zwischenzeitlich vorgeschlagen, aber Mutter hatte große Bedenken und machte mir Mut: »Lass das lieber nicht zu, es soll eine normale Geburt werden.« Als mein jüngerer Bruder zwei Stunden später seine Haustür aufgesperrt hat, ist meine Tochter zur Welt gekommen. Ohne Operation. Da ist er wieder ins Auto gestiegen und hat Gas gegeben.

Die ganze Familie war außer sich vor Freude über die Geburt Wukilumus. Der 20. April war zudem derselbe Tag, an dem Mutter vor 56 Jahren zur Welt gekommen war. Ob Mädchen oder Junge, das war uns allen einerlei. Hauptsache gesund. Am selben Tag hat auch meine Freundin Gulina ihre Tochter geboren, obwohl sie schon zwei Jahre länger verheiratet war. Über 20 Jahre lang waren Gulina und ich wie Zwillinge im Geiste.

Heute meide ich den Kontakt zu meiner engsten Freundin, um sie durch meine Nähe nicht in Lebensgefahr zu bringen.

KAPITEL 3

KLEBEBAND
VOR DEM MUND

Der Druck um den Hals wird enger

Auf der Westseite hatten Arbeiter bereits Fundamente für einen Anbau gelegt, weil wir dabei waren, eine kleine Landwirtschaft aufzubauen, und Handel mit Tieren treiben wollten. Später haben Wali und ich noch ein Stück vom Nachbargrundstück dazu erworben. Als Wukilumu zwei Jahre alt war, besaßen wir vier Pferde, 30 Lämmer und vier Rinder.

Unsere selbst hergestellten Produkte fanden auf den Märkten reißenden Absatz. Überall warnten nämlich einheimische genauso wie chinesische Händler ihre Freunde und Angehörigen vor den Produkten chinesischer Firmenbesitzer, seien es Lebensmittel, Kleidung, Schuhe oder andere Artikel. »Wieso?«, haben wir anfangs irritiert aufgehorcht. »In allen chinesischen Sachen sind giftige Chemikalien oder Weichmacher enthalten, die auf Dauer die Leber schädigen, krank und unfruchtbar machen …«, hieß es von allen Seiten. Daher kauften auch die reichen Chinesen bevorzugt Waren aus Europa oder der Türkei für sich und ihre Kinder.

Da unser Handel gut anlief, haben wir als Nächstes in einem Nachbardorf ein Bekleidungsgeschäft für Kinder eröffnet und dort einen Verkäufer angestellt. In Aksu selbst gab es bereits genug Läden dieser Art, dort war die Konkurrenz zu stark. Doch in diesem Ort nahmen die Eltern dankbar das neue Angebot auf.

Mit jedem Jahr erwirtschafteten wir größeren Profit. Im Frühling moderierte ich gut gelaunt auf dem kasachischen Naurus-Fest, mein Vater komponierte Lieder und einer meiner musikalischen Brüder brachte erfolgreich seine eigenen CDs heraus.

Meine Familie war zufrieden, nur verschärften sich zunehmend die Spannungen im Land zwischen Uiguren und Chinesen. Die Kasachen in unserem Gebiet verhielten sich eher angepasst;

hier gab es keine Revolutionäre, die Peking pauschal als islamistische Staatsfeinde abstempeln konnte. Der Druck um den Hals aller Muslime in Ostturkestan wurde jedoch spürbar enger. 2006 segnete Peking ein neues Gesetz über das sogenannte zweisprachige System ab, unter dem wir alle sehr gelitten haben. Vorher hatten die Einheimischen, besonders auf dem Land, nur ihre eigene Muttersprache gesprochen; Chinesisch war bedeutungslos.

Laut Gesetz mussten 80 Prozent aller neu eingestellten Lehrer ab sofort Chinesen sein. Schrieben die Behörden beispielsweise 20 Stellen neu aus, sprachen sie automatisch 18 Stellen den Chinesen und nur zwei uns Muslimen zu. In der Realität waren bald nahezu 100 Prozent aller Lehrer Chinesen, genauso wie alle anderen Beamten.

An unserer Schule, einem mehrstöckigen Gebäude mit großem Hof, waren von diesen Umwälzungen knapp 1000 Kinder betroffen. Zu dem Zeitpunkt waren fast 97 Prozent der Schüler Kasachen, der Rest Uiguiren und muslimische Dungan. Es gab kein einziges chinesisches Kind.

Und auf einmal standen viele alt gediente einheimische Lehrer auf der Straße. Unter ihnen Akademiker und Schriftsteller, die fortan als einfaches Security-Personal ihr Auskommen finden sollten. Den jüngeren Lehrkräften hat der Staat Umschulungen angeboten. Allerdings kostete es Geld und einige Jahre Zeit, bis ein Einheimischer in der Lage war, »Chinesisch« als Fach zu lehren. Diejenigen, die diese Hürde überwunden haben, durften fortan nur noch in dieser Fremdsprache unterrichten.

Wali und ich haben mit den anderen einheimischen Lehrern jeden Tag über dieses Desaster diskutiert. »Wohin soll das führen?« Diese Gesetzgebung betraf nicht nur unsere Zukunft, sondern vor allen die unserer Kinder. Bis dahin hatten alle Familien ganz selbstverständlich zu Hause in ihrer eigenen Sprache mit ihnen gesprochen. »Werden unsere Kinder bald ihre Kultur und Identität vergessen? Werden sie zu Chinesen gemacht?«, sprachen einige Mütter die Sorgen aller Anwesenden laut aus.

»Wir alle sind eine Nation«, posaunten derweil die Parteikader. Bei einem Amtsbesuch in Urumqi hatte Wali eine im Flur angebrachte Tafel mit statistischen Erhebungen über die Bevölkerungszusammensetzung in unserem Land in Erinnerung behalten. An erster Stelle war dort die Rede von 17 Millionen Uiguren und an zweiter Stelle von drei Millionen Kasachen.

Heute spricht Peking oft von nur noch von 11 Millionen Uiguren und 1,2 Millionen Kasachen. Wo sind nur die anderen Million abgeblieben? Im Zuge einer gnadenlosen Assimilations-Politik lässt die Regierung unzählige Menschen spurlos verschwinden und macht aus einem bunten Vielvölkerland einen chinesischen Einheitsstaat.

Die Kinder weinen nur noch

Oft habe ich in diesen Zeiten an meinen Großvater gedacht, der uns die Grausamkeiten Maos geschildert hatte. Manchmal überfuhr mich ein kalter Schauder: »Wahrscheinlich wird diesmal alles noch viel schlimmer als früher.« Ständig versuchte die Partei, uns zu überzeugen, dass alle Maßnahmen nur zu unserem Besten dienten. Keiner in dieser Provinz dürfe zurückgelassen werden. Jeder solle ein Bett und genug Essen haben.

»Lehrt den Kindern die Liebe zur Partei!«, wiesen unsere Vorgesetzten uns Lehrer an. Auf einmal mussten unsere kleinen Kinder so viele chinesische Bücher auf dem Rücken in die Schule schleppen, dass sie ihren Ranzen kaum noch zu tragen vermochten. In Gebieten wie unseren, wo noch mehrere kasachische Lehrer beschäftigt waren, unterrichteten wir wenigstens eine Stunde in der Woche in unserer Sprache, aber auch das mussten wir bald einstellen.

Es war auch nicht hilfreich, da die Partei den Kindern so viele neue Hausaufgaben aufgebrummt hatte, dass sie manchmal bis ein Uhr nachts damit beschäftigt waren. Wie sollten unsere Kleinen das schaffen? Sie verstanden kein Wort Chinesisch, aber Aufgaben und Bücher waren alle in diesen seltsamen Schriftzeichen gedruckt. Besonders schlimm war das für die einfache Landbevölkerung, in denen auch die Eltern kein Wort dieser Fremdsprache verstanden haben. Der Druck in der Schule war so groß, dass die Kinder zunehmend gestörter darauf reagiert haben.

Im Unterricht traf ich auf Sechs- bis Dreizehn-Jährige, die völlig übermüdet, gerädert und von Weinkrämpfen geschüttelt waren. Jeden Tag neue Buchstaben und neue Wörter, schneller und schneller ... Die Kinder sind fast verrückt geworden. Stellen Sie sich eine Klasse vor, in der die meisten der 36 bis 40 Schüler fast die ganze Zeit in Tränen aufgelöst sind, so verzweifelt waren sie. Das war schlimm für mich als Lehrerin, weil ich an meine eigenen Grenzen stieß und nicht mehr wusste, wie ich ihnen in diesem Tempo am besten weiterhelfen sollte.

Jeden Tag habe ich versucht, meine Schüler zu trösten: »Die schlimmen Zeiten werden vergehen, macht euch keine Sorgen. Ihr werdet das alles lernen, ihr schafft das!« Dieselben Probleme spielten sich auch in der Welt der Erwachsenen ab. Unsere ganze Gesellschaft war diesem großen Stress ausgesetzt.

»Vielleicht sollten wir nach Kasachstan umsiedeln?« Immer wieder spukte dieser Gedanke in Walis und meinem Kopf herum. 2006 war es nicht mehr ganz unkompliziert für Einheimische, ins Ausland zu gelangen. Vorher konnte man die Kinder noch im eigenen Reisepass eintragen lassen. Auf einmal aber musste der Nachwuchs über eigene Pässe verfügen, deren Ausstellung auf den Ämtern jedoch verschleppt wurde. Es war ein schwieriger Prozess, so einen Kinderpass zu bekommen.

Zweite Umschulung

Rasch machte sich bemerkbar, dass es der Regierung nicht alleine um die Chinesischkenntnisse ihrer Lehrer ging, sondern dass sie viele unserer einheimischen Lehrer lieber durch eigene Leute ersetzen wollten. Ich war direkt davon betroffen.

In dieser Zeit bestellte mich der Schulleiter zu sich ein. »Auch wenn Sie schon eine Umschulung zur Lehrerin gemacht haben, können Sie leider nicht mehr in diesem Beruf weiterarbeiten, denn Sie sind eigentlich Medizinerin. Wenn sie aber weiter an dieser Schule unterrichten wollen, müssen Sie eine zweite Umschulung besuchen.«

Die Gesetzesänderung zwang mich dazu, zwei Jahre lang ein pädagogisches Institut in der Landeshauptstadt Urumqi zu besuchen. Das war etwa 1000 Kilometer entfernt. Ein Feuerball explodierte da in meinem Kopf. Mich trennen? Von meinem kleinen Kind? Niemals! Ich drehte das Gesicht schnell zur Seite, damit er nicht sah, wie heftig mich diese Anweisung traf.

Welche Mutter lässt freiwillig ihr knapp zwei Jahre altes Kind zurück? Allein in einer kalten und herzlosen Welt? Wukilumu brauchte Schutz, Fürsorge und innige Hingabe einer liebenden Mutter. Der Gedanke, mich von meiner kleinen Tochter zu lösen, zerriss mir fast das Herz. Wie sollte Wali das alles alleine schultern? Landwirtschaft und unser Laden mussten ebenfalls weiterbetrieben werden …

Wenigstens aber war mein Mann von dieser Maßnahme verschont geblieben, da er anders als ich diplomierter Lehrer war. Zwar bezahlte mir die Schulleitung mein Gehalt weiter, weil ich bereits fest angestellt als Lehrerin war, aber das änderte alles nichts daran, dass ich untröstlich blieb. »Wie soll ich ohne meine kleine Wukilumu leben?« Ich schlug die Hände vors Gesicht und nahm sie nicht mehr weg.

Wali schluckte, als er mich in diesem Zustand sah. »»Mach dir keine Sorgen«, versuchte er mich aufzumuntern, »ich nehme die Kleine mit zur Arbeit, meine Mitarbeiter kümmern sich um sie.« Damals war mein Mann in einem abgelegeneren Schulgebäude im Archiv beschäftigt. Dort im Keller würde es niemanden stören, wenn Wukilumu einmal weinte.

Wenn ich vor Kummer nicht weiter wusste, habe ich mich ins Auto gesetzt und bin ins Dorf meiner Eltern gefahren. »Vater, können wir alleine reden?«, fragte ich ihn. Dann hat er seinen Gehstock genommen, mich leicht mit der anderen Hand gefasst und mit sich hinaus in den Garten geführt, wo wir sicher vor Lauschern waren. Nur ihm mochte ich noch offen meine Sorgen über diese unbarmherzige chinesische Politik anvertrauen.

Mit seiner zittrigen Hand streichelte er mir die Tränen vom Gesicht und lobte mich: »Du bist mein klügstes Kind und mein allerliebster Schatz. Lass dich nicht von solchen Menschen bezwingen. Zeige ihnen, wie ehrgeizig du bist und dass du an ihren Aufgaben nicht scheiterst.« Langsam richtete ich meinen Kopf wieder auf.

Das Streben nach Höchstleistungen war Teil meiner Lebenseinstellung, der ich sonst mit Leidenschaft nachging. Aber ich vermisste meine Tochter schon, als ich ihr zum Abschied einen Kuss auf die weichen Lippen drückte. Ich habe versucht, die Zähne zusammenzubeißen und die Herausforderung anzunehmen.

Zumindest hatten wir in der Landeshauptstadt Urumqi viele Freunde, Bekannte und Verwandte, die ich öfter besuchen konnte. Aber nach meinem Umzug wollte der Schmerz einfach nicht weichen, ich mauerte mich in meiner Traurigkeit ein. Jeden Tag habe ich mehrmals das Foto meiner kleinen Tochter aus der Tasche gezogen und es voller Sehnsucht betrachtet, während mir die Tränen übers Gesicht gelaufen sind.

Als mir Wali am Telefon in dieser Zeit mit heiserer Stimme nahebrachte, dass Wukilumu wegen einer schweren Lungenentzündung ins Krankenhaus eingeliefert worden sei, buchte ich noch in derselben Nacht einen Flug nach Hause. Wali war fast so weiß wie die Wand in der Klinik, als mich die Kleine mit ihren glühenden Wangen so fest umhalste, als wolle sie mich nie mehr gehen lassen. Und auch ich wollte nicht loslassen. Gerade da hustete sie, doch mir blieb keine andere Wahl, als mich bald wieder von ihren dünnen Ärmchen zu befreien und fortzufliegen.

Manchmal lag ich in Urumqi mit offenen Augen im Bett und malte mir aus, wie Wali, Wukilumu und ich uns ein neues Leben jenseits der Grenze in Kasachstan aufbauten. Ab 2008 war es Einheimischen zwar noch erlaubt, als Touristen auszureisen, Staatsbeamten wie uns jedoch war es verboten, in ein anderes Land umzusiedeln.

Am 12. Mai 2008 hörte man erschrockene Rufe in der Universität. »In Sichuan hat ein schweres Erdbeben stattgefunden!« Etwa 65 000 Menschen hatten dabei ihr Leben verloren. »Was ist genau passiert?«, bat ich um Auskunft. »Zahlreiche Schulen sind über Tausenden von Kindern zusammengebrochen«, klärten mich Kommilitonen auf.

Die meisten Opfer hatte aber nicht das Beben gefordert, sondern Pfuschbauten und Korruption waren daran schuld. Wie üblich deckten sich die Parteikader gegenseitig und übertünchten solche Kenntnisse über das eigene Versagen. Stattdessen fütterten sie die Medien mit Erfolgsberichten über die Ärzte und Helfer, die sich für die KPCh opferten. Am Schluss machten sie aus einem Tag des Schmerzes einen Tag des Jubels. Protestierende Eltern wurden von den Parteikadern aus dem Weg geräumt.

Im gesamten Land ordnete die Regierung einen Moment der Trauer an. Mit gesenkten Köpfen stand ich betroffen zwischen den anderen Studenten auf einem Vorplatz der Universität.

Heute verliert eine mehrfach höhere Anzahl Unschuldiger ihr Leben in sogenannten »Berufsbildungsanstalten«. Diese Toten aber reichen nicht aus für die KPCh, um nur einen Tag der Trauer anzuordnen und einmal die Köpfe zu senken.

So wenig ist ihnen das Leben ihrer eigenen Bürger wert.

»Ich will dieses Kind, egal, was alle anderen sagen!«

Von meiner Umschulung kam ich im Januar 2009 mit einem Diplom, aber auch mit stechenden Schmerzen im Bauchraum zurück. Die Ärzte vermuteten Gallensteine und verabreichten mir starke Schmerzmittel in Form von Spritzen.

Bei einer Nachkontrolle im April brummte der Arzt: »Sie müssen etwas unternehmen.« Fragend blickte ich ihn an. »Sie sind schwanger und haben über drei Monate lang dieses Medikament bekommen, das schwere Nebenwirkungen hat. Mit größter Wahrscheinlichkeit wird Ihr Kind stark behindert sein.« Dann blickte er mich über den Rand seiner Brille an. »Wollen Sie es nicht besser abtreiben lassen? Besprechen Sie das mit Ihrem Mann zu Hause. Dann machen wir gleich den Termin aus.«

Den ganzen Weg zurück habe ich geweint. Nachdem ich daheim angekommen war, legte Wali mir den Arm um die Schulter und reichte mir ein Taschentuch nach dem anderen: »Wenn das wissenschaftlich bewiesen ist und der Arzt so etwas sagt, dann müssen wir das Kind abtreiben lassen.« Aber ich hielt strikt dagegen. »Ich will das nicht!«

Nacheinander habe ich meine Schwester, meine Mutter, meine Freunde und Bekannten um Rat gefragt. Alle teilten Walis Meinung: »Wenn das wissenschaftlich bewiesen ist ...« Wieder war ein Monat verstrichen, aber ich konnte mich trotzdem nicht dazu durchringen.

Vielleicht habe ich auch deshalb so verzweifelt an dem in mir reifenden Lebewesen festgehalten, weil uns so vieles in unserem Alltag von außen diktiert wurde. Diesmal aber betraf es mein Innerstes. Meinen Körper und meine Seele, mein Leben und meine Liebe. Und das wollte ich mir von niemandem vorschreiben lassen.

Möglicherweise irrten sie sich auch alle. Mehrere Bluttests schickte ich zu renommierten Ärzten in anderen Städten ein. Leider bestätigten sie erneut die Prognose des ersten Arztes und wiederholten: »Treiben Sie ab ...« Aber ich wollte das nicht glauben.

Diese Schwangerschaft war vom ersten Tag an eine enorme psychische Belastung, dazu kamen die überlangen Arbeitstage. Morgens um sieben Uhr lieferten wir unsere dreieinhalbjährige Tochter Wukilumu im Kindergarten ab, holten sie in der Mittagspause kurz zum Essen nach Hause und übergaben sie anschließend wieder den Erziehern, manchmal bis 21 Uhr abends.

Selbst wenn die ganze Welt um mich herum dagegen war, blieb ich fest entschlossen, mein zweites Kind zur Welt zu bringen. Vorwurfsvoll blickte Wali mich an. »Was machen wir, wenn das Kind behindert zur Welt kommt? Wie wollen wir dann unsere Arbeit schaffen? An allen Problemen sind wir dann selbst schuld ...« Zwei Monate lang hat er das wiederholt, aber dann hat er aufgehört, weil ich niemandem mehr zuhörte und uns ein neuer Schicksalsschlag getroffen hatte.

Der größte Verlust

Von seinem Schlaganfall hatte sich mein geliebter Vater nie ganz erholt. Nach mehreren Krankenhausaufenthalten, zu denen ihn abwechselnd Wali und ich begleitet hatten, war er am 16. Februar im Alter von 72 Jahren zu Hause verstorben.

Vier Männer haben seinen Leichnam in einer Holzkiste zum muslimischen Dorffriedhof getragen. Ihr Weg führte an dem neuen Friedhof vorbei, den die Chinesen mittlerweile für sich angelegt hatten. In unserem tiefen Schmerz haben meine Familienangehörigen und ich, für einen kurzen Moment, gedacht: »Es hat keinen Sinn mehr, weiterzuleben ...« Nach dem Begräbnis herrschte unter uns Stille. Lustlosigkeit. Dunkelheit.

In Gedanken sah ich meinen Vater vor mir, wie ich ein kleines Mädchen war und er die ganze Dorfgemeinschaft zusammengetrommelt hatte, um mit uns allen eine Schule zu bauen. Sogar wir Kinder hatten mitgeholfen, aus dem Lehm Ziegel zu formen und die Wände zu mauern. Diese Schule verkörperte unseren ganzen nationalen Stolz. Dort hatten die Lehrer kasachisch unterrichtet und den Kindern unsere Kultur und unsere Traditionen nahegebracht. Über Nacht hatten die Chinesen alles niedergetrampelt, unser Bildungssystem zerstört und die Dorfschule beschlagnahmt. Heute wird darin nur noch auf Chinesisch unterrichtet, obwohl Vater diese Schule für unser Volk gedacht hatte.

Nach seinem Tod blieb eine große Unruhe in mir zurück. Vom Verstand her vermochte ich den Verlust einzuordnen, aber gegen meine Gefühle war ich machtlos. Genau wie Großvater hatte auch unser Familienoberhaupt schon sehr früh gespürt, dass sich eine Katastrophe für unser Volk anbahnte. Gerade deswegen hatte er stets versucht, mir Kraft zu geben: »Weine nicht vor den Augen der anderen, mein Schatz. Sie dürfen nicht merken, dass du schwach bist. Du musst die Dinge annehmen, wie sie sind, aber dabei stark und aufrecht bleiben.« Im Grunde wiederholte er immer dieselbe Weisung, die mir auch dieser geheimnisvolle Heiler damals im Taxi mit auf den Weg gegeben hatte. Daraufhin war ich noch ernsthafter bemüht, diesen Ratschlag zu beherzigen.

Mein Leben lang war Vater mein wichtigster Halt gewesen. Und nun war er plötzlich weg, und alles geriet ins Wanken. Sein Platz blieb unersetzbar. Wenn ich später bei meiner verwitweten Mutter zu Besuch war, entwischte ich zwischendrin regelmäßig mit einer Ausrede: »Ich will nur kurz eine Runde drehen.« Eigentlich verbot unsere Tradition den Frauen, sich allein auf den Friedhof zu begeben, aber ich lief trotzdem jedes Mal an Vaters Grab, das direkt neben dem von Großvater lag.

Vor seinem Grabstein stand ich still, die Hände vor meinem schwangeren Bauch gefaltet, und fragte ihn um Rat, so wie ich es all die Jahre zuvor auch getan hatte. Diese Gespräche mit ihm haben mir gut getan, denn ich sah ihn mit den Augen meiner Seele und spürte, dass er mir zuhörte und immer bei mir war. Bis heute taucht mein Vater in meinen Träumen auf und spendet mir Trost.

Ein Geist, der Kraft spendet

Manchmal hat Wali mich zu Hause alleine im Schlafzimmer ertappt, wie ich in tiefe Selbstgespräche verwickelt war. »Gut, Vater, ich verspreche dir, stark zu sein …!«»Was machst du denn? Mit wem redest du da? Also, wenn das so weitergeht, wirst du noch verrückt werden. Damit solltest du langsam aufhören.« Aber vielleicht war es genau mein Vater, der mich davor bewahrt hatte, meinen Verstand zu verlieren. Und ich antwortete: »Es war nur Vater, der mir Kraft eingeflößt hat.«

Lag mir in den nächsten Wochen irgendjemand in den Ohren: »Du musst endlich abtreiben«, habe ich mich in ein Zimmer eingeschlossen und jede Nahrung verweigert. Wali hatte das längst verstanden und mich damit in Ruhe gelassen. Immer wieder haben wir uns beide auch gefreut, wenn wir die Bewegungen des Kindes durch meine Bauchdecke spürten. »Fühl mal …«, sagte ich dann zu Wali und legte seine Hand darauf. »Was für ein starkes Kind!«, sagte er mit einem breiten Lächeln.

Zwar haben wir uns dauernd gegenseitig darin bestärkt: »Das Kind wird bestimmt gesund …«, aber gleich danach haben wir selbst wieder daran gezweifelt und Angst bekommen. »Wie sollen wir das bloß schaffen, wenn …?« Die gesellschaftlichen Erwartungen waren extrem hoch. Und wir steckten in unserem Hamsterrad, in dem wir nichts mehr wahrgenommen haben, außer dass wir weiterlaufen mussten.

Mit meiner ständigen und vergeblichen Suche nach einem Arzt, der mir etwas anderes mitteilte als alle anderen, waren mittlerweile sechs Monate verstrichen. Diesmal stand der Termin für die Ultraschalluntersuchung bei meiner Hausärztin im Kalender, die eine gute Bekannte von mir war. Als sie meinen großen Bauch zu Gesicht bekam, war sie entsetzt. »Was? Du hast immer noch nicht abgetrieben!? Das Kind ist noch da?!«

Und ich antwortete streng und entnervt: »Rede nicht so viel. Sag mir einfach, wie das Kind aussieht.« Die Ärztin fuhr mit ihrem Gerät über meinem Bauch und beschrieb, was sie auf ihrem Bildschirm sah: »Ja, es lebt. Es hat Füße, Beine, Arme und alle Organe. Der Körper ist in Ordnung, aber höchstwahrscheinlich hat sein Gehirn von den Medikamenten schweren Schaden genommen. Willst du wirklich ein geistig behindertes Kind zur Welt bringen?«

Ob ich wüsste, was das für unser Leben bedeutete?

Sich in drei Schritten in Selbstkritik üben

Eine politische Kampagne zog die nächste nach sich. Seit letztem Jahr musste sich jeder Beamte vor allen Mitarbeitern in drei Schritten selbst kritisieren. Im ersten Schritt mussten wir aufschreiben, welche Fehler wir von Geburt an bis heute gegenüber dem Staat oder der Partei gemacht hatten. Egal, ob wir das in der Schule oder zu Hause notierten – Hauptsache, wir waren binnen drei Tagen fertig damit. An jeder Arbeitsstelle hatten sie extra für diese Maßnahme ein eigenes Büro eingerichtet, in dem wir unsere Schriftstücke abgaben.

Im zweiten Schritt galt es, für jeden nach Maßnahmen zu suchen, wie man diese Verstöße wieder korrigieren könnte. »Früher habe ich es versäumt, die Schüler konsequent auf Parteilinie zu bringen. Ab sofort werde ich genauestens darauf achten, die Kinder auf den richtigen Weg zu lenken«, schrieb ich. Andere notierten: »Ab sofort zahle ich pünktlich meine Parteibeiträge.«

Zuerst fiel es meinem Mann und mir nicht so leicht, wirklich glaubhafte Vergehen herauszufinden und diese plausibel darzulegen. Wer nämlich zu simple Delikte einräumte, den stutzten die zuständigen Parteikollegen zurecht: »Du bist ein Oppositioneller. Du machst dich über uns lustig mit den Fehlern, die du da angibst.«

Danach folgte der dritte und schwerste Schritt. Es ging um das Schuldbekenntnis vor allen anderen Kollegen. Zu diesem Zweck kam die ganze Belegschaft in einem großen Versammlungssaal zusammen. Die Parteimitglieder wählten daraufhin nacheinander einige Lehrer im Publikum aus: »Du, du und du, steh auf und übe deine Selbstkritik.«

Die Auserwählten trugen ihr zuvor notiertes Versagen laut vor. Das zog sich hin, denn von Geburt an hatte sich manches angesammelt. »Vorher habe ich nicht immer hundertprozentig die Regeln der Partei befolgt, aber in Zukunft werde ich allen Anweisungen höchste Aufmerksamkeit schenken.« Es war unheimlich demütigend, vor etwa hundert Personen wie ein Idiot dazustehen.

Allein diese Herabsetzung vor allen anderen zu erleben, das war schwer zu ertragen, aber zusätzlich kürzten sie den Betroffenen das Gehalt oder strichen ihnen wichtige Zuschüsse. Erwischte es jemanden besonders hart, bedeutete dies das Ende seiner Karriere. Eine weitere Beförderung war unmöglich, jede Teilnahme an Wettbewerben genauso wie der Erhalt von Preisen verboten.

Als Vertrauensleute in leitenden Positionen, die sehr gut Chinesisch sprachen, kontrollierten sie Wali und mich Gott sei Dank nicht ganz so streng wie alle anderen. All diese schriftlichen Bekenntnisse haben die Parteikader allerdings fein säuberlich abgeheftet und immer wieder herausgezogen, um später einem

Lehrer anhand dieser Beweismittel Unglaubwürdigkeit zu unterstellen. »Heute sprichst du anders als damals«, rügten sie ihn dann, »du bist ein Lügner und musst bestraft werden ...«

Als Wali und ich durchschaut hatten, dass sie diese Zettel nicht zur Besserung des Einzelnen, sondern allein zu dessen Kontrolle benutzten, haben wir unsere einheimischen Lehrer heimlich gewarnt: »Ihr müsst darauf achten, was ihr schreibt ...« und ihnen geholfen, die Bögen korrekt auszufüllen.

Manche Landsleute waren sprachlich nicht so bewandert und verstanden nicht, was da von ihnen verlangt wurde. Hatte einer vorschnell ein Geständnis abgegeben, entschuldigten wir unsere Mitarbeiter sofort bei der zuständigen Stelle, um sie vor Strafe zu bewahren: »Dieser Lehrer spricht nicht so gut Chinesisch, deshalb hat er sich versehentlich falsch ausgedrückt.«

Einige Kollegen räumten ein: »Vor zehn Jahren, als ich in diesem Beruf neu angefangen habe, habe ich den Schülern kein Chinesisch beigebracht, obwohl das ihre wichtigste Sprache ist.« oder »Wegen Krankheit habe ich leider an einer wichtigen Veranstaltung der Partei nicht teilgenommen.« Solche Sachen haben wir an den Haaren herbeigezogen. Bald hat jeder vom anderen kopiert, denn wir wussten, wenn wir andere oder abweichende Antworten gäben, wäre das auffällig. Und anders zu sein als andere reichte schon als Grund zur Bestrafung.

Am besten war es, Entgleisungen bei der Erziehungsarbeit oder im Umgang mit anderen Kollegen zuzugeben. Niemals aber durfte man Verstöße zugeben, die sich auf die Politik der Partei oder des Staates bezogen haben, wie zum Beispiel: »Ich dachte immer, dass Xinjiang eine autonome Republik ist und wir deshalb unsere eigene Sprache sprechen dürfen«. Sonst lautet der Vorwurf: »Du bist ein Umstürzler ...« Das konnte zur Hinrichtung führen.

Diese dokumentierten Makel der Einheimischen benutzten die Parteikader ab 2016 als Grund, um unsere Landsleute massenhaft hinter Gitter zu sperren. Es diente zur Vorbereitung für die nachfolgende Verhaftungswelle. Jahre vorher hatten sie bereits die Listen mit den Namen derer angefertigt, die zuerst inhaftiert werden sollten.

Nur dank so einer perfiden und langfristigen Planung war es ihnen später möglich, weit über eine Million Einheimische binnen weniger Monate hinter Gitter zu sperren.

Vor Scham brennen

»Sayragul Sauytbay!« Als bei der nächsten Versammlung mein eigener Name aufgerufen wurde, traf mich das wie ein elektrischer Schlag. Sofort bin ich aufgesprungen, so schwanger wie ich war, und habe mit lauter Stimme in den vollen Saal gesprochen: »Ich bin ein schlechter Mensch … Ich habe Fehler gemacht … Ich bereue das sehr.« Betretenes Schweigen meiner Kollegen folgte. Das war schlimmer als Mitleid.

Alles brannte an und in mir vor Scham. Diese Behandlung empfand ich als zutiefst ungerecht! Jede noch so große Schwierigkeit meisterte ich ohne Murren, all meine Kraft opferte ich für unsere Schule. Normalerweise arbeiteten Lehrer acht Stunden, aber wir waren jeden Tag zwölf bis vierzehn Stunden im Einsatz. Obwohl ich wie ein Arbeitstier schuftete und nichts Falsches getan hatte, musste ich mich vor den Augen aller zu meinen Verstößen bekennen.

Das war nicht nur psychisch belastend, es war unerträglich. Nach dieser Selbstkritik fühlte ich mich ein paar Tage lang hundeelend und von den Behörden für dumm verkauft. Danach brauchte ich jedes Mal eine Weile, um mich von dieser Demütigung zu erholen.

Wali fuhr sich durchs Haar und wusste nicht, was er sagen sollte, bis es aus ihm herausplatzte. »Was für eine absurde Situation! Man muss eine Lüge erfinden, dann vor allen Leuten diese Lüge zugeben und sich mit einer Lüge über sich selbst an den Pranger stellen.« Genau wie wir mussten auch die chinesischen Lehrer jede Abweichung von der Parteilinie aufschreiben, bekennen und sich selbst kritisieren, aber wenn sie an der Reihe waren, was selten vorkam, haben sie sehr selbstbewusst deutlich gemacht: »Was soll das? Wieso sollen wir uns als schuldig bekennen? Wir haben gute Arbeit geleistet.« Die chinesischen Kollegen durften sich im Gegensatz zu uns solch eine Meinung ungestraft leisten.

Anders als sie lebten wir Einheimischen in ständiger Angst vor Schimpf und Schande. Das führte dazu, dass wir die Lippen noch fester zusammenkniffen, um ja keine Widerworte zu geben, und uns noch korrekter darum bemühten, die Regeln der Partei zu befolgen. So wollten wir ihnen beweisen, dass wir keine schlechten Menschen waren. Dauernd wollten wir alles richtig machen, um nicht noch mehr ausgegrenzt, verachtet, beschimpft und bedroht zu werden.

Mit einer Mischung aus Schmeichelei und Bedrohung behandelten uns die führenden Parteikader wie unmündige Kinder, die einer harten, aber gerechten Führung bedurften: »Fühle die Güte der Partei, folge der Partei und sichere die Stabilität«, lautete ihr Credo. Sie heuchelten, dass all diese Maßnahmen nur dazu dienten, uns alle vor »Chaos« im Land zu schützen.

Zunächst waren wir tatsächlich überzeugt, dass die Partei einen berechtigten Grund hatte, um für Frieden und Ordnung zu sorgen. Wieso sonst sollten sie das tun? Doch nicht, um unser

Selbstvertrauen zu zerschlagen? Um uns zu unterwürfigen Untertanen und ahnungslosen Anpassern zu machen? Dieser Gedanke erschien so ungeheuerlich, dass er keinem einleuchtete. Deshalb entschuldigten wir ihr Verhalten sogar. »Sie haben sich bestimmt etwas Gutes dabei gedacht, um unsere Arbeit zu verbessern«, meinte Wali. Und ich nickte nachdenklich dazu. Am Anfang machten wir uns auch gegenseitig noch Hoffnung und beruhigten einander. »Das ist nur eine vorübergehende Episode, bestimmt wird danach alles wieder gut.« Aber dem war nicht so.

Innerlich haben alle einheimischen Lehrer dieses »Sich-vor-der-Partei-klein-machen« gehasst, aber jeder war bemüht, das so gut wie möglich zu verbergen. Während die chinesischen Kollegen sich weiter offen zur Wehr setzten, hatten wir uns bereits daran gewöhnt, wie Menschen mit einem geringeren Wert behandelt zu werden. Und selbst, wenn man genau weiß, dass das nicht stimmt, fühlte man sich schuldig, obwohl man nichts verbrochen hatte.

Zwar leisteten unsere chinesischen Kollegen genauso wie die einheimischen Lehrer schwere Arbeit, aber die unangenehmen Aufgaben haben sie einfach an uns weitergereicht. Diese Leute haben nicht dieselbe Last getragen wie wir, denn sie gehörten, wie die Partei sie andauernd bestärkte, selbst zur »herrschenden Klasse«.

Ständig ungerecht behandelt zu werden führte bei Wali und mir erst zu Wut und Enttäuschung, dann spürten wir die ersten Hassgefühle aufkeimen. Das aber sorgte dafür, dass wir uns noch mehr wie ein Schatten unserer selbst fühlten, und ich erinnerte mich an die Worte des mysteriösen Heilers, der mich vor der ungebändigten Kraft dieses Gefühls gewarnt hatte, die uns letztlich selbst zerstörte. »Ja, ich will stark bleiben, Vater ...«, schwor ich mir, wenn ich abends alleine mit meinem Vater sprach.

Das Blut fließt in den Straßen

»Schon wieder ein Aufstand. Diesmal in Urumqi.« Wali hielt – in Gedanken verloren – eine Hand an seine Lippen und wandte sich gleich wieder zerstreut ab. Anlass war ein uigurisches Mädchen aus Ostturkestan, die als Wanderarbeiterin in Guangzhou von mehreren Chinesen vergewaltigt worden war. Ihre Verwandten hatten bei den zuständigen Sicherheitsbehörden Anklage erhoben, aber kein Beamter hatte ihnen Beachtung geschenkt. So kam es zu einem Streit zwischen chinesischen und uigurischen Jugendlichen, der am 5. Juli 2009 in einer Revolte gipfelte.

Tausende Uiguren begehrten auf einer Großdemonstration gegen fortwährende Härte und Benachteiligung durch die Regierung auf. Bald wälzte sich ein langer Militär-Konvoi mit vielen Soldaten in Richtung Stadtmitte. Freunde, die vor Ort waren, haben uns danach bezeugt: »Wir haben mit eigenen Augen gesehen, dass die Militärs teils dieselbe Kleidung wie die Uiguren getragen und sich in die Menge zwischen Uiguren und Chinesen gemischt haben. Bis dahin war gar nicht viel passiert.«

In den Händen hatten diese verkleideten Soldaten Stöcke und Messer gehalten und damit überwiegend ihre eigenen chinesischen Landsleute attackiert. Auf diese Weise wollten sie den Konflikt anschüren und für das restliche Militär einen Vorwand schaffen, mit schärfsten Mitteln einzugreifen. Viele unschuldige Passanten sind dabei ums Leben gekommen.

Die Schwester einer Bekannten, die schwerkrank zur Behandlung in einer Klinik war, ist an diesem Tag als gesunde Frau entlassen worden. Sie war unterwegs auf der Straße und hat ihre Mutter überglücklich über das Ergebnis informiert: »Alles ist wieder in Ordnung …«, als plötzlich das Gespräch abgebrochen ist. Das war genau der Moment, als die Soldaten mit ihren Panzern in die Menschenmenge gefahren und diese Frau dabei mit unter die Räder gerissen haben. Ihre Leiche hat man bis zum heutigen Tag nicht gefunden.

Schlussendlich war die Straße voller Blut und einzelner Körperteile. Es waren so viele Tote, dass man schlecht unterscheiden konnte, ob es sich überwiegend um Chinesen, Uiguren, Kasachen oder andere Einheimische handelte. Am nächsten Morgen haben die Reinigungstruppen alle Spuren so sauber beseitigt, als wäre nie zuvor etwas geschehen.

Am 6. und 7. Juli, nach diesem Vorfall, hat die KPCh ihre Soldaten in Freizeitkleidung in die Stadt geschickt, damit sie nachts von Wohnung zu Wohnung der Han-Chinesen ziehen und ihnen verbieten, die nächsten beiden Tage vor die Tür zu treten, die Fenster zu öffnen oder die Vorhänge aufzuziehen. Die anderen Ethnien aber waren nicht informiert und gingen ahnungslos wie immer ihrem Alltag nach. Es folgte eine große »Säuberungsaktion«, bei der viele unschuldige Uiguren sowie Kasachen ihr Leben verloren haben.

Eine Freundin aus Aksu hat in jenen Tagen zwei Söhne verloren. Einer wollte im Restaurant seines Bruders arbeiten. Der Jüngere dagegen half seinem Freund, in der Stadt einen Anzug für die Hochzeit auszusuchen. Der ältere Sohn ist auf der Straße gestorben, der andere im Laden ermordet worden. Auch diese Mutter hat die Leichen ihrer Kinder nie zu Gesicht bekommen.

Als sich ihr Unglück im Ort herumgesprochen hatte, haben Wali und ich uns Freunden angeschlossen, um ihr unser Beileid auszusprechen. Doch kurz darauf hat diese laut wehklagende Mutter kein Wort mehr über den Verlust ihrer Söhne verloren. Auf einmal haben auch alle anderen Trauernden in Aksu geschwiegen, die vorher noch bei der Polizei um Gehör gefleht hatten: »Wir wollen die Leichen unserer Kinder zurück.« Sprach man sie nun darauf an, ob die Behörden endlich etwas unternommen hätten, drehten sie wortlos um und gingen weg. Sicher hatten die Polizisten ihnen Strafe angedroht, falls sie weiter über ihre Toten redeten.

Im Fernsehen hat man über den blutigen Vorfall berichtet, ihn aber lediglich als Aufstand uigurischer Terroristen dargestellt. Dauernd hängten sie die Begriffe »Uiguren« und »Terroristen« wie eineiige Zwillinge aneinander, damit die Leute glaubten, dass beides dasselbe sei.

Die meisten Kasachen machten darüber ihre spöttischen Bemerkungen. »Wieso gibt es, bis auf die Chinesen, auf einmal nur noch Terroristen in unserer Heimat? Wo kommen die alle so plötzlich her? Und wo waren sie vorher?« Als wäre es das Selbstverständlichste der Welt, ging im Reich der Mitte ohnehin jeder davon aus – Chinesen genauso wie alle anderen Volksgruppen –, dass Partei und Regierung sie belogen.

Ein anderer guter Bekannter aus Aksu, ein muslimischer Dungan-Chinese, hatte eine zweite entsetzliche Seite dieses Aufstandes erlebt. Da seine Tochter trotz eines Abschlusses an der Universität nirgendwo eine Stelle finden konnte, hatte er sie über Beziehungen als Mitarbeiterin in einem Krematorium untergebracht, wo Chinesen nur ungerne arbeiteten.

Die Tochter war dort seit zwei Monaten beschäftigt und sehr zufrieden, weil ihr Gehalt hoch war. Nach diesem blutigen Aufstand aber weigerte sie sich vier Tage lang, das Haus zu verlassen. Ihr Vater machte ihr wütende Vorwürfe: »Was soll das? Ich habe mich so bemüht, eine Stelle für dich zu finden ...« Da machte sie ihrer Qual durch bittere Tränen Luft. »Ich will dort nie wieder hingehen. Ich habe dort Sachen gesehen, die so schrecklich sind, dass man sie sich nicht vorstellen kann ...«

Am Abend des Aufstandes hatten Soldaten von den Militär-Lkws unzählige Menschenkörper ins Krematorium geschleppt und wie Abfall zu Boden geworfen. Die Lippen der Tochter bebten, als sie weiter erzählte. »Unter den Toten waren Verletzte, die noch gelebt haben ...«

Aus dem Leichenberg drang Stöhnen: »Hilfe!« und Hände streckten sich ihr entgegen. Die Polizisten hätten diese Hände einfach mit ihren Stiefeln zurückgeschoben. Und dann hätten sie alle in den Ofen geworfen. Ihr Vater war nach diesem Bericht so erschüttert, dass er schließlich seinen Zuhörern ständig gegenüber wiederholte: »Lebende Menschen haben sie in den Ofen geworfen. Lebende Menschen ...«

Auch von anderer Seite bestätigten Zeugen solche Informationen, die sich wie ein Puzzlestück in die Geschichte einfügten. Nun war klar, wo viele der Leichen abgeblieben waren. Keiner hat an dieser Erzählung gezweifelt. Diesem Staat trauten wir alles zu.

Staatsgründung Chinas: Ein Fest, auf dem sich keiner freut

»In zwei Monaten wird der 60. Jahrestag der Staatsgründung Chinas gefeiert«, informierte der Schuldirektor auf einer Versammlung alle Lehrer. Bereits im August mussten wir mit den Vorbereitungen beginnen, um am 1. Oktober 2009 dieses gewaltige Fest vorzubereiten, bei dem nichts, aber auch gar nichts schieflaufen durfte.

Unterschiedliche Arbeitsgruppen waren von früh morgens bis spät abends alleine mit dieser Planung beschäftigt. Das war sehr anstrengend für mich. Ich war im siebten Monat schwanger.

Meinen Schülern brachte ich viele kommunistische Parteilieder und Texte bei. Jede Zeile musste sitzen.

»Wäre es nur bald vorbei«, habe ich mir so oft gewünscht, so abgeschlagen war ich. Abends strich ich mir über den Bauch und hoffte, dass das Baby von diesem Stress nicht noch kranker würde. Ob das Kind einmal Schmerzen hätte, wenn es auf der Welt war? Ob es sich jemals freuen könnte?

Einen Tag vor dem Festakt versammelten sich alle Lehrer und Lehrerinnen vor der Schule, um aufzuräumen, das Schulgebäude und die Straße davor zu schmücken. Kurz nach Sonnenaufgang ging es los. Jubler und Fähnchenschwinger stellten sich auf.

Stundenlang kommunistische Lieder und chinesische Tänze, dazu ständig aus Lautsprechern: »Xinjiang ist ein untrennbarer Bestandteil von China. Dank Chinas helfender Hand hat sich Xinjiang in ein blühendes Land verwandelt.« Im Grunde war diese Feier nichts anderes als eine sich ständig wiederholende Propaganda für ein einheitliches China.

Meine Beine waren schwer, mein Bauch fühlte sich hart an, und das Baby bewegte sich nicht, während mein Mund sang: »Meine Mutter hat mir nur meinen Körper geschenkt, die Partei aber erleuchtet mein Herz …« Bis in die Nacht hinein ging die Feier, danach hieß es wieder alles aufräumen. Dieses Fest war ein einziger Stress und alles andere als ein Grund zur Freude.

Wali und ich hatten uns abgewöhnt, über Diktate der Partei zu diskutieren. Wir hatten uns ins Unvermeidbare gefügt und uns bemüht, jede neue Aufgabe zu erfüllen, um Ärger von uns abzuwenden.

Die verrückte Mutter mit dem süßen Baby

Im Dezember war Mutter mit meinen Schwestern zu Besuch in Aksu. Es war spät, als sie wieder gegangen sind. Kaum war die Tür hinter ihnen zugefallen, setzten die ersten Wehen ein. Schnell haben mein Mann und ich noch das Haus in Ordnung gebracht und uns mit den Mitarbeitern in unserem landwirtschaftlichen Betrieb abgesprochen, um uns dann im Nebel ins Krankenhaus fahren zu lassen.

Um sieben Uhr morgens haben der Fahrer, Wali und ich den Pförtner aus dem Schlaf gerissen, damit er loslief, um die Ärzte zu verständigen. Währenddessen bin ich im Flur auf und ab getigert. Wer aber im Krankenhaus nicht im Voraus bezahlte, wurde nicht behandelt. Daher eilte Wali um 7.05 Uhr zur Kasse ins andere Gebäude und bat unseren Mitarbeiter, bei mir zu bleiben.

Inzwischen waren die Wehen so heftig, dass ich eine Schwester herbeigerufen habe: »Bitte, ich kann nicht mehr …«. Da hat sie mich in einen Nebenraum geführt, woraufhin das Kind aus mir herausgepurzelt ist. Niemand hatte auch nur einen einzigen Handgriff vorgenommen. Es war der 15. Dezember 2009, 7.10 Uhr.

Der zuständige Arzt, der nichts über eine mögliche Schwerbehinderung meines Babys wusste, ist zum Fahrer in den Flur hinausgegangen und hat ihm die Hand hingehalten. »Herzlichen Glückwunsch zu Ihrem Kind!« Dieser nahm sein Handy und verständigte den richtigen Vater, der gerade der Kassiererin die Scheine hinblätterte. »Wali, wo bist du denn? Dein Sohn ist da.« »Was, was? Wie kann das so schnell gehen?«

Eine der Krankenschwestern nahm den Säugling hoch, um ihn zur Untersuchung in einen anderen Raum zu tragen, aber ich habe ihr in lautem Befehlston hinterhergebellt: »Bringt mir sofort das Kind! Ich muss es sehen!« Die beiden Schwestern waren über den Tonfall dieser herrischen Frau im Bett sichtlich erschrocken und drückten mir eilig den Säugling zurück in die Arme. Auch sie wussten nichts über meine Ängste in Bezug auf seinen Gesundheitszustand.

Ich aber wollte umgehend prüfen, ob an meinem Sohn wirklich alles vollständig vorhanden war. Eins, zwei, drei ... Alle Finger und alle Zehen waren dran. Auch Nase und Ohren waren in bester Ordnung. Sicher aber war er geistig behindert. Ich wollte seine Reflexe prüfen und habe ihm fest in die Wangen gekniffen, während die Schwestern voller Mitgefühl das arme Baby und voller Abscheu die böse Mutter beobachteten. Was trieb die Verrückte da bloß mit dem Kind?

»Warum weint er nicht?«, fragte ich mich hingegen, »fühlt er denn gar nichts?« Ich zwickte ihn noch einmal. Daraufhin habe ich die Schwestern ungehalten aus dem Zimmer geworfen. »Gehen Sie beide weg! Sie verstehen das nicht!«

Am nächsten Tag hat mir der Arzt die Befunde gebracht und mitgeteilt, dass organisch alles in Ordnung mit dem Kind sei. »Machen Sie sich keine Sorgen.« Das war einfacher gesagt als getan ...

Als Wali und ich zwei Tage später zu Hause auf dem Sofa saßen, blickten wir ratlos auf unser Neugeborenes. »Was machen wir bloß, wenn es allein lebensunfähig ist? Wie soll es in so einer Welt bloß bestehen?« Da streichelte ihn sein Vater über das runde Bäckchen und murmelte verzückt: »So ein süßes Kind.«

Viele Besucher warteten vor unserer Tür, und das Telefon stand nicht still, aber ich wollte niemanden sehen und keine Glückwünsche entgegennehmen, weil ich dauernd im Zweifel über den geistigen Zustand meines Sohnes war. Nach kasachischem Brauch wird ein Säugling erst 40 Tage nach seiner Geburt auf einer großen Feier allen Bekannten und Freunden zu Hause vorgestellt. »Warten wir, bis diese Frist verstrichen ist«, habe ich Wali gebeten.

Unserer Tradition nach blieb ein Kind bis dahin namenlos, was früher in der hohen Säuglingssterblichkeit begründet war. Für unsere Vorfahren waren die Neugeborenen Boten der unterirdischen Welt, deren Geister nach ihnen riefen und deren Verbindung erst nach 40 Tagen schwächer wurde.

Sobald ich mich seelisch von den psychischen Strapazen der letzten Monate erholt hatte und die Frist verstrichen war, flüsterte ich unserem Sohn dreimal seinen Namen »Wulanai« ins Ohr und zeigte ihn voller Stolz seiner Großmutter, seinen Tanten und Onkeln und allen anderen. »Im Grunde bin ich ein Glückskind«, fand ich bei genauerer Betrachtung und wiegte meinen kleinen Wulanai lächelnd im Arm.

Was wollte ich noch mehr im Leben? Mein Mann und ich liebten einander, wir hatten zwei wunderbare Kinder und uns mit großem Fleiß ein gutes Leben aufgebaut. Mittlerweile besaßen wir ein zweites Bekleidungsgeschäft in einem anderen Dorf, unser Haus war das Prächtigste in Aksu, und vor unserer Tür parkte ein ausländisches Auto, ein blauer Chevrolet.

Auf alten Fotos sieht man, wie wir bald darauf mit beiden Kindern nahe Aksu eine Veranstaltung mit kasachischen Rennpferden besuchten. Unser Sohn Wulanai war fünf Monate und Wukilumu vier Jahre alt. Im Hintergrund kann man viele Straßen- und Ladenschilder erkennen. Auf keinem Schild sieht man noch kasachische Sprache, sondern nur noch chinesische Schriftzeichen.

Trotzdem haben wir abends am Tisch zufrieden Lebensbilanz gezogen und das Schlechte ausgeblendet, sonst wären wir mit unseren Hoffnungen auf bessere Zeiten gescheitert. »Es war ein schwieriger Anfang mit uns, aber nach und nach hat sich alles sehr gut entwickelt«, urteilten wir. In Aksu gehörten wir zu den angesehensten Persönlichkeiten. Erleichterung durchströmte uns, weil alles in Ordnung war.

Nur der Gesundheitszustand meines Mannes bereitete mir zunehmend Sorgen. Wali wurde immer blasser, fahriger und dünner, fast als löste er sich auf. Das Wort »Pause« kam in seinem Wortschatz gar nicht mehr vor, und die übrig gebliebene Arbeit aus der Schule schleppte er spät abends mit nach Hause. Die ständige innere Anspannung und die Angst, trotz seiner Bemühungen keinem seiner Vorgesetzten gerecht zu werden, raubte ihm die Kraft.

Alles kostenlos, aber nur für Chinesen

»Sinisierung« lautete das Schlagwort in den Jahren 2010 und 2011. Die Regierung siedelte in ganz Ostturkestan massenhaft Chinesen an. Das hat unsere Heimat nochmals stark verändert. In jedem Dorf, in dem Kasachen lebten, rückten chinesische Baufirmen an und errichteten in kurzer Zeit Hunderte von Siedlungen. Eine sah genauso gesichtslos aus wie die andere. Mit den alten Gebäuden verschwanden auch die Spuren unserer Geschichte und Kultur.

Anders als die Häuser der Einheimischen wirkten diese Wohnsilos nicht nur äußerlich makellos, sondern sie waren auch modern und perfekt ausgestattet und wurden den neuen Bewohnern kostenlos vom Staat zur Verfügung gestellt. Die Zugezogenen mussten nur den Schlüssel nehmen und ins neue Heim einziehen. Wünschte einer ein Geschäft aufzubauen oder Landwirtschaft zu betreiben, baute der Staat die nötigen Gebäude oder Stallungen dazu.

Und auf einmal hausten Tausende Chinesen aus dem Inland in Ostturkestan. Wahrscheinlich waren sie freiwillig gekommen, da der Staat sogar die Kosten für ihren Umzug übernommen hatte. Während diese Leute großzügige finanzielle Unterstützung erhielten, blieb jegliche Förderung für die Einheimischen aus, deren Gesichter sich noch mehr mit stummer Anklage füllten. »Dauernd werden wir über den Tisch gezogen.« Warum waren unsere Bedürfnisse weniger wert?

Uns verwunderte auch, dass die damals noch geltende »Ein-Kind-Politik« diese neu eingewanderten Chinesen nicht betraf, denn die meisten von ihnen hatten zwei Kinder. »Vielleicht wollen sie uns auf diese Weise noch schneller verdrängen«, mutmaßten einige Einheimische argwöhnisch.

Immer eindringlicher warnten uns im Bekanntenkreis diejenigen, die sich beruflich mit Computertechnik befassten. »Ihr müsst aufpassen! Selbst wenn ihr alleine seid, redet zu Hause nicht mehr über Politik.« Chinesische Firmen hätten Wanzen in Fernseher und andere Haushaltsgeräte eingebaut. Jeder werde zu Hause abgehört.

Das war schon lange kein normales Leben mehr.

Wechsel von sanfter zu brutaler Politik

In letzter Zeit schimpfte Wali immer öfter über sich selbst: »Ich weiß nicht, was mit mir los ist! Mein Gehirn funktioniert einfach nicht mehr.« An den langen Arbeitstagen brachte er auf einmal vieles durcheinander, konnte sich nicht mehr konzentrieren. Nachts lag er wach mit tausend Gedanken, morgens war sein Kopf leer. Es waren die Umstände, die ihn krank gemacht hatten. Dagegen halfen keine Medikamente.

Bis dahin waren es eher sanftere Methoden gewesen, mit denen Peking versucht hatte, uns schrittweise von unserer eigenen Kultur und Tradition zu entfernen, alles chinesisch zu machen und jede andere Lebensform darin zu ersticken. Dann aber wurde diese Politik brutal und mit allen Mitteln durchgesetzt.

Zwischendurch bekam Wali keine Luft mehr. Er ging deshalb mit sich selbst streng ins Gericht, versuchte verzweifelt, noch mehr zu bewältigen, bis ihm dabei seine Freude abhandenkam. Es war ganz natürlich, dass auch uns mal Fehler passierten, alleine deshalb, weil wir viel mehr arbeiteten als alle anderen. Bald war mein Mann dürr wie ein Skelett und immer getrieben, als jage ihm jemand mit der Peitsche hinterher.

Beim nächsten Termin hat der Arzt Wali ins Krankenhaus geschickt und ihm eine Warnung mitgegeben, bevor er ihn Tage später wieder nach Hause entlassen hat: »Du brauchst jetzt erst einmal viel Zeit, um dich zu erholen. Danach solltest du dir eine andere Arbeit suchen, in der du nicht so viel Stress hast. Wenn du so weitermachst, gehst du vor die Hunde.«

Als die Kinder schliefen, besprachen wir uns über die neue Situation am Küchentisch.

»Bleib erst einmal ein paar Wochen zu Hause und ruhe dich aus«, beruhigte ich ihn und rückte noch näher mit dem Stuhl an ihn heran.

»Schadet uns das nicht zu sehr?«, zweifelte Wali und wirkte abwesend, als habe er gar nicht zugehört.

»Wir besitzen doch schon alles, was wir brauchen, und gespart haben wir auch genug. Ich arbeite alleine in der Schule weiter. Vielleicht wirst du zu Hause auch wieder schnell gesund? Ich werde für dich kochen, was du möchtest. Du wirst schon sehen, bald werden deine Gehirnzellen wieder funktionieren wie früher.«

»Ja, vielleicht ist es wirklich besser, wenn ich kündige«, räumte Wali zerknirscht ein und fügte sich in sein Schicksal als Frührentner. Ab da packte er nur noch in unserer Landwirtschaft mit an und betrieb unseren Handel weiter. Und siehe da, langsam ging es wieder gesundheitlich aufwärts.

»Schneller! Höher! Weiter!«, lautete dagegen die Devise für die einheimischen Staatsbeamten an ihren Arbeitsplätzen. 2011 hatte die Partei ausgerechnet in unserem Bezirk fünf Musterschulen für ein neues Programm ausgewählt. Die Pflicht von uns Schulleitern bestand darin, die Erziehung der kommunistischen moralischen Werte zu verstärken. Statt einmal Fahnenappell montags früh gab es nun jeden Morgen Fahnenappell. Schüler und Lehrkräfte standen unter noch stärkerem Leistungsdruck.

Als ob der Stress nicht schon groß genug gewesen wäre, haben die Parteikader zusätzlich Veranstaltungen organisiert, auf denen sie ihre kommunistischen Regeln über die »große, glorreiche und korrekte Partei« lehrten. Jeder musste mitmachen. Wieder haben die Kinder kein Wort verstanden, und wieder wurden sie dafür beschimpft, bis ihnen die Tränen am Hals hinunterliefen.

In dem neu eingeführten Schulfach »Xinjiang« lief der Geschichtsunterricht ab wie eine alte Schallplatte, auf der die Nadel hängengeblieben war. »Xinjiang ist ein untrennbarer Bestandteil von China.« Und das verhielte sich nicht erst seit Mao so, sondern schon seit Jahrhunderten waren wir alle chinesisch.

Meine Lehrer sollten unseren Schülern aus den frischgedruckten Büchern vorlesen. Dank dem Einfluss der Chinesen hätten die primitiven Uiguren und Kasachen in dieser abgelegenen Region mit ihrer rückständigen Kultur gelernt, wie normale und zivilisierte Menschen zu leben.

Klebeband vorm Mund

Als unser Sohn Wulanai dreieinhalb Jahre alt war, schickten wir ihn, genau wie wir es mit Wukilumu getan hatten, in den Kindergarten. Nach einer Weile aber weigerte er sich, dorthin zu gehen. Er schrie und heulte, wälzte sich am Boden und ließ sich nicht hochziehen, ohne sich sofort wieder niederzuwerfen. »Ich gehe da nie mehr hin!« Besorgt versuchte ich herauszufinden, was los sei. »Wieso denn? Da ist es doch schön, du kannst mit anderen Kindern spielen.«

Der Junge beruhigte sich aber nicht mehr. »Sie machen mir den Mund zu, sie lassen mich nicht reden.« Es dauerte ein bisschen, bis wir verstanden hatten, was da genau ablief. Unter Wulanais wilden Schluchzern erfuhren wir, dass die chinesischen Lehrer ihm mit einem Klebeband den Mund zuklebten, weil er mit anderen Kindern Kasachisch gesprochen hatte. Wali und ich warfen uns entsetzte Blicke zu. »Der Lehrer macht das immer wieder so«, sagte Wulanai hilflos, »den ganzen Tag muss ich mit dem Klebeband herumlaufen.«

»Das kann doch nicht stimmen«, sagte Wali ungläubig, aber sicher waren wir uns beide nicht. Wulanai barg sein Gesicht an meiner Brust und klammerte sich an mich. »Gut, ich werde mit den Lehrern sprechen«, tröstete ich ihn und streichelte seinen Rücken. »Alles wird wieder gut.« Er glaubte das aber nicht und bohrte seinen Kopf tief unter meine Achseln, als suche er eine Höhle, um sich darin zu verstecken. »Nein, das wird nicht gut. Ich werde niemals wieder dahingehen!«

Nachdem ich im Kindergarten Erkundigungen eingezogen hatte, stellte sich tatsächlich heraus, dass alle kasachischen Kinder, die in ihrer Muttersprache gesprochen hatten, von morgens bis abends mit zugeklebten Mündern verbrachten. Erst kurz bevor die Eltern zum Abholen kamen, entfernte ihnen das Personal die Klebebänder wieder.

»Nein, das dulde ich nicht«, empörte ich mich zu Hause. Wali und ich überlegten, für immer nach Kasachstan auszuwandern. Viele andere Bekannte und Eltern hatten Ostturkestan bereits verlassen oder packten gerade ihre Koffer, als sie von diesen Klebebändern auf den Mündern ihrer Kinder erfahren hatten. Seit Wochen warteten wir bereits auf Wulanais Reisepass, aber seine Papiere waren immer noch nicht fertig. Ohne gültigen Ausweis konnten wir nicht ausreisen.

Nach einer Weile zögerten wir unseren Plan wieder aus einem anderen Grund hinaus, weil wir hier hervorragend laufende Geschäfte sowie Freunde und Familien hatten. »Gut, in Kasachstan können wir unsere Sprache sprechen, und auch dort haben wir viele Verwandte«, wägten wir ab, »aber da müssen wir wieder ganz von vorne anfangen.« Es war nicht so leicht, in einer fremden Stadt neu Fuß zu fassen. Daher verschleppten wir unsere Entscheidung immer wieder, was sich zuletzt als schwerwiegender Fehler erweisen sollte.

Wenigstens hatten wir für unsere Tochter vor ihrer Einschulung einen Platz in einem privaten Kindergarten gefunden. Dort herrschten weniger strenge Regeln als in den staatlichen Betrieben. Da durfte Wukilumu auch Kasachisch sprechen. Vielleicht hat sie trotzdem Probleme gehabt, aber sie hat nicht darüber geredet.

Zu Hause haben wir, wie alle einheimischen Eltern, mit unseren Kindern weiter Kasachisch gesprochen. Ich habe ihnen viele Bücher in unserer Sprache vorgelesen. Und da wir eine musikalisch veranlagte Familie sind, haben wir auch gerne zusammen unsere traditionelle Musik gehört, viel getanzt und auf unseren Instrumenten gespielt.

Besonders Wukilumu sang sehr schön und spielte dazu auf der zweisaitigen Dombra. Bis dahin war es noch erlaubt, die Kinder solche kulturellen Dinge zu lehren. Religiöse Regeln über den Islam hatten wir von Anfang an ausgespart. Sonst verplapperten sich unsere Sprösslinge in der Schule oder im Kindergarten, dass sie zu Hause Islamunterricht erhielten, und man würde uns als Terroristen hinter Gitter bringen.

Die chinesischen Lehrer fragten die einheimischen Kinder in den Schulen nämlich gezielt über ihre Lebensgewohnheiten aus: »Wie verbringt ihr eure Freizeit? Worüber redet ihr? Lest ihr auch den Koran?« Und sie sammelten emsig solche Informationen, um ihnen danach ihre Eltern wegzunehmen.

Hätten wir Wukilumu und Wulanai darüber aufgeklärt: »Ihr seid Moslems, daher müsst ihr regelmäßig beten«, wäre das lebensgefährlich für uns alle geworden. In unserem Regal stand auch kein Koran. Unsere Vorgesetzten hatten uns einheimischen Beamten eingetrichtert: »Ihr müsst den Regeln der Partei folgen, niemals den Regeln der Religion.«

Die zehn Gebote brachten wir unseren Kindern wie normale Lebensregeln bei, so wie es schon mein Großvater mit seinen Enkeln getan hatte. »Du darfst nicht lügen ...«, »Du sollst keine Tiere quälen und die Umwelt schützen« oder »Du sollst niemand anderem etwas Schlimmes zufügen.« Das waren die Regeln der Religion, nur genau umgekehrt waren die der Partei.

Da ich auf die Schnelle keinen anderen Kindergarten für meinen Sohn gefunden habe, in dem noch Kasachisch gesprochen werden durfte, beschlossen wir kurzerhand, den Kleinen zu Hause zu behalten. »Was soll's? Ich bin doch sowieso zu Hause.« Wali zwinkerte dem Kleinen zu. »Dann hilfst du eben mit im Stall, oder?« Da ist Wulanai sofort mit einem freudigen Jauchzer aufgesprungen. »Hurra!«

Urumqi:
Platz drei der schmutzigsten Städte

Kaum dass sich Wali ein Jahr später wieder fit für neue Herausforderungen fühlte, nahm er ein lukratives Stellenangebot in Urumqi an. Aufgrund seiner hervorragenden Chinesischkenntnisse war er in einer chinesischen Baufirma ein gefragter Mann und dort vor allen im Büro am Computer für den Warenein- und ausgang der Baustoffe zuständig.

Zwar war die Entfernung zur Landeshauptstadt weit, aber zu unserem Wohnort gab es eine sehr gute Verbindung mit Bahn oder Flugzeug. In knapp zwei Stunden war ich fast jedes Wochenende mit den Kindern bei ihm zu Besuch. Die Firmenleitung hatte Wali am Stadtrand eine kleine Wohnung zur Verfügung gestellt. »Gegen den Schuldienst ist das hier ein Kinderspiel«, befand er. Er hatte feste Arbeitszeiten mit nur acht Stunden und einen übersichtlichen Aufgabenbereich.

Auch in Urumqi haben wir regelmäßig über einen Umzug nach Kasachstan gesprochen. »Jetzt gerade ist es noch schwierig, ich kann im Moment nicht alles liegen lassen und einfach das Handtuch werfen«, gab ich zu Bedenken, »erst muss ich noch meine Aufgaben erledigen ...« Durch meine leitende Position hatte ich noch mehr Verantwortung übernommen, und die Arbeiten waren doppelt so schwer geworden. Dass der Stapel auf dem Schreibtisch nie schrumpfen würde, wollte ich nicht wahrhaben.

An unseren Wochenenden in Urumqi sind wir ungern in die Stadt gegangen. Überall Hochhäuser, die viel zu eng aneinandergebaut waren. So viele Autos auf den überfüllten Straßen, dazu der Gestank, Verkehr und Geschrei der Händler. Das Gedränge auf den Wegen. Es war schwer, sich dort mit den Kindern zu bewegen, weil man ständig angerempelt wurde.

Der Smog legte eine Dunstglocke über die Stadt, durch deren grauen Schleier nie das Licht der Sonne hindurchdrang. Im Hintergrund qualmten die Schlote der Fabriken. Urumqi war für einen traurigen Rekord bekannt, nämlich als die Stadt, die in China am drittstärksten verschmutzt war. Zum Glück lagen Walis Firma und seine Wohnung etwas außerhalb.

»Schaut, noch mehr riesige Plakate«, staunte Wukilumu, als wir im Taxi zurück zum Flughafen aus dem Fenster guckten. Tatsächlich gab es seit der Wahl von Xi Jinping zum Generalsekretär der KPCh im November 2012 und zum chinesischen Staatspräsidenten im März 2013 bald keinen Flecken im Land mehr, der nicht mit seinen Porträts und Propagandabildern nach Maos altbackenem Stil bunter Bauernmalerei tapeziert war. »Das Volk ist glücklich!« und »China ist stark dank der Partei!« Die Macht der Partei und ihres Parteichefs war in Kürze allgegenwärtig.

»Hartes Durchgreifen gegen Terrorismus«, lautete die nächste Ansage aus Peking. Jinping schürte noch stärker Ängste und schaffte noch schärfere Feindbilder, um seine Macht auszubauen. In der Folge füllten sich die Gefängnisse noch mehr. Ab 2014 waren fast alle Fünf-Sterne-Hotels nur noch für Chinesen reserviert. Es spielte keine Rolle, wie viel Geld ein Einheimischer besaß. An den Bahnhöfen machten sie plötzlich Unterschiede zwischen han-chinesischen und nicht han-chinesischen Bürgern. Chinesen durften ohne Sicherheitskontrollen passieren, alle anderen galten als nicht vertrauenswürdig, mussten mehrere Kontrollen und manchmal bis zu einer Stunde lange Befragungen über sich ergehen lassen. Das erinnerte mich an die Apartheid in Südafrika und den Rassismus in den USA, als es noch auf vielen Gebieten eine strikte Trennung für Weiße und Farbige gegeben hat.

Mit Beginn 2014 war das Leben in Aksu für mich noch schwerer geworden. Zu Hause wuchs mir langsam die Arbeit über den Kopf, der Schuldienst wurde mit den ständig neu dazukommenden Aufgaben, Organisation und Koordination immer komplizierter und aufwendiger. Unsere eigenen Kinder waren vernachlässigt, da habe ich meinen Mann am Telefon gebeten: »Es wäre besser, wenn du wieder heimkommen und dich auch mehr mit Wukilumu und Wulanai beschäftigen würdest.« Kurz darauf war er bei uns in Aksu.

Wieder als Familie zu Hause vereint, packten wir am Wochenende freudig unsere Taschen, um nach langer Zeit einmal wieder alle zusammen auf dem Land auszuspannen ...

Juli 2014:
Luft schnappen im Märchenland

Am liebsten haben wir gemeinsam mit anderen Familien Ausflüge zu dem sehr bekannten Kurort Akyaz unternommen. Dieses von Bergen umschlossene Tal liegt inmitten des Tian Shan, nur etwa vier Stunden entfernt und in der Nähe meines Elterndorfs. Wir Einheimischen glaubten an die Heilkraft dieses Platzes. Dort fanden sich extra für die Besucher aufgebaute kasachische Filzhäuser und viele Pferde. Und egal zu welcher Jahreszeit man dort auftauchte, es war immer grün.

Weiter oben lebten hier noch wie vor Jahrhunderten kasachische Nomaden mit ihren Tieren. Das Wasser des gleichnamigen Bergflusses Akyaz leuchtete im Licht der Sonne auf der einen Seite blau und durch eine natürlich Linie, wie von unsichtbarer Hand gemalt, auf der anderen Seite weiß. Dieses märchenhafte Naturschauspiel lockte viele Einheimische an. Lange war hier einer unserer wenigen Plätze, den die Chinesen noch nicht völlig ruiniert hatten.

Zwar waren seit Ende 1998 viele ihrer Landsleute hierhergekommen, zuerst, um Minen anzulegen und nach Gold zu suchen, später, um zusätzlich chinesischen Touristenströmen Erholung zu bieten, und schließlich, um uns Einheimischen beim nächsten Mal Eintrittsgelder abzuknöpfen, damit wir unsere angestammten Plätze aufsuchen durften, was ein unglaublich erniedrigendes Gefühl war. Trotzdem hatte ich hier noch jedes Mal tief durchgeatmet, denn hier war das Land unserer Vorfahren.

Bei unserem letzten Besuch haben wir am Fluss einige chinesische Ingenieure dabei beobachtet, wie sie Bodenuntersuchungen durchgeführt haben. »Was machen sie da?«, wollte meine Tochter von uns wissen, aber wir hatten selbst keine Ahnung, nur einen düsteren Verdacht. Mittlerweile waren es zu viele Chinesen, die in unserem Fluss nach Gold suchten, Quecksilber sowie andere Gifte ins Wasser schwemmten und den Flusslauf verändert hatten. In der Folge war das Wasser noch reißender geworden, und die ersten Menschen sowie Tiere in der Gegend waren an diesen Umweltgiften zugrunde gegangen. Ab 2015 haben die Behörden hier ein Sondersperrgebiet eingerichtet. Keiner durfte noch dorthin. Seither wissen wir nicht, was mit einem unserer letzten uralten heiligen Orte geschehen ist.

In der Nähe von Urumqi bezauberte uns die Schönheit einer ähnlich traumhaften Landschaft in den Bergen, die ebenfalls seit Jahrhunderten mehrheitlich von Kasachen bewohnt war. Auch auf Ulanbai hatten die Chinesen seit Jahren ein Auge geworfen, es zuletzt beschlagnahmt und als touristisches Gebiet ausgebaut. Vor solcherlei Umbaumaßnahmen rührten die Firmenchefs üblicherweise die Werbetrommel und versprachen den Einheimischen das Blaue vom Himmel: »Ihr werdet gutes Geld verdienen, und euer Leben wird großartig sein ...«. Oft schenkten ihnen diese einfachen Bauern Glauben und verkauften für einen Apfel und ein Ei ihre Weidegebiete. Zu spät merkten sie, dass sie am Profit nicht beteiligt und die Arbeitsplätze zumeist an Chinesen vergeben wurden.

Diesmal aber stießen die chinesischen Bauherren auf den Widerstand der städtischen und gebildeteren Kasachen. 2014 kam es daher in Ulanbai zu einer großen Auseinandersetzung zwischen Kasachen aus Urumqi und dem chinesischen Militär. Es gibt genügend Zeitungsartikel darüber und auch einige Filme, auf denen man heute noch sieht, wie Chinesen dort Häuser zerstören und auf Frauen einschlagen, die vor ihren Verfolgern weglaufen. Viele unserer Landsleute sind danach verletzt ins Krankenhaus eingeliefert worden. Dieser blutige Kampf führte sogar kurz zu einem Konflikt zwischen kasachischer und chinesischer Regierung, wobei sich Peking zuletzt durchgesetzt hatte. In korrupten Systemen kauft man für Geld auch politisches Wohlverhalten.

Über diesen Aufruhr haben die staatlich gelenkten Medien nach chinesischer Lesart berichtet: »Peking will Wohlstand ins Land bringen, aber einige ungebildete und aggressive Störenfriede haben vergebens versucht, das zu verhindern.«

Seit Generationen unterdrücken die meisten Einheimischen ihren Schmerz über die Knechtschaft aus Angst vor Strafe. Und genau wie unsere Großeltern unsere Eltern haben auch Wali und ich unsere Kinder durch unser Schweigen geschützt und sie in Unkenntnis über Geschichte und Politik unseres Landes gehalten. Jeden Schlag ins Genick haben wir schicksalsergeben hingenommen. Wie Sklaven an der Kette.

Nie hatten wir gelernt, selbstständig zu denken, und nie geübt, Kritik offen zu äußern. In diesem Land gab es kein freies Denken und keinen Spielraum, andere Dinge selbstständig auszuprobieren. Durch den eingeengten Raum, in dem wir uns von Kindheit an bewegt hatten, schien es uns, als wäre alles vorherbestimmt; daher kamen wir gar nicht mehr auf die Idee, selbst herauszufinden, was wir wollten. Dabei waren diese Zäune und Grenzen nichts anderes als die Angst, die sie uns eingejagt hatten. Es war die Angst der KPCh, dass wir die Wahrheit dahinter herausfinden könnten.

Unsere Persönlichkeit lag wie unsere Landschaft in Trümmern. Welche Reaktionen kann man von solchen Menschen in so einer Gesellschaft noch erwarten? Die Partei hatte uns krank und kaputt gemacht. Und wenn ich in der Nachschau darüber nachdenke, werde ich furchtbar zornig! Alle Kraft, die wir eingesetzt hatten, um es ihnen recht zu machen und in Ruhe leben zu dürfen, war vergeudet. Alle unsere Mühe war umsonst! Umsonst!

Mir war damals gar nicht bewusst, welche Last ich die ganze Zeit über geschultert habe. Erst im Westen habe ich den Mut gefunden, meine Abscheu über die KPCh zu äußern und mich offen zu distanzieren: »Ich bin kein Parteimitglied mehr!« Und erst in diesem Augenblick habe ich die immense Erleichterung gespürt, als hätte ich einen mit Blei gefüllten Rucksack abgelegt. Ja, als lernte ich zu fliegen.

Bis dahin aber war es noch ein bitterer Weg, voller Schmerzen und Elend.

Die drei Übel

Wie an einem Pulverfass, an das die Regierung eine lange Lunte gelegt hatte, flog uns in unserer Heimat bald alles um die Ohren. Es gab so viele Proteste und Anschläge frustrierter Menschen in dieser Zeit, dass wir diesen Vorkommnissen keine große Aufmerksamkeit mehr geschenkt haben.

Eine Messerattacke mehrerer Maskierter auf einem Bahnhof in Kunming im März und einen Anschlag auf einen Gemüsemarkt in Urumqi im April 2014 habe ich beispielsweise völlig aus meinem Gedächtnis gelöscht. Angeblich hatten dort uigurische Terroristen Sprengsätze geworfen, Dutzende Menschen getötet und mehr als hundert verletzt.

Religiöse Fanatiker aus dem Ausland hätten die Uiguren zur Gewalt verführt, schmetterten die Parteikader. »Wir werden die Flamme des Terrorismus löschen!« Jeden Tag war die Rede von den sogenannten drei Übeln: »Terrorismus, Extremismus und Separatismus.« Stündlich demonstrierten sie im Staatsfernsehen ihre Übermacht mit Bildern über Antiterror-Übungen, die zeigten, wie bewaffnete Sicherheitskräfte Wohnblöcke stürmten und Verdächtige festnahmen, die später hingerichtet wurden. Chinesische Projektausschreibungen aus dieser Zeit weisen darauf hin, dass bereits 2014 die ersten Straflager für Muslime errichtet worden sind.

Damit Wukilumu und Wulanai keine falschen Fragen stellten, schaltete ich für sie nur die Kinderkanäle ein. Unsere Tochter besuchte bereits die vierte Klasse und war eine sehr fleißige Schülerin. Für unseren Sohn hatte ich, zu meiner Erleichterung, einen Platz in einem der fünf Kindergärten gefunden, die ich ab 2015 als Direktorin leitete. Dort hatte ich ein Auge auf ihn. Immer wieder aber fragten mich beide Kinder: »Warum dürfen wir im Unterricht nicht mehr unsere Sprache sprechen?« Knapp habe ich erwidert: »Das ist so, weil die Behörden das so wünschen.« Mit der Zeit haben sie aufgehört, Fragen zu stellen.

Angespannt rieben Wali und ich uns abends vor dem Fernseher die Hände. Zum ersten Mal waren solche schrecklichen

Selbstmordattentate in China geschehen. In mehreren Reden warnte Staatspräsident Xi Jinping davor, dass Terroristen, die in Syrien und Afghanistan Kriegserfahrung gesammelt hätten, jederzeit Anschläge in Xinjiang verüben könnten.

Wir wussten nicht, ob wirklich Terroristen in Xinjiang aktiv waren. Da es an Belegen mangelte, blieb unklar, wer hinter solchen Anschlägen steckte und ob es tatsächlich Verbindungen zum Ausland gab. »Doch selbst wenn es sich so verhält, sind keine Kasachen unter diesen Radikalen«, klagte Wali. Aber vor wem sollten wir uns rechtfertigen? Unsere Leute zogen nicht zum Kämpfen nach Afghanistan oder Syrien, sie kämpften in ihrer eigenen Heimat ums Überleben.

Insgesamt war die Lage von uns Kasachen in Ostturkestan bis dahin etwas angenehmer als die der Uiguren in den anderen Gebieten. Bei uns gab es nicht ganz so viele Arbeitslose und eine nicht ganz so große Armut. Die kasachische Regierung pflegte zu unserem Nutzen gute wirtschaftliche Beziehungen zu uns Kasachen in Ostturkestan, aber Peking hat damals bereits angefangen, das langsam zu unterbinden.

Der staatlichen Propaganda über die Uiguren haben wir nach wie vor keinen Glauben geschenkt. Wir hatten so viele Freunde, Studienkollegen, Mitarbeiter und Bekannte unter ihnen. Als Turkvölker bildeten wir eine kulturelle Einheit. Unsere Sprache, Kultur und Architektur waren ähnlich. Beide Gruppen haben sich untereinander verheiratet. Das waren ganz normale Menschen wie wir, die viel arbeiteten und nur ihren Frieden haben wollten.

Möglicherweise gab es vereinzelt Radikale darunter so wie in jedem anderen Land auch, aber das gestattete niemandem, eine ganze Glaubensgemeinschaft als Terroristen abzustempeln. Dieses Verhalten war alles andere als eine kluge Antwort auf die Gewalt Einzelner. Die kommunistische Politik sparte jedoch keine

Gelegenheit aus, unsere muslimischen Gruppen gegeneinander aufzuhetzen und unter Chinesen die Vorbehalte gegen uns zu schüren.

Dabei wusste jeder halbwegs gebildete Mensch, was die Regierung in Wirklichkeit im Sinn hatte. Sie benutzte die Uiguren wie Figuren auf dem Schachbrett für ihre nächsten Spielzüge. Mit einer neuen Kampagne hatte Xi Jinping bereits im Fernsehen alle Muslime eingeschüchtert: »Auf Xinjiangs Bevölkerung kommt eine Periode schmerzhafter Behandlung zu«, bei der es »keine Gnade« mehr gäbe.

Wie aber hätten wir ein Szenario voraussehen können, das es vorher in diesem Ausmaß noch nie gegeben hatte? Was nicht einmal die klügsten Denker in Schreckensvisionen über die Zukunft beschrieben hatten? Die Einrichtung des weltweit größten Überwachungsstaates mit Big Data und modernster Informationstechnik des 21. Jahrhunderts stand den Einwohnern in Xinjiang bevor.

Das Ende jeder Selbstbestimmung.

Die Pässe werden eingezogen

»Jeder Beamte soll seine Pässe abgeben«, verlangten die Behörden. »Warum?«, fragten wir erschrocken nach. Zur Begründung hieß es lapidar: »Es handelt sich bloß um eine harmlose technische Modernisierung, die uns die Arbeit erleichtert. Wir wollen nur alle Daten neu registrieren.« Wer trotzdem noch zögerte, den versuchten sie zu beruhigen: »Ihr bekommt die Pässe ja schnell wieder zurück.«

Inzwischen aber haben viele Einheimische den schrecklichen Verdacht gehegt, dass die Behörden ganz andere Absichten verfolgen. Vielleicht wollten sie unsere Ausreise verhindern? Uns im eigenen Land einsperren? Immer wieder haben wir deshalb Fragen gestellt und versucht, die Passabgabe hinauszuzögern. Daraufhin hat das Amt einen festen Termin bis Ende April bestimmt, andernfalls drohte Strafe.

Da Wali nicht mehr verbeamtet und in Frührente war, durfte er seinen Reisepass behalten. Mit einem flauen Gefühl im Magen habe ich meine Dokumente daraufhin abgegeben. Eigentlich galt diese Maßnahme für Chinesen genauso wie für Einheimische; als ich jedoch im Amt in der Reihe anstand, beobachtete ich, wie sie den Chinesen ihre Pässe zurückgaben, während sie die von uns eingezogen haben.

Nachts lagen mein Mann und ich Gesicht an Gesicht. »Hoffentlich bekomme ich meinen Reisepass schnell wieder«, bangte ich. »Alles wird gut«, meinte Wali und strich mir eine Haarsträhne aus dem Gesicht, aber seine Stimme klang so, als würde er sich selbst nicht glauben. »Schlaf jetzt!«

Wir hatten keinen Schimmer, dass die Grenzbeamten längst die Anweisungen der Regierung erhalten hatten, keinen Staatsbeamten mehr ohne Sondererlaubnis ausreisen zu lassen. Selbst mit Reisepass hätte ich die Grenze also nicht mehr überqueren dürfen.

Augenscheinlich wollten sie mit dieser Maßnahme verhindern, dass Beamte wie ich Staatsgeheimnisse oder ihr Wissen über die Unterdrückung in Xinjiang im Ausland preisgaben. Nichts fürchteten die Machthaber in Peking nämlich mehr als schlechte Nachrichten über China und einen Imageschaden, der die boomende Wirtschaft und Chinas Weg an die Spitze der Weltmächte bremste. Das Parteimagazin *Die Wahrheitssuche* verlangte von führenden Parteimitgliedern, in der internationalen Kommunikation nur noch gute Geschichten über das Reich der Mitte zu verbreiten.

In diesem riesigen Freiluftgefängnis wollten mein Mann und ich keinen Tag länger leben. Unser Plan stand fest. »Wir wandern für immer nach Kasachstan aus.« Verbissen kämpfte ich monatelang darum, meinen Reisepass zurückzubekommen, und legte beim Amt meine Gründe dafür dar: »Ich möchte mit meiner Familie nur kurz unsere Verwandten in Kasachstan besuchen, danach kommen wir sofort zurück.«

Immer wieder haben sie andere Ausreden vorgeschoben.

Zeit, Abschied zu nehmen

Die schmerzhaften Einschnitte im Alltag erfolgten nicht wie früher im Abstand von Jahren, sondern zunächst von Monaten, dann von Wochen, mittlerweile innerhalb von Tagen. Und bald zählte jede Sekunde.

Nachts stand ich mit Wali unter einem Apfelbaum im Garten. »In unserem Land haben die Kinder keine Zukunft mehr, du musst versuchen, so schnell wie möglich eure Pässe zu bekommen und nach Kasachstan abzuhauen …«, zischte ich, »wenn das in dem Tempo so weiter geht, könnt ihr drei sonst auch bald nicht mehr ausreisen.«

Statt an mich selbst zu denken, hatte ich beschlossen meiner Familie Vorrang zu geben. Wali schluckte, der Kehlkopf in seinem dünnen Hals hüpfte auf und ab. Er senkte den Kopf und sagte nach einem langen gedankenvollen Schweigen. »Ja, vielleicht hast du recht. Ich sollte mit den Kindern schon vorgehen.« Ich nahm ihn an beiden Händen und sprach beschwörend auf ihn ein: »Ich folge euch sofort nach, sobald ich meinen Reisepass habe.«

Weiter klammerte ich mich an dieser Hoffnung fest wie eine Ertrinkende an einem dünnen Zweig. Anderntags gab Wali auf dem zuständigen Amt an, dass er für zwei Monate mit den Kindern einen Verwandtschaftsbesuch plane. Mich selbst hielten die zuständigen Mitarbeiter weiter hin: »Momentan ist es schwierig, eine Reiseerlaubnis für dich zu bekommen. Lass doch erst einmal deine drei Familienangehörigen allein fahren. Später kannst du ihnen immer noch für ein paar Tage nachfolgen.«

Selbst wenn es riskant war, haben wir beide Kinder in unsere Entscheidung eingeweiht, der Heimat für immer den Rücken zu kehren: »In Kasachstan ist das Leben besser. Dort dürft ihr wieder eure Muttersprache sprechen.« Wir wollten Wukilumu und Wulanai nicht anlügen. Der Plan war, dass Wali in der Hauptstadt Astana zunächst eine Wohnung anmietete, sich einen Job suchte und die Kinder dort an der Schule anmeldete.

Im Juli 2016 hatten wir alle Vorbereitungen getroffen und die Sachen gepackt. Da auf längeren Strecken nur derjenige das Auto fahren durfte, auf den das Fahrzeug zugelassen war, habe ich mich hinters Steuer gesetzt und meine Familie acht Stunden lang bis zum Grenzübergang nach Korghos gebracht. Die Fahrt auf der Autobahn verlief ohne Verzögerung, nur an den Stadtein- und -ausgängen fanden die üblichen Kontrollen statt. Heute kommt man dort nicht weit, da bereits nach kurzen Strecken am nächsten Wachhäuschen alle Gesichter im Auto gescannt werden.

Schon von Weitem sahen wir die großen Gebäudekomplexe an der Grenzstelle ähnlich wie an einem Flughafen. Vorne auf einem Parkplatz habe ich das Auto abgestellt. Wortlos sind Wali und ich ausgestiegen, haben uns umarmt und vor den Kindern so getan, als wäre dieser Abschied so alltäglich, wie beim Bäcker Brot zu kaufen. Wukilumu und Wulanai fiel die Trennung dennoch schwer, sie blieben einfach im Auto sitzen und haben lange geweint.

Mir war auch zum Heulen zumute, aber ich räusperte mich, hüstelte und gab vor, etwas im Hals zu haben. Sie sollten nicht sehen, dass ihre Mutter traurig war und große Angst hatte. Daher habe ich mit kratziger Stimme angesetzt: »Ihr geht jetzt voraus, und ich komme bald nach.« Da weinten Wukilumu und Wulanai noch lauter. »Ich habe nur noch einige Sachen zu erledigen, aber ich verspreche euch, so schnell wie möglich nachzukommen«, sagte ich und schob zur Bekräftigung noch hinterher: »Ich lasse euch doch nicht alleine. Ihr seid schließlich das Liebste, was ich habe.«

Die Kinder wussten, dass das die Wahrheit war, und folgten uns in die große Halle, in der es von Menschen nur so wimmelte. Überall Uniformierte und Kameras. Wie am Flughafen durften auch hier an der Kontrollstelle nur die Reisenden durch, die die nötigen Papiere besaßen.

Wali hielt mich an den feuchten Händen, die Tränen traten ihm in die Augen. »Das Wichtigste ist, dass du versuchst, deinen Reisepass schnell zurückzubekommen«, meinte er. »Denk nicht daran, unser Geld oder unseren Besitz zu retten, lass alles andere einfach liegen …« Innerlich waren wir beide zerrissen. Einerseits die Hoffnung, dass ich bald nachfolgte. Andererseits die Erkenntnis, dass das vielleicht unmöglich war. Es fiel uns schwer, den Blick voneinander abzuwenden, aber wir waren bemüht, vor den Kindern Zuversicht zu verbreiten; außerdem drängte die Zeit.

Ein Kind an jeder Hand lief Wali hinter der Absperrung los, wobei sich Wukilumu und Wulanai dauernd nach mir umdrehten und über die eigenen Beine stolperten. Ich winkte ihnen noch hinterher, als die drei längst in der Menge verschwunden waren. Dann bin ich ins Auto gestiegen und zurückgefahren.

Vor dem Haus machte ich den Motor aus, lief in die leere Wohnung, blieb im Flur stehen und bin auf dem Boden zusammengesackt wie ein loses Kleiderbündel. Kurz war es still. Dann habe ich angefangen, sehr laut zu schreien und zu weinen. Alles verloren! Alles dahin! Irgendwann hielt ich in der Bewegung, aufrecht sitzend, inne, wobei sich meine Stimme in einem Flüstern verlor, bis sie ganz verstummte. In diesem Zustand verharrte ich, unfähig, mich wegzubewegen. »Vater, verzeih mir, dass ich so schwach bin ...!«

KAPITEL 4

SCHLIMMER ALS IM IRRENHAUS: DER GRÖSSTE ÜBER-WACHUNGSSTAAT WELTWEIT

Ein Tyrann aus Tibet kommt nach Ostturkestan

Im August 2016 ernannte der Präsident einen neuen Parteisekretär für Ostturkestan. Der dazu Auserkorene war Chen Quanguo. In den letzten sieben Jahren hatte er als Verantwortlicher im angrenzenden Tibet Kultur und Lebensweise der Einheimischen zerstört. Viele Menschen kannten seine Vorgeschichte. »Wegen seiner unmenschlichen Politik überschütten sich die Mönche mit Benzin und verbrennen sich in der Öffentlichkeit«, hatten Besucher aus Tibet allerorten verbreitet.

Wie ein Lauffeuer ging die Nachricht durch Aksu: »Dieser Massenmörder kommt nach Xinjiang!« Da brach unter unseren Freunden und Bekannten ein großes Wehklagen aus: »Was wird jetzt mit uns geschehen?« Wir alle haben furchtbare Angst bekommen.

Gleichzeitig schlugen die Parteikader die Propagandatrommel: »Dieser Mann ist ein Meister der Organisation und ein großartiger Volksführer. Er hat innerhalb kürzester Zeit ins Entwicklungsland Tibet großen Wohlstand gebracht. Wenn er zu euch nach Xinjiang kommt, werdet auch ihr vom wirtschaftlichen Aufschwung profitieren!« Mit allen Mitteln haben sie versucht, uns diesen Peiniger schmackhaft zu machen, aber das hat unsere Panik nur noch mehr vergrößert. Wussten wir doch, dass die Wahrheit immer genau das Gegenteil von dem war, was uns die Partei verkaufte.

Bald ließ uns die Nachricht über die erste Maßnahme Chen Quanguos erbleichen. »Alle anderen müssen jetzt auch ihre Pässe abgeben. Kinder genauso wie Alte …« In dem Moment erstarb für einen Augenblick alle Hoffnung in mir. »Ich werde nie hier herauskommen …«

Wie Pilze schossen alle 50 bis 100 Meter an den Straßen entlang Kontrollposten in Form kleiner Betonbunker aus dem Boden. An jeder Ecke sah man Polizisten und Hilfspersonal in schwarzen, blauen und gelben Uniformen, die die Passanten aufhielten und ihre Papiere sehen wollten. Es lohnte sich gar nicht mehr, den Personalausweis einzustecken, weil man ihn gleich wieder hervorziehen musste. Für einen Weg von 100 Metern benötigte man bald eine Stunde Zeit. Und auf einmal hieß es, dass sich alle Bürger zur Gesundheitskontrolle einfinden mussten.

Wer sich weigerte, erhielt die Aufforderung, sich auf der Polizeistation zu melden.

Wir wunderten uns, als wir uns nach Aids-Test und Blutabnahme bei der nächsten Polizeistation zum Augenscan einfinden sollten. Sie hatten unsere Gesundheits-Daten ungefragt dorthin weitergeleitet.

»Demnächst kommt die dritte Generation von Personalausweisen heraus, dafür brauchen wir bestimmte Informationen«, säuselten sie, um gleich danach von jeder Person eine kurze Videoaufnahmen anzufertigen. »Bitte einmal lächeln, einmal traurig gucken, nach links und dann nach rechts schauen …« und »wenn wir schon dabei sind, nehmen wir gleich noch Stimmproben auf.«

Wer brauchte Stimmproben für einen neuen Ausweis? »Es geht um eure eigene Sicherheit«, unterstrichen sie. In ihrer Angst redeten sich die Leute gegenseitig die Dinge schön, auf der Suche nach einer Erklärung, die sie selbst erleichterte »Wenn sie nach den neuesten Methoden arbeiten, ist es doch logisch, dass sie solche Informationen benötigen.« Mithilfe all dieser Aktionen war der Staat bald dazu in der Lage, jeden Schritt jeder Person in Ostturkestan zu überwachen.

In diesen Monaten sorgte auch das Thema »Organhandel« in unserer Oblast wieder mal für Beklemmung. In der Großstadt Kuytun hatten Leute unter einer Brücke die Leichen zweier chinesischer Dungan-Kinder gefunden, denen man die Organe entnommen hatte. Die Videoaufnahmen, auf denen danach die Familienangehörigen vor den misshandelten kleinen Körpern weinten und schrien, hatten sich binnen kürzester Zeit in allen Foren verbreitet. Doch schon am nächsten Tag war dieser Film nirgendwo mehr zu finden. Zeitgleich hatten Passanten in Urumqi zwei Studentinnen, eine Kasachin und eine Uigurin, mit aufgeschnittenen Körpern gefunden, die die Täter achtlos hatten liegen lassen.

Wer waren wir für die KPCh? Das war eine Frage, die sich keiner laut zu stellen traute, weil niemand die Antwort darauf ausgehalten hätte. Mit unbewegter Miene verfolgte ich, wie die Arbeiter in allen staatlichen Gebäuden zahlreiche Kameras installierten, sogar am Eingang und in den Spielräumen unserer Kindergärten. Warum taten sie das?

Geschäfte und Schneidereien, die bislang legal traditionelle Kleidung verkauft oder hergestellt hatten, mussten schließen. Ihre Ware nahm die Polizei in Beschlag, die Besitzer zerrten sie vor Gericht und dann ins Gefängnis, die Arbeiter ins Lager.

Geheime Versammlung: Einrichtung von Berufsbildungszentren

Um 19 Uhr abends hatte ich meine Schuhe noch nicht ausgezogen, da klingelte das Telefon. »Du musst in zwei Stunden zu einer geheimen Sitzung in Zhaosu sein«, informierte mich ein Parteimitglied. Um was es ging, hatte er nicht gesagt. Sofort habe ich mir die Haare glatt gestrichen, bin ich ins Auto gesprungen und losgefahren. Gegen 21 Uhr traf ich dort vor dem Amtsgebäude des Kreispartei-Komitees mit 180 anderen muslimischen hochrangigen Beamten zusammen. In der Kälte reichten wir einander die Hände und stellten uns gegenseitig vor. »Und woher kommen Sie?«, erkundigte ich mich bei den Leuten um mich herum. Es war so frostig, dass der Nebel vor unseren Mündern stand. Allesamt waren wir Leiter von Krankenhäusern und Bildungseinrichtungen, die eilig aus den umliegenden Städten angereist waren. Keiner wusste, was uns erwartete.

Von der Jahreszeit ordne ich dieses Treffen rückblickend in den frühen November 2016 ein. Heute kann ich aber nicht mehr sagen, an welchem Tag das genau war. Früher war ich in der Lage, wochenlang mehrere Ausweisnummern und komplizierte Zahlenreihen auswendig herunterzubeten. Selbst wenn ich auf der Autobahn im Vorbeirasen eine Telefonnummer gesehen hätte, hätte mein Gedächtnis das abgespeichert. Aber heute? Nach den traumatischen Erfahrungen im Lager fallen die Erinnerungen manchmal durch mich hindurch wie durch ein Sieb. Mein Kopf ist so voll mit Müll, dass dort nichts mehr hineinpasst. Ich bin nicht in der Lage, geordnet zu erzählen. Immer wieder vergesse ich etwas, was mir später wieder in Erinnerung kommt, sodass ich mich scheinbar in Widersprüchen verstricke.

Am Eingang haben sie zuerst unsere Handys und Handtaschen eingesammelt, um uns dann in einen bestuhlten Saal zu lotsen. Dort auf dem Podium führten fünf oder sechs hochrangige Sicherheitsbeamte in verschiedenen Militäruniformen und andere wichtige Führungskader den Vorsitz. Das Hauptthema des Abends befasste sich mit der Frage: »Wie erreichen wir Stabilität in Xinjiang?« Die zweite Frage lautete: »Wie bekämpfen wir den religiösen Extremismus am effektivsten?«

Unter diesen Beamten befand sich auch eine sehr hässliche chinesische Frau namens Yang Tianhua, die uns in unverschämten Tonfall anging. Sie war Direktorin der Bildungsbehörde, mittelgroß, dunkler Zopf bis zur Hüfte. »In Zukunft werden wir allen Einheimischen ihre mit ideologischen Viren verseuchten und bösartigen Gedanken ausradieren!« Irritiert blickte ich mich um, aber alle starrten wie gebannt nach vorne.

Als hohe Funktionärin trug diese Referentin die übliche blaue kommunistische Einheitskleidung: Jackett, Bluse und Hose, das Parteiabzeichen aus Metall an der Brust, eine kleine rote Fahne sowie ein in Gold gekreuzter Hammer und Sichel. In den letzten Jahren hatte man auch uns Lehrer und Direktoren gezwungen, diese Kleidung nicht nur bei feierlichen Anlässen, sondern während der Arbeitszeit zu tragen.

Gegen Ende der Versammlung setzten die anderen Parteikader uns sachlich darüber in Kenntnis, wie sie muslimische Separatisten in Zukunft zu »de-radikalisieren« gedachten: »Um unser Ziel der Stabilität zu erreichen, werden wir Umerziehungslager errichten.« Es war, als müssten unsere Gehirne erst diese Ungeheuerlichkeit übersetzen, bevor sie zu uns durchdrang. Genaue Zahlen oder Angaben zur Größe der Lager haben sie nicht genannt, aber sie betonten: «Das wird im großen Umfang stattfinden.« Die Leute im Saal fingen an, wie auf glühenden Kohlen hin- und herzurutschen.

Das war das erste Mal, dass wir von der Einrichtung solcher Lager erfahren haben. Die Person, die diese Anweisung vorgelesen hat, hielt mehrere Dokumente in der Hand, trug aber nur wenige Punkte daraus vor. Es war unübersehbar, dass der Mann das meiste ausgelassen hatte. Auch die Fragen, die danach gestellt wurden, beantwortete er nicht vollständig. Da war etwas faul. Ein Raunen ging wie eine Welle durch die Reihen.

Immer wieder hoben Zuhörer ihre Arme, um sicherzugehen. »Wir verstehen nicht genau, um welche Einrichtung es sich da handelt? Was bedeutet ›Umerziehungslager‹?« Da hat ein hoher Militär die verstörten Gemüter besänftigt: »Habt keine Sorgen, das betrifft natürlich nicht angesehene Persönlichkeiten wie euch. Es geht nur um einfache Fördermaßnahmen, damit weniger gebildete Einheimische beruflich umschulen und dazulernen können. Es handelt sich um ganz normale Berufsbildungszentren.«

Bevor wir uns kurz vor Mitternacht erheben durften, haben die Parteioberen uns eingeimpft: »Diese Themen unterliegen der strengsten Geheimhaltung! Niemand darf über das heutige Treffen sprechen.« Bei allen zukünftigen Terminen sollten wir unsere Handys, Telefone oder Taschen unaufgefordert draußen am Eingang abgeben. »Es ist streng verboten, währenddessen Notizen, Videoaufnahmen, Tonaufzeichnungen oder Fotos zu machen.« Um zwei Uhr nachts war ich wieder zu Hause. Alles dunkel.

Keiner da, dem ich von diesen schrecklichen Dingen erzählen konnte.

Unangemeldete Kontrollbesuche

Danach haben noch viele weitere geheime Zusammenkünfte mit leitenden Beamten stattgefunden. Manchmal im Rathaus, manchmal in den zuständigen Ämtern. Einmal stand die »Ein-Kind-Politik« im Vordergrund. Alle Leiter der Kindergärten oder Schulen erhielten den Auftrag, herauszufinden, welche ihrer Mitarbeiter seit Einführung der Ein-Kind-Politik 1980 die Regeln gebrochen und mehr als zwei Kinder hatten. Allerdings waren solche Paare längst schon vorher bestraft worden, deshalb verstanden wir den Sinn dieser Aktion nicht, warum wir im Jahr 2016 noch einmal von vorne damit anfangen sollten.

Eine verrückte Maßnahme folgte der anderen. Das nächste Mal sollte ich als Direktorin dafür sorgen, dass jede Wohnung meiner hundert Angestellten kontrolliert werde. Während der Hausdurchsuchung füllte ich ein Formular mit mehreren Spalten über die Wohnungseinrichtung aus: »Gibt es religiöse Sachen wie einen Gebetsteppich oder ausländische Artikel aus Kasachstan oder der Türkei?« Danach ging ich mit einem Kollegen alle Bücher im Regal durch, um die einzelnen Titel zu erfassen. Selbstverständlich mussten solche Kontrollbesuche unangemeldet stattfinden. Alles, was aus dem Ausland stammte, war verdächtig, was wiederum ein Hinweis auf terroristische Aktivitäten war.

Es versetzte mir jedes Mal einen Stich, aber alles, was an unsere Kultur erinnerte, galt es zu bemängeln. Zum Beispiel Ornamente an der Wand oder Dekorationen wie bunte Troddeln oder Schmuckmesser mit vergoldeten Griffen. Ich habe mich bemüht, in möglichst vielen dieser Wohnungen dabei zu sein, um Schaden von meinen Landsleuten abzuwenden und möglichst wenige Artikel aufzulisten. »Es ist besser, wenn du bestimmte Sachen wegwirfst oder vernichtest, sonst könnten sie dir gefährlich werden«, wies ich sie hin. Wir drehten sogar die Teppiche an den Ecken um und wiesen auf die Herstellerangaben hin. »Am besten entfernst du alle Etiketten, dann sieht man nicht, dass sie aus dem Ausland kommen.«

Ich hatte keine Angst, dass mich meine einheimischen Kollegen für solche Vorwarnungen bei den Oberen hinhängten. Die meisten kannten mich schon seit vielen Jahren und haben mich für meinen fairen Umgang respektiert. Wer in meinen Kindergärten gute Arbeit leistete, wurde belohnt. Egal, ob Kasache oder Chinese. Jeder wusste, dass ich es nur gut mit ihnen meinte. Zudem waren wir Muslime hier noch mehrheitlich vertreten, Leiter sowie Angestellte waren gleichermaßen von denselben Maßnahmen betroffen.

Drehte ich mit einer der wenigen chinesischen Mitarbeiterinnen meine Runde, habe ich vorsichtshalber den einheimischen Kollegen zuvor Hinweise gegeben. In der Konsequenz fanden wir bei der nachfolgenden Hausdurchsuchung nur wenig zu beanstanden, wir haben brav unsere Fotos gemacht und gemeinsam die Formulare ausgefüllt.

Kontakt abgeschnitten

»Muslimische Terroristen wollen Xinjiang ins Chaos stürzen.« Das hörte man im Radio, im Fernsehen und von den hohen Parteifunktionären in der Arbeit. Das Chaos aber richteten nicht Terroristen, sondern Peking und die Parteikader selbst in unserer Heimat an.

Mehr und mehr fühlte sich unser Leben wie kurz vor einem gewaltigen Vulkanausbruch an. Plötzlich verschwanden immer mehr Menschen von den Straßen. In der Nachbarschaft fuhr die Polizei vor und verhaftete Freunde und Bekannte. Keiner kehrte wieder zurück. Bald sah man kaum noch junge Männer. Was ging da bloß vor sich?

Auf einmal rationierten die Behörden auch den Zucker, weil Zucker für den Bau einer Bombe genutzt werden könnte. Allerdings benutzten wir Kasachen ohnehin nur wenig Zucker, außer jemand backte einmal eine Torte, daher fiel uns das nicht sonderlich auf. Auffällig aber war, dass die Behörden plötzlich einmal im Monat einen Stromableser in jedes Haus schicken. Ein höherer Verbrauch galt den Beamten als sicheres Indiz: »In diesem Haus geht Merkwürdiges vor sich.« Hier traf jemand Vorbereitungen für terroristische Aktionen. Da half nur einkerkern.

In Schulen und Kindergärten rückten Arbeitskolonnen an, die die Mauern rundherum mit Stacheldraht sicherten. Dazu errichteten sie Wachtürme und unüberwindbare Zäune. Sie betrieben einen Aufwand wie in einem Hochsicherheitstrakt. Sogar unsere Türen versahen sie zusätzlich mit Stahlvorrichtungen. Und überall, an jeder Ecke, in Spielräumen oder Fluren, hatten uns Kameras im Visier.

Nachdenklich blickte ich aus meinem Fenster im Büro hinunter in den Hof. Bevor meine Kollegen mit dem Auto dort parkten, zückten sie ihre Ausweise und wiesen sich beim Wachpersonal aus. Jeden Tag dasselbe Spiel. Papiere vorzeigen und den Spruch aufsagen: »Ich bestätige, dass ich hier arbeite.« Allein dieses Prozedere hat fast eine halbe Stunde Zeit gekostet.

Die einzige Freude, die mir blieb, waren die Telefonate mit Wali und den Kindern. Fast jeden Abend kommunizierten wir über WeChat, ein chinesisches WhatsApp-Programm. »Die Kinder vermissen dich so sehr«, sagte Wali, »der Kleine weint dauernd nach dir und fragt, wann du endlich kommst.« »Gib mir beide Kinder mal ans Telefon«, verlangte ich und gelobte Wukilumu und Wulanai nacheinander, »bald habe ich meinen Reisepass, dann komme ich zu euch.« Dabei versuchte ich so selbstbewusst und gelassen wie möglich zu klingen.

Beim nächsten Telefonat teilte Wali mir mit, wie bitterkalt es in Astana sei. »Hier hat es minus 40 Grad. Die Kinder können es hier nicht länger aushalten, erstens wegen den eisigen Temperaturen und zweitens haben sie das Gefühl, zu weit weg von dir zu sein. Wir werden nach Almaty ziehen.« Das lag näher an der Grenze zu Ostturkestan, und das Klima war milder.

»Mama, wann kommst du endlich?« Im Hintergrund jammerten die Kinder. Wali beschwichtige sie, zu ihnen nach hinten gewandt: »Sobald wir in der Nähe der Grenze wohnen, kann eure Mutter in nur wenigen Stunden bei euch sein ...«, aber ich spürte, wie angespannt er dabei war. »Sayragul, bitte sag ihnen, dass das stimmt ...« Wukilumu und Wulanai lachten erleichtert auf, nachdem ich das bestätigt hatte. Dann nahm Wali das Handy, ging alleine hinüber ins andere Zimmer und sagte mit gedämpfter Stimme. »Bitte versuche, so schnell wie möglich deinen Reisepass zu bekommen und zu den Feiertagen im Januar zu uns zu kommen ...«»Ja«, antwortete ich, »das werde ich versuchen.«

Danach ist unser Kontakt abgebrochen. Alle Verbindungen zwischen Kasachstan und China über WeChat, Telefon oder Internet hatten die Behörden im November 2016 gekappt. Niemandem war es erlaubt, weiterhin über diese Kommunikationsmittel Kontakt ins Ausland zu haben.

Alle ab sofort verbotenen Apps mussten umgehend entfernt werden, sonst drohten drakonische Strafmaßnahmen. Kurz darauf zwang man uns, unsere Computer, Laptops und Handys zu den Sicherheitsbehörden zu schleppen, wo Beamte jedes Gerät auf seine Inhalte prüften. Lange starrte ich am Vorabend dieser Aktion auf mein Display: »Wir vermissen dich ...!«, um dann unsere letzten Textnachrichten zu löschen.

Tags darauf trug ich in einem Formular alle meine Kundennummern, jede Installation und jedes heruntergeladene Programm auf meinem Handy und Computer ein. Sie wollten aber auch alles andere wissen. »Wie viele Personen leben in Ihrem Haushalt? Wie viele Tiere halten Sie? Wie viele elektronische Geräte besitzen Sie?« Als ich den Zettel abgab, setzte mich der chinesische Beamte in Kenntnis: »Ab sofort können wir alle Handys, Telefone und Computer jederzeit einziehen und kontrollieren.« Mit einem schiefen Grinsen zeigte er mir, wie sehr er seine Macht genoss.

Erst im Westen habe ich darüber Kenntnis erhalten, dass sie uns bei solchen Gelegenheiten Spionageprogramme wie »Fengcai« (»Sammelnde Honigbienen«) auf die Handys installiert haben. Darin sammelten sie alle intimsten Daten, sauber sortiert in Kategorien wie Textnachrichten, Kontakte, Termine, Fotos ... und suchten nach Stichworten, die verdächtig waren, wie beispielsweise »Taiwan« oder »Islam«, was umgehend einen »Alarm« bei den Sicherheitsbehörden auslöste. Auch wer nach Xinjiang einreiste, dessen Handy wurde ab da unwissentlich auf solche Weise präpariert.

Auf dem Weg zur Arbeit fühlte ich, wie mir alle Farbe aus dem Gesicht wich, wenn ich einem Kontrolleur meine Papiere vorzeigte. Wer war ich heute für ihn? Spionin, Verräterin oder Kindergartendirektorin? Ab Januar 2017 nahm die Polizei verstärkt Leute fest, die Verwandte oder Freunde im Ausland hatten.

Zu diesem Kreis der »verdächtigen Elemente« gehörte auch ich, da mein Mann und meine Kindern in Kasachstan geblieben waren. Sollte ich als Ehefrau eines »Spions« verhaftet werden, würden die Beamten in meinem Handy die Telefonnummern meiner Mutter, Schwestern und Brüder finden und sie ebenfalls zur Verantwortung ziehen. Um meine Verwandten nicht unnötig in Gefahr zu bringen, mied ich seither möglichst jeden Kontakt zu ihnen. Ich wagte nicht mal mehr, meine Mutter anzurufen und zu fragen: »Wie geht es euch ...?«

Die Einsamkeit war in unsere Herzen geschlichen.

Politische Umerziehung

Nichts blieb, wie es war. Unser Leben stand Kopf. Nachdem sie die Pässe der Einheimischen eingesammelt hatten, änderten sie im selben Zuge alle muslimischen und religiös klingenden Namen und verpassten den Leuten irgendwelche einfachen, meist chinesischen Namen. Aus Hussein wurde plötzlich Wu.

Dem neuen Namen folgte ein neues Aussehen. Jeder muslimische Mann trug einen Bart; wer aber nicht verhaftet werden wollte, musste den Bart abrasieren. Ein 70 Jahre alter Nachbar weigerte sich, diesem Befehl nachzukommen. Eines Tages haben einige Parteigenossen dem alten Mann in seinem Haus die Hände auf den Rücken gebunden und ihm mit Gewalt seinen weißen Bart abgenommen. Während dieser Aktion hat der Alte laut geschrien: »Was macht ihr denn da? Ihr schneidet meinen Bart ab, aber er wird wieder nachwachsen.« Dafür haben sie ihn für sieben Jahre ins Lager verbannt.

Unser gesamtes Gesellschaftsleben war erloschen. Niemand wagte es mehr, mit anderen auf der Straße zusammenzukommen und sich zu unterhalten. Keiner feierte noch gern in der Gruppe in einem Restaurant oder traf sich in einem Café. Und wer dennoch den Mut besaß, traditionell in großer Gemeinschaft zu heiraten oder einen Verwandten zu bestatten, der musste vorher beim Amt seine Gästeliste einreichen und die Namen der Organisatoren aufführen. Und auf einmal waren allerorten Kameras, die Straßen voller Polizei und die Teehäuser fast leer.

Wer sich mit mehreren Freunden treffen wollte, fragte vorher die Polizei oder die zuständige Sicherheitsbehörden um Erlaubnis. Es dauerte Tage, bis man eine Antwort erhielt, in der meist Folgendes stand: »Die Veranstaltung muss bis um 21.30 Uhr beendet sein.« Wollte jemand im Restaurant einige Leute zum Essen einladen, musste er als Verantwortlicher seinen Namen angeben und sich später einem Verhör durch die Polizei unterziehen: »Wieso hast du das organisiert?«

Keiner wollte dafür noch länger den Kopf hinhalten. Nur zwei oder drei zufällig zusammengekommene Personen durften ungestraft im Restaurant miteinander essen. Wer hatte da noch Lust wegzugehen? Viele blieben zu Hause und hassten innerlich den Staat und seine Willkür. Die Polizeiautos fuhren 24 Stunden lang die Straßen auf und ab. Mit Blaulicht und Sirene. Ohne Pause. Niemand durfte noch das Wort erheben.

Unerwartet und zu jedem Zeitpunkt haben Uniformierte unsere Leute verschleppt. Einige haben sie in der Nacht aus dem Schlaf gerissen, andere hatten vorher eine Mitteilung erhalten, dass sie in den nächsten paar Tagen ins Umerziehungslager gebracht werden. Manche haben sich zu Hause erhängt, bevor sie abgeholt worden sind. Einige Kinder blieben unbeaufsichtigt zurück und wurden von der KPCh ins Waisenhaus gebracht. Andere starben auf der Straße.

Nach außen hin sprachen die Parteikader wie zuvor beschönigend von der Unterbringung in »Berufsbildungszentren«, in denen Einheimische »qualifiziert werden«, um einen »Schulabschluss zu machen«. Warum aber schleppte die Polizei einen Menschen nachts in Handschellen weg, nur weil sie ihn in eine Schule bringen wollten? Jeder hat gewusst, dass es sich um Orte handelte, an denen sie folterten und mordeten. »Du kannst nicht jedes Unkraut, das sich zwischen den Feldfrüchten versteckt, einzeln ausreißen«, spotteten manche chinesische Kontrolleure in gelber Kampfmontur. »Du musst Chemikalien versprühen, um alle zu vernichten.«

Im Grunde warteten wir alle in ständiger Angst nur noch darauf, dass Schwerbewaffnete die Haustür aufstießen: »Wann werde ich abgeholt?« Genau wie die anderen habe auch ich Vorbereitungen getroffen. Für den Fall der Festnahme stopfte ich ein Paar Schuhe, Nachthemd, Zahnbürste und frische Kleidung in einen Beutel, den ich an die Wand hinter die Tür gehängt habe, sodass ich ihn im Vorbeigehen mitnehmen konnte.

Wenn ich heute über dieses Leben nachdenke, kommt es mir so vor, als wäre damals in Ostturkestan ein neuer Weltkrieg ausgebrochen. Im Zweiten Weltkrieg hatten die Soldaten die Menschen wie Hunde abgeknallt, damit war deren Leben beendet. Die Art, im 21. Jahrhundert zu morden, war jedoch anders: Wir befanden uns in einem dauerhaften Zustand seelischer Folter. Das war ein besonderer Krieg, den die Regierung gegen ein ganzes Volk führte. Bis zum heutigen Tag töten sie uns langsam, Stück für Stück. Jeden Morgen stirbt ein Teil von dir. Innerhalb weniger Monate hatte sich unser Leben in eine Hölle verwandelt.

Die Welt schaut weg

Irgendwann in diesem Durcheinander war eine Delegation hochrangiger Beamter aus Xinjiang in Peking eingeladen. Bei diesem Treffen vereinbarten die Politiker, die Grenze von Ostturkestan ab 2020 nach allen Seiten hin abzuriegeln. Niemand durfte noch ausreisen und keiner mehr unbeaufsichtigt einreisen. Nur bestimmten Staatsdienern sollte dieses Recht vorbehalten bleiben.

Einer der Konferenzteilnehmer hatte diesen Beschluss ausgeplaudert. Auf diese Weise verbreitete sich wenig später die Nachricht im Internet, in nüchternem Tonfall auf Kasachisch: »Uns liegt die Information vor, dass ganz Xinjiang abgeriegelt wird.« Ich war wie vor den Kopf geschlagen. Da ich niemanden mehr für einen Gedankenaustausch hatte, sprach ich leise zu mir selbst: »Das ist ja wie in Nordkorea.«

Am nächsten Tag haben alle Einwohner diese Nachricht zum zweiten Mal erhalten, dieses Mal aber durchgestrichen mit einem roten gekreuzten »X«. Solche leuchtendrot markierten Meldungen verteilte die Partei, sobald verbotene Informationen durchgesickert waren. Versehen mit dem Warnhinweis: »Dieses Gerücht entspricht nicht der Wahrheit.«

Jeder war genötigt, das zu lesen und anschließend weiter zu verteilen. Auf diese Weise haben selbst die Leute davon erfahren, die vorher noch nichts davon mitbekommen hatten. Im Grunde hat die Partei dadurch erst solche »geheimen« Informationen öffentlich gemacht. Und jedem war klar: »Wenn die Regierung behauptet, dass das eine Lüge ist, dann muss es die Wahrheit sein.« Und wieder hat alle das nackte Entsetzen gepackt.

Bald darauf erhielten wir die nächste rot durchgestrichene Nachricht: Wir Kasachen sollten aufpassen, denn in Kasachstan existierte eine anti-chinesische Organisation mit Namen »Atajurt«. Jeder, der mit diesem Verein oder seinem Vorsitzenden auch nur entfernte Verbindungen unterhalte, werde sofort inhaftiert. Ab diesem Zeitpunkt waren alle Kasachen darüber informiert, dass es im Nachbarland eine Organisation gab, die anhand systematischer Befragungen von Entflohenen die Menschenrechtsverletzungen in unserer Heimat dokumentierte. »Wenigstens haben diese Leute uns nicht vergessen«, seufzte ich erleichtert auf.

Immer wieder aber zerbrach ich mir danach den Kopf über die erste Meldung. »Was passiert mit uns, wenn uns die Parteikader 2020 im eigenen Land eingesperrt haben?« Dann gäbe es keine Zeugen für die Verbrechen vor Ort mehr. Würden die Machthaber dann alle Minderheiten und Andersdenkenden vernichten? Die Vorstellung, so vollkommen alleingelassen und isoliert vom Rest der Welt zu sein, war lähmend. »Wer hat Peking bloß diese große Macht verliehen, damit sie uns unkontrolliert und ungestraft verhaften, quälen und meucheln dürfen? Gibt es keine anderen Länder, die sich einmischen und diese Greuel stoppen? Wieso gehen diese ständigen Verhaftungen jeden Tag so weiter? Wann hört das endlich auf? Warum sieht uns niemand auf dieser Welt? Wo bleiben die Proteste der internationalen Staatengemeinschaft?« Darüber habe ich in meiner Verzweiflung nachgedacht.

Wenn die Welt weiter den Blick abwendete, zermarterte ich mich, würden sie am Ende Millionen Menschen, ja, ein ganzes Volk in einem Genozid mit einem einzigen Handstreich auslöschen.

Und dann ist meine Haustür aufgesprungen ...

KAPITEL 5

ABSOLUTE KONTROLLE: VERHÖRE UND VERGEWALTIGUNG

Januar 2017: Erstes Verhör

Bevor ich gegen 20 Uhr nach Hause gefahren war, hatte ich noch alle Kindergärten kontrolliert. Gerade wollte ich mir in der Küche etwas zum Essen zubereiten, als ich Lärm an der Haustür und das Trampeln näherkommender Schritte hörte. Im nächsten Augenblick versperrten mir drei schwerbewaffnete chinesische Polizisten den Fluchtweg.

Für einen Moment drehte sich alles um mich, meine Gedanken rasten. »Jetzt sperren sie dich ins Lager …!«, war ich überzeugt. »Los!,« befahl mir einer der Männer. »Wohin gehen wir?« Meine Stimme so dünn wie ein Faden vorm Zerreißen. »Brauchst du nicht zu wissen. Komm mit!«

In einer Hand hielt ich noch mein Handy, das mir ein Polizist im nächsten Moment weggerissen und an einen anderen weitergereicht hat. Mir blieb keine Zeit, um mich umzuziehen; noch immer trug ich meine blaue Parteikleidung aus der Arbeit. Ich durfte auch keine Jacke drüberziehen oder meinen Beutel an der Haustür mitnehmen, den ich für den Notfall gepackt hatte. Plötzlich war alles dunkel. Von hinten hatten sie mir einen schwarzen Sack über den Kopf gestülpt.

Draußen schubsten sie mich auf die Rückbank in ihr Auto, und im nächsten Moment war ich zwischen zwei Bewaffneten eingeklemmt. Der Dritte saß am Steuer. Eiseskälte drang in mein Herz. »Werde ich nun für immer eingesperrt? Sehe ich meine Kinder nie wieder? Was wollen sie von mir? Was habe ich falsch gemacht?« Ich schätze, dass die Fahrt etwa eine Stunde lang gedauert hat.

Als sie mir den Sack wieder vom Kopf zogen, befand ich mich in einem kleinen Verhörraum. Wo war ich? Vielleicht in einem Gebäude des Geheimdienstes? Ich hatte keine Ahnung. In der

Mitte befand sich eine Trennwand aus Glas, auf der anderen Seite hatten zwei chinesische Polizisten Platz genommen. Ein Mann und eine Frau. Er stellte die Fragen, sie notierte alles mit. Vor mir stand ein Tisch mit einem Mikrofon, an dem ein Knopf befestigt war.

Die Fragen trommelten nur so auf mich ein. »Wieso sind deine Kinder und dein Mann nach Kasachstan ausgereist? Wo wohnen sie? Was machen sie dort?« Wenn ich bei der Antwort nur eine Sekunde überlegt habe, fuhr mich die Frau sofort an: »Wieso antwortest du nicht? Was für bösartige Hintergedanken hast du im Kopf? Bist du ein Feind? Rede!« Dauernd solche Vorwürfe. Im kläffenden Befehlston. »Zu welchem Zweck sind deine Familienangehörigen dorthin gereist?« Bedachtsam setzte ich die Worte in der Sorge, dass schon ein falscher Satz wie eine Tretmine zur Explosion führen konnte: »Eigentlich wollten sie nur nach Kasachstan reisen, wir haben dort sehr viele Verwandte. Aber dann hat meinen Kindern die Umgebung sehr gut gefallen und sie haben sich entschieden, zu bleiben und dort die Schule zu besuchen.«

Als sie merkten, dass ich standhaft bei denselben Antworten blieb, haben sie andere Wege gesucht, um mir etwas anzulasten. »Bist du etwa gegen das chinesische Erziehungssystem eingestellt? Gefällt dir irgendwas hier nicht? Hast du deshalb deine Kinder nach Kasachstan in die Schule geschickt?« »Nein, nein, ich bin nicht dagegen«, wehrte ich mich und fühlte mich wie ein zappelnder Fisch am Haken. Auf keinen Fall wollte ich ihnen einen Grund liefern, um gegen mich Anklage zu erheben.

Immer wieder prüften beide auf meinem Handy, mit wem ich wann Kontakt gehabt hatte. »Was macht dein Mann in Kasachstan? Hat er Verbindungen zu irgendwelchen politischen Organisationen dort? Für welche Feinde Chinas arbeitet er?« Diese Fragen formulierte der Mann vor mir ständig um. »Er ist mit der Absicht nach Kasachstan gegangen, um dort bei solchen separatistischen Organisationen zu arbeiten. Das ist richtig, nicht wahr? Du kannst uns nichts vormachen. Wir wissen alles, wir haben überall unsere Leute, auch in Kasachstan ...« Wahrheitsgemäß gab ich zurück: »Ich weiß es nicht!« Langsam aber kochte in mir die Wut über so viel Anmaßung hoch. »Wenn ihr aber sowieso alles wisst und so viele Möglichkeiten habt, dann könnt ihr es doch auch alleine herausfinden ...«

Am Ende haben sie mir die ausdrückliche Anweisung gegeben, dass ich Wali und die Kinder wieder zurückholen müsse. »Dein Mann ist seit 2007 Parteimitglied, er ist ein Verräter, du solltest dich von ihm scheiden lassen«, legten sie mir nahe. »Er muss unbedingt zurückkommen und alle seine Papiere abgeben.« Danach dürfte meine Familie nie wieder ausreisen.

Das Verhör hat vier Stunden gedauert, dann haben sie mir wieder den Sack über den Kopf gezogen und mich zurück ins Auto geschoben. Auf der Rückfahrt hat mein Nebenmann mich angeknurrt: »Du wirst niemandem von diesem Verhör erzählen. Verstanden?!« »Ja«, hörte ich mich antworten. Um ein Uhr nachts haben sie mich endlich zu Hause abgesetzt.

Mein Atem ging im Hausflur so schnell, als hätte ich einen Marathon hinter mir. Den Kopf voller Widerwillen. Obwohl ich seit Jahren jeden Tag von früh bis spät für die Partei und diesen Staat schuftete und buckelte, obwohl ich alle meine Aufgaben stets anständig ausgeführt hatte, obwohl ich mir nie etwas zu Schulden hatte kommen lassen, behandelten mich meine Parteigenossen wie ein Stück Dreck. Wieso tun sie das? Was hatte das alles noch für einen Sinn? Ich schleuderte meine Jacke zu Boden.

»Es wird noch viel Übleres auf mich zukommen ...«, war ich mir gewiss. Sobald ich spürte, wie sich der flammende Zorn in meinem Herzen in einen alles zerstörenden Hass verwandelte, zog ich das Foto meines Vaters heraus und setzte mich damit auf mein Bett, um ihm mein ganzes Leid anzuvertrauen und seinen Ratschlägen zu lauschen. »Verliere nie den Glauben an die Zukunft. Hauptsache, du lebst noch. Du wirst schon sehen, es kommen wieder bessere Zeiten. Halte durch!« Entweder ich gab auf und starb oder ich kämpfte und überlebte vielleicht. Ab da habe ich nachts nur noch in voller Montur geschlafen.

Bis zum Ende des Jahres haben sie mich noch sieben bis acht Mal abgeholt. Jeden Morgen, wenn ich zu Hause in meinem Bett aufwachte, dankte ich Gott, dass ich noch am Leben war.

Ein Jahr Psychoterror

Im März 2017 ernannte die KPCh den »von der Geschichte Auserwählten« Xi Jinping zum Herrscher auf Lebzeiten. Damit hatten sie ihn auf einen Thron gehoben, auf dem zuletzt Mao mit blutverschmierten Händen gesessen war. Niemand war so mächtig im Land wie dieser Präsident. Während der 63-Jährige in der Propaganda die Rolle des gütigen, opferbereiten, aber strengen Vaters verkörperte, übernahm die Partei den fürsorglichen Teil der Mutter. »Keine Gnade« aber galt weiter für alle einheimischen Bürger in China.

Immer liefen die nächtlichen Vernehmungen nach einem ähnlichen Muster ab. Plötzlich umstellten mich Polizeibeamte im Bad, im Hausflur, im Wohnzimmer, am Bett. Schon hatte ich den Sack über meinem Kopf. Nur die Gesichter der Polizisten und die Verhörräume wechselten jedes Mal.

Manchmal nahm mich auch nur eine Person in die Mangel. Wenn sie aber zu zweit waren, stand einer in der Regel neben mir und hat mich beobachtet, während der andere seine Fragen stellte. Diese Männer waren unheimlich und furchterregend. Mein Mund war trocken, mein Herz raste, flach und schnell. Es machte ihnen Freude, mich zittern zu sehen. Bei einem dieser Verhöre haben sie mich geschlagen. Auf den Kopf und ins Gesicht. Mit aller Kraft. Nicht nur einmal. Nein, ich habe ihnen meinen Schmerz nicht gezeigt, aber die Tränen liefen irgendwann wie von selbst. Jedes Mal bin ich unter dem Tisch wieder hervorgekrochen, habe mich aufgerichtet und wieder Platz genommen.

»Stehst du noch in Kontakt mit deinen Familienangehörigen in Kasachstan?« oder »Hast du ihnen endlich gesagt, dass sie zurückkommen sollen?!« »Wie soll ich das tun? Es ist uns doch verboten, mit ihnen Kontakt aufzunehmen …« Ich habe mich fast nur noch getraut zu flüstern, weil sie mich die ganze Zeit so laut angebrüllt haben. Und sie haben erneut ausgeholt und zugehauen, bis meine Wangen geschwollen waren. Immer wieder habe ich heulend zurückgegeben: »Woher soll ich wissen, was sie gerade tun?« Schon lag ich unterm Tisch. »Du holst sie sofort wieder zurück!«

Das nächste Mal haben sie mir bittere Vorhaltungen gemacht. »Wusstest du, dass dein Mann und deine Kinder die kasachische Staatsangehörigkeit erhalten haben?« Ich war ehrlich überrascht. »Nein, das ist mir neu …« Und obwohl ich so große Angst hatte, habe ich mich in diesem Moment insgeheim gefreut. »Wenigstens meine Liebsten sind gerettet«, dachte ich mir, » jetzt können ihnen die Parteikader nichts mehr antun.« Gleich darauf haben diese Ordnungswächter mich wieder getadelt. »Sei doch mal ehrlich, du hast doch davon gewusst?«

Wahrscheinlich sind sie davon ausgegangen, dass mich diese ständigen Befragungen zerreiben würden, wie ein Mahlstein das Korn. Und dass ich, sobald ich nach Hause zurückgekehrt war, irgendwelche Wege finden würde, um Wali zu verständigen und ihn zu beknien: »Komm endlich zurück! Ich halte diesen Terror sonst nicht länger aus!« Später haben sie Gefangene wie mich während der Vernehmung gezwungen, ihre Verwandten im Ausland anzurufen, um sie mit Lügengeschichten nach Ostturkestan zu locken, wie: »Komm schnell nach Hause, deine Mutter ist schwer krank.«

In China ist es üblich, einen Menschen zu erpressen, indem man seine Verwandten als Druckmittel benutzt. Auf diese Weise bedrohten sie Studenten, Pensionäre oder Angehörige, die vielleicht schon seit Jahrzehnten im Ausland lebten: »Wenn du nicht umgehend zurückkehrst und dich hier ordnungsgemäß abmeldest, landen deine Eltern oder Geschwister in der Heimat hinter Gittern.« Wer aber daraufhin zurückkehrte, um von seinen Verwandten Schaden abzuwehren, dem legten sie selbst Handschellen an. Ich hatte verstanden, dass ich als Geisel für meine Familie in Xinjiang zurückgeblieben war.

Bei allen Anhörungen haben sie mir ähnliche Fragen gestellt. Offenbar hatten sie herausgefunden, wo und wie mein Mann und die Kinder lebten. »Du weißt darüber genau Bescheid, aber du lügst! Willst du uns etwa als Idioten hinstellen? Wieso sagst du uns nicht die Wahrheit?« Einige Stunden später setzte mich der Polizeiwagen vor meiner Haustür ab. Bevor ich ausstieg, gaben sie mir mein Handy zurück.

Als ich das Handy in der Wohnung einschaltete, bemerkte ich, dass meine Mutter 70 Mal hintereinander angerufen hatte. »Warum meldest du dich nicht? Wo bist du? Ich mache mir solche Sorgen! Bitte rufe mich an!« Diese Anrufe waren alle während des letzten Verhörs eingegangen. Mutter hatte bis Mitternacht gewartet, damit ich mich endlich zurückmeldete.

»Wo warst du denn so lange? Ich habe so oft angerufen, aber du hast nicht geantwortet. Ist etwas passiert?« Sie sprach mit so kummervoller Stimme, dass mir mein Herz davon mehr wehtat als mein geprügelter Körper. Ich hatte niemandem etwas über diese nächtlichen Verhöre verraten. Aber trotzdem hatte Mutter gespürt, dass etwas nicht stimmte. »Was ist passiert, mein Kind?« Ich versuchte, ihr die Traurigkeit zu nehmen, und sagte sanft. »Alles ist in Ordnung. Ich habe nur heute Nacht wieder Dienst im Kindergarten gehabt. Und ich hatte mein Handy zu Hause vergessen. Tut mir leid, dass es so spät geworden ist, aber ich bin gerade erst heimgekommen ...« Ihre Stimme klang anders als früher, als sei etwas zerbrochen in ihr. »Geh schlafen, mein Kind. Erhole dich! Du brauchst deine Ruhe.«

Juni 2017: Geheime Versammlungen

Die höchsten Ämter in Ostturkestan waren mit Chinesen besetzt, die uns mit ständig neuen Verboten überfluteten. Unter der Last dieser Verordnungen wurden wir wie in einer Schlammlawine mit Wucht zu Boden gepresst, eingezwängt und erdrückt, bis wir, verzweifelt nach Luft schnappend, keinen Finger mehr selbstständig zu rühren vermochten.

Kerzengerade saß ich zwischen den anderen mir bekannten Leitern der Bildungsanstalten aus Aksu im Saal und lauschte dem Unerträglichen. Niemand durfte religiöse Inhalte wie Koransprüche via Handy mitteilen. Tibet und Taiwan waren ab sofort Tabu-Themen. »Offizielle Dokumente gebt ihr nur noch persönlich an die zuständige Stelle weiter, nicht mehr über Computer oder Telefon«, hieß es zuletzt. So fiel es ihnen leichter, lästige Spuren zu verwischen. »Erwischen wir in Zukunft eure Mitarbeiter bei den zuvor aufgezählten Handlungen, werden wir euch dafür zur Verantwortung ziehen«, jagten sie uns Angst ein. Mitarbeiter, die sich fehlerhaft verhielten, seien sofort nach oben zu melden. Ein unmissverständlicher Aufruf zur Denunziation. Wie meine anderen Kollegen in leitender Position habe ich niemanden angeschwärzt, aber sie heimlich gewarnt: »Vorsicht! Rede nicht mehr über Tibet, sonst bekommen wir alle große Probleme.«

Immer wieder kramten die Parteikader auch lang zurückliegende Ereignisse heraus, um Landesverräter unter uns aufzuspüren. Zwischen 1988 und 2000 hatten wir eine kurze Welle religiöser Freiheit erlebt, in der viele Moscheen errichtet worden waren. Zahlreiche Einwohner hatten dafür Geld oder ein Schmuckstück gespendet, selbst beim Bau mitangepackt oder ein Lamm für die Arbeiter gestiftet.

»Ihr werdet herausfinden, wer damals an solchen Hilfsaktionen beteiligt war.« 17 Jahre danach verdonnerten sie uns also dazu, über hundert Mitarbeiter zu diesem Thema zu befragen. Die Arbeitsanleitung der Partei hierzu in drei Schritten, grob zusammengefasst. Erstens: »Freundlich nachfragen.« Zweitens: »Beharrt das Gegenüber auf seiner Unschuld, zwingen Sie ihn, über einen anderen Kollegen Informationen preiszugeben.« Drittens: »Rückt der Befragte nicht freiwillig mit der Sprache heraus, täuschen Sie vor, dass amtliche Beweise gegen ihn vorliegen.«

Abends beim Zubereiten meiner Mahlzeit am Küchentisch murmelte ich erregt vor mich hin: »Wie überflüssig! Wie unnötig!« Ich merkte zu spät, dass ich Paprika und Kartoffeln vor Wut fast zu Brei zerhackt hatte. Den Sinn all dieser Aktionen habe ich erst später verstanden. Fleißig wie Honigbienen sammelten sie Gründe, um uns Einheimische in die Straflager zu sperren. Keiner landete nämlich grundlos hinter Betonmauern, die jeden Hilfeschrei erstickten. Nur waren die Gründe dafür genauso beliebig wie irrwitzig. Bald galt uns Muslimen gegenüber keine Unschulds-, sondern eine automatische Schuldvermutung.

Auf die Ellbogen gestützt, das Kinn auf den Händen, zog ich an meinem Schreibtisch im Büro blitzschnell Bilanz. »Meine ältesten Mitarbeiter sind sicher alle an diesen Spendenaktionen beteiligt gewesen. Wie soll ich sie warnen, ohne dass die chinesischen Kollegen davon Wind bekommen?« Als ich aus dem Fenster einen Lkw mit einer großen Lieferung medizinischer Geräte in den Hof rollen sah, hatte ich die rettende Idee; im nächsten Augenblick war ich auf der Treppe nach unten und suchte die betroffenen Leute zusammen.

»Ihr müsst mit anpacken, die Waren vom Laster abzuladen!« Untereinander hatten wir für Notfälle bereits einen Sprachcode entwickelt, damit die chinesischen Kollegen nicht gleich merkten, um was es ging. Wollte man jemand warnen, hieß es: »Ab morgen wird das Wetter kälter.« Gelegentlich haben wir auch heimlich Zettel ausgetauscht und uns darin verknappt oder verschlüsselt ausgedrückt.

»Das gehört in den Keller!«, leitete ich meine Lehrer an, da ich wusste, dass in diesem Raum noch keine Kameras installiert waren. Während wir Waagen, Sehtests und Messgeräte auspackten und in die Regale räumten, habe ich meine Kollegen hastig über den Sachverhalt informiert. »Ich werde den Behörden mitteilen, dass keiner von euch damals an Spendenaktionen beteiligt war.« Falls ihnen die chinesischen Beamten aber trotzdem danach vorgaukelten: »Deine Leiterin hat uns deinen Namen genannt«, sollten sie das bloß nicht glauben. Bittend faltete ich die Hände zusammen. »Legt kein Geständnis ab, sonst sind wir danach alle weg, für immer.«

Drei Tage später habe ich, wie alle anderen Leiter, eine leere Namensliste bei den zuständigen Bildungsbehörden abgegeben.

Am nächsten Morgens erhielten wir alle eine Verwarnung und die nochmalige Aufforderung, unsere Mitarbeiter zu überprüfen. Wieder kamen wir mit unseren leeren Listen zurück. Flugs haben sie uns zur nächsten Versammlung einbestellt. »Ihr seid alle Lügner!«, beschimpfte uns ein Vorgesetzter. »Wir wissen genau, wer damals den Bau der Moscheen unterstützt hat. Die Imame haben uns ihre Spendenlisten überreicht. Ihr bekommt noch eine letzte Chance, diese Leute selbst zu benennen!« Die Faust schwingend, schickten sie uns hinterher: »Lügt ihr noch einmal, werdet ihr verhaftet.« Diesmal gaben sie uns nur einen Tag Zeit dafür.

An diesem Abend saß ich lange am Küchentisch und habe gegrübelt. Meine älteren Mitarbeiter kannte ich seit vielen Jahren, einige waren gute Freunde. »Wenn ich sie denunziere und ihre Namen auf die Liste setze, um mich selbst zu retten, was bleibt dann von mir als Mensch noch übrig?« Am nächsten Morgen habe ich die Liste leer abgegeben.

Erneut haben sie alle Leiter einberufen und mit ihren Zetteln wild vor unseren Nasen herumgefuchtelt. »Eine Kommission stellt ab morgen Nachforschungen an. Wehe dem, der lügt ...«

Am nächsten Vormittag bildete sich eine lange Schlange vor dem Büro der Bildungsbehörde, in die ich mich hinter den anderen Direktoren einreihte. Jeder hielt seine Liste in der Hand. Als ich bemerkt habe, dass manche tatsächlich einige Namen darauf aufgeführt hatten, raunte ich diesen Leuten zu: »Wieso machst du das?« Sie verteidigten sich leise zischend: »Hast du nicht gehört? Sie kennen die Namen sowieso. Wenn wir das verneinen, landen wir selbst im Gefängnis.« Im Flüsterton, aber trotzdem scharf habe ich dagegen gehalten: »Was für eine Spendenliste soll das denn sein?! Vor 17 Jahren gab es noch keine detaillierten Aufzeichnungen mit Computer. Handgeschriebene Listen haben die

Imame bestimmt längst verschwinden lassen. Und die Geistlichen, die damals für diese Spendensammlung zuständig waren, sind entweder längst tot oder weggezogen. Das ist nur eine leere Drohung!«

Tatsächlich schlug die Stimmung unter den Wartenden um, sie besprachen sich untereinander. »Wahrscheinlich hat sie recht ...« und »Was sind wir für Idioten!« Sofort sind sie zurück zu ihren Schulen gegangen und haben neue Listen angefertigt. Ohne Namen. Falls aber tatsächlich eine Kommission bei uns auftauchen sollte, wollten wir alle mit der gleichen Stimme sprechen: »Wir sind unschuldig. Wenn Sie Beweise haben, legen Sie uns diese bitte vor.« Am Ende stellte sich heraus, dass es nie eine solche Spenderliste gegeben hatte. Festgenommen haben sie die Menschen trotzdem.

Allein innerhalb einer Woche sind laut Angaben der »China Cables« 15 683 Menschen in Ostturkestan interniert worden.

Schlimmer als im Irrenhaus

»Alle Maßnahmen gelten für den Fall, dass wir von Terroristen angegriffen werden«, hatten unsere Vorgesetzten uns erklärt. Manchmal mussten meine Mitarbeiter und ich tagelang in der Schule übernachten, da wir jederzeit erreichbar sein sollten. Die ganze Nacht hindurch waren chinesische Kontrolleure in ihren gelben Kampfmonturen wie ein wild gewordener Schwarm Wespen unterwegs, um unsere Arbeitsplätze zu überprüfen. Tauchte einer von diesen Uniformierten im Büro auf und fand den entsprechenden Ansprechpartner nicht vor, war das ein Grund, ihn wegen »Arbeitsverweigerung« abzuführen. Dieser Stress war unbeschreiblich.

Ein Drittel meiner Lehrer war dazu verpflichtet, Wache im Gebäude zu halten. Ein anderes Drittel musste eine mit Stöcken bewaffnete Schutztruppe bilden und im Dunkeln ums Gebäude laufen. Das nächste Drittel war im Kameraraum beschäftigt, um 24 Stunden lang die Videoaufnahmen der ganzen Umgebung zu sichten. Außer den Kollegen mit den Stöcken haben sie aber auf diesen Bildern niemanden gesehen. Alle zwei bis drei Tage wechselten solche Dienste.

Als Direktorin war es meine Aufgabe, alle Abläufe im Blick zu behalten. Gelegentlich gestatteten uns die Parteikader, ein paar Stunden zu schlafen. Für diesen Zweck hatten wir einen Wachraum mit etwa fünf Liegen eingerichtet. Manche meiner zum Wachdienst abberufenen Lehrer waren derart ausgelaugt, dass sie im Stehen eingenickt sind. Plötzlich aber fielen diese »Gelbjacken« über sie her, schrien sie an: »Was tust du da? Du hast Dienst! Bringt ihn ins Lager!«

Verspürte einer meiner Kollegen zwischendrin ein dringendes menschliches Bedürfnis, suchten vielleicht genau in diesem Moment die Kontrolleure nach ihm: »Wo ist er? Wieso sitzt er während seinem Wachdienst auf der Toilette? Er widersetzt sich dem Staat!« Sofort haben sie ihn an zwei Seiten gepackt und als Aufständischen ins Lager weggeschleppt. Das ist verrückt, oder?

Mein Hauptbüro befand sich im größten Kindergarten, die anderen vier Gebäude waren kleiner und lagen ungefähr drei bis vier Kilometer voneinander entfernt. Bis Mittag war ich in der Zentrale mit bürokratischen Angelegenheiten und Papieren beschäftigt, danach bin ich im Auto von einem Kindergarten zum anderen gefahren, um dort nach dem Rechten zu sehen.

Als Direktorin war ich für alle zuständig und musste stets verfügbar sein. Sollte sich beispielsweise ein Kind versehentlich verletzen oder ein Mitarbeiter einen Fehler machen, würde man mich dafür zur Verantwortung ziehen und einsperren. Aus diesem Grund war ich unablässig in Bewegung. Die ganze Nacht hindurch. In Hetze hinterm Steuer. Von einem Gebäude zum nächsten. Es war, als drehte ich eine Runde nach der anderen im Kreisverkehr, ohne jemals mein Ziel zu erreichen.

Einige meiner Lehrer standen ab sieben Uhr morgens vorm Eingang des Kindergartens stramm wie die Wachsoldaten am Palast der englischen Königin, mit Schutzhelm und ihren Holzprügeln vor der Brust, während die Kleinen hineinströmten. Andere Kollegen hielten derweil auf der Straße, die Schlagstöcke in der Hand schwenkend, Autos oder Mopeds an. »Wohin fährst du? Was hast du vor? Drehe wieder um!«

Kaum waren alle Kinder im Gebäude, stürzten unsere Wachen hinterher, um so schnell wie möglich ihre Montur abzulegen und pünktlich wieder in der Gestalt als Lehrer zum Unterricht zu erscheinen. Sobald es zur Pause klingelte, rannten sie wieder los, um Helm und Stock zu greifen und im Pausenhof Wache zu schieben. Und bald haben meine Mitarbeiter nicht mehr gewusst, ob sie Lehrer oder Soldat waren. Ob uns da noch Zeit für den Unterricht blieb? Wir waren alle so furchtbar durcheinander.

In so einem System kam man nur mit einem Tunnelblick durch, stets streng kontrolliert und bedacht auf die Kontrolle anderer, ob sie sich konform benahmen. Die Schlaflosigkeit rieb uns auf Dauer auf. Viele sind krank geworden. Wir hatten nicht mal die Möglichkeit, in Ruhe zu essen. Meine Lehrer bestellten Fastfood und gingen kauend mit einer Tüte Pommes zum Wachdienst. Doch auch das war ein Grund zur Festnahme. »Es ist uns scheißegal, ob du Pause hast, ob du krank oder müde bist. Wenn wir da sind, habt ihr eure Aufgaben zu erledigen«, stauchten die Kontrolleure ihre Opfer zusammen. Dieses Leben war schlimmer als in einem Irrenhaus.

Hatten mir meine Vorgesetzten eine Pause eingeräumt, bin ich für zwei bis drei Stunden nach Hause gerannt, habe geduscht, mich frisch angezogen und bin wieder zurückgerast. Die KPCh hatte uns zu willigen Befehlsausführern gemacht. Wir haben aufgenommen, was sie angeordnet haben. Wenn sie sagten: »Das ist falsch«, dann haben wir das so akzeptiert, selbst wenn der Befehl am nächsten Tag wieder als veraltet galt. Wir standen unter totaler Kontrolle, waren völlig manipuliert und nicht mehr in der Lage, eigene Gedanken zu entwickeln. Wir waren wie Marionetten.

Wie ich das auf Dauer durchgehalten habe? Erstens bin ich vom Charakter ein Typ, den so schnell nichts umwirft. Zweitens hatte ich trotz dieser aussichtslosen Lage immer die Hoffnung, vielleicht eines Tages meinen Reisepass zurückbekommen und wieder zu meinen Kindern und meinem Mann fahren zu dürfen.

Der letzte Baustein: Kontrolle über den Körper

Wer angenommen hatte, es ginge nicht noch schlimmer, hatte sich getäuscht. Im Oktober 2017 verordneten die Behörden ein Programm namens »Familie werden« für Kasachen und Chinesen, damit unsereins die chinesische Kultur besser kennenlernte. Zu dem Zweck mussten wir Einheimischen einmal im Monat für acht Tage in einer chinesischen Familie leben oder die Chinesen bei uns. Letztere hatten das Vorrecht, darüber zu entscheiden, wie es ihnen lieber war.

Für jeden chinesischen Haushalt bestimmte das zuständige Amt einen Moslem aus unserem Ort. Nach außen hin verpackten sie das, wie üblich, in ihren süßlich-klebrigen Parteijargon, in dem alles nur aus Fürsorge und zu unserem Schutz geschah. »Wie ein Familienangehöriger dürft ihr gemeinsam Frühstück, Mittag- und Abendessen miteinander einnehmen.«

Gegessen werden musste, was auf den Tisch kam. Egal, ob der Chinese seinem muslimischen Gast Schwein auf den Teller schaufelte oder nicht. Jede gemeinsame Aktivität hatte der Gastgeber auf seinem Handy mit einem Foto zu belegen und den zuständigen Stellen zu schicken. »Aha, sie haben zusammen zu Abend gegessen«, befanden die Beamten bei der anschließenden Prüfung und setzten ihre Häkchen auf ihren Listen.

Waren meine Lehrer zum Wachdienst eingeteilt, hatten sie die Pflicht, das rechtzeitig bei jener Behörde zu melden: »Leider kann ich heute nicht meinen ›Familien‹-Dienst wahrnehmen. Ich werde diesen Tag aber später nachholen.« Hauptsache, man leistete in einem Monat seine acht Tage ab. Wie das ablief? In der Mittagspause begab man sich in den Haushalt der chinesischen Familie, kochte dort und machte sich danach zurück auf den Weg zur Arbeit. Abends erledigte man die Hausarbeit in der chinesischen Familie und übernachtete dort. War es Samstag oder Sonntag, verbrachte man mit ihnen die Freizeit. Für uns Muslime bedeutete das, für diese Fremden alle möglichen Dienstleistungen zu erbringen. Schweinestall ausmisten, Putzen oder Altenpflege. Und abends mussten wir uns zu den Hausherren ins Bett legen.

Im nächsten Monat verschickten die Behörden uns in die nächste chinesische Familie, oder ein anderer Chinese stand vor unserer Haustür. Können Sie sich vorstellen, was das für junge Mädchen, Ehefrauen oder alleinstehende Mütter wie mich bedeutete? Jederzeit durfte der Hausherr über unsere Körper verfügen wie über den seiner eigenen Ehefrau. Das war der letzte Baustein in ihrem schrecklichen Plan. Uns Kasachen die Kontrolle über unseren eigenen Körper zu nehmen. Unser ganzes Volk massenhaft zu vergewaltigen.

Sperrte sich eine Frau oder ein Mädchen dagegen, war der chinesische Gastgeber verpflichtet, sich bei der zuständigen Behörde zu beschweren: »Sie erfüllt ihre Aufgaben nicht!« Dann holte die Polizei das Mädchen ab, um ihr im Lager Gehorsam beizubringen.

Nachts am Küchentisch sprach ich leise mit meinem Vater: »Wenn ich noch mehr arbeite, mich unentbehrlich mache, dann können sie mich nicht acht Tage lang zu einem Chinesen schicken, dann komme ich davon ...Vater, was meinst du?« Aber ich hörte seine Antwort nicht, nur die Sirene des Polizeiwagens, die draußen heulte und mich kurz in blaues Licht eintauchte.

Eine »Freundschafts«-Kampagne«, die Hass sät

Nach außen hin strebte die Partei mit dieser Kampagne freundschaftliche Beziehungen zu den Einheimischen an. In Wirklichkeit säte sie den Hass zwischen uns. Jeder Einheimische im Ort lebte in einem Zustand der Panik. Jeden Tag, jede Minute, jede Sekunde Angst. Die in den chinesischen Familien aufgenommenen Beweisfotos waren eigentlich nur für bestimmte Behörden vorgesehen. Keine Ahnung, auf welchen Weg diese Bilder und Filme ins Ausland gelangt sind. Die Leute teilten diese Informationen und gaben sie weiter.

Darum findet man heute im Internet zahlreiche solcher Aufnahmen von Chinesen mit unseren einheimischen Frauen im Arm. Manche liegen nebeneinander im Bett, die Decke verhüllt nur notdürftig die nackten Körper. Entdeckten kasachische Verwandte solche Fotos, hat manche Frau danach aus Scham ihrem Leben ein Ende gesetzt.

Ich selbst habe solche Fotos erst in Kasachstan zu Gesicht bekommen. Videoaufnahmen in chinesischen Familien zeigen beispielsweise, wie zwei chinesische Männer sich mit Schnaps betrinken und einer Großmutter lachend das Kopftuch herunterziehen. Wie sie einen weißbärtigen muslimischen Greis ständig das Glas nachfüllen und ihn zwingen: »Trink!«. Einmal sieht man ein 14 oder 15 Jahre altes Mädchen. Am Ende war sie völlig betrunken und musste für Chinesen tanzen. Auf dem Sofa sieht man ihren Vater und ihre Mutter sitzen und reglos dabei zusehen, wie einer dieser Männer ihre Tochter abküsst. Diese Filme nutzen Behörden als Beweis, dass ein Chinese seine Aufgabe in der muslimischen Familie ordnungsgemäß erfüllt hat.

Das Altai-Gebiet in unserer Nordwest-Provinz war für seine aufständische Bevölkerung bekannt. Zwei Fälle aus diesem Bezirk haben sich bis nach Aksu herumgesprochen. In einer Schule hatten 400 muslimische Schüler verweigert, Schweinefleisch zu essen, woraufhin alle Kinder verhaftet wurden. Im anderen Fall ist ein Chinese für acht Tage bei einer muslimischen Familie eingezogen, in der auch ein Großvater und seine 16 Jahre alte Enkelin gelebt haben.

Nach einer Weile wollte dieser Chinese mit dem Mädchen schlafen. Da hat der Großvater zu ihm gesagt: »Du hast das Recht als Gast dazu, aber vorher will ich dir draußen noch unser bestes Pferd vorführen...« Wie alle Kasachen verstand auch dieser alte Herr sehr gut zu reiten. Er schwang sich auf den Rücken seines Pferdes, warf blitzschnell seinen Strick wie ein Lasso um den Hals des Chinesen und trat seinem Pferd die Waden in die Flanken. Dann ist er losgaloppiert und hat den Mann hinter sich her im Sand zu Tode geschleift. Zur Strafe ist nicht nur der

Alte, sondern seine ganze Familie ins Straflager abtransportiert worden.

Und dann war ich selbst zum ersten Mal von dieser »Freundschafts«-Kampagne betroffen.

»Lass uns eine Lösung finden ...«

Lange starrte ich an meinem Arbeitstisch auf die Anschrift eines Chinesen, der mir als wohlhabender und alleinstehender Geschäftsmann in Aksu bekannt war. Wie sollte ich diesen Tag überstehen? Als Muslimin allein in einem Haus mit einem Mann, dessen Absichten ich nicht kannte? Unsere Ehre und unser Stolz waren uns heilig. Es war das Letzte, was uns in unserem Innersten aufrechterhalten hat.

Abends, auf dem Weg dorthin, ein elendes Gefühl im Magen, ging ich mehrmals in Gedanken durch, wie ich mich retten und am klügsten dabei vorgehen könnte. Ich war so tief konzentriert, dass ich gar nicht bemerkte, wie meine Füße in den Wohnblock einbogen, mich die Treppen zum zweiten Stock hochtrugen und mein Finger die Klingel drückten. Erschrocken wich ich einen Schritt zurück, als sich die Tür öffnete.

»Oh! Sie sind es!?«, sagte der Chinese erstaunt. Er war ein großer Mann, etwa 38 Jahre alt. Natürlich kannte er mich auch, da ich in Aksu eine bekannte Persönlichkeit war und öfter auf großen Veranstaltungen moderiert hatte. Offenbar wusste er nicht, welche Kasachin das Amt ihm heute zugeteilt hatte, und nahm mich höflich in Empfang.

Zuerst bat er mich in seine Küche, wo wir gemeinsam Tee getrunken haben, so wie es die Vorschriften verlangten, die er zuvor schriftlich erhalten hatte. Meine Wangen so heiß, als hätte ich sie zu nah ans Feuer gehalten. Ich musste mehrmals tief Luft holen, um dann in einem Zuge ganz unverstellt meine Gefühle vor ihm auszubreiten: »Du kennst uns Kasachen und unsere Kultur und du kennst unser heutiges Leben.« Seine forschenden Augen ruhten auf mir, während ich um meine Ehre kämpfte. »Ich bin Moslem, und du bist Chinese. Uns beide hat man in diese Situation hineingezwungen. Du weißt, was das für eine unmoralische Situation für eine kasachische Frau wie mich ist.« Er nickte mit dem Kopf und bestätigte: »Ja, zur Zeit brauchen wir in Xinjiang diese neue Politik, um Stabilität zu erlangen, aber ich verstehe, was du meinst.«

Danach hat er mich in seinem großen Vier- oder Fünfzimmer-Apartment ins Wohnzimmer gebeten, wo wir uns gegenübersetzten. Wieder beobachtete ich ihn mit ängstlichem Interesse wie ein in die Enge getriebenes Tier und sammelte Kraft, um mich aus dieser bedrückenden Lage zu befreien. »Lass uns beide eine Lösung finden, um hier unbeschadet herauszukommen …«

Die Kampagne verpflichtete den chinesischen Teilnehmer, täglich in einem Formular einzutragen, welche Pflichten der muslimische Gast erfüllt hatte. Dieser Zettel mit den leeren Spalten »Gemeinsames Frühstück, gemeinsames Mittagessen …« lag vor uns auf dem Tisch. Mehrmals tippte ich mit dem Zeigefinger darauf. »Bitte zeige Verständnis und bestätige mir das alles.« Hektisch strich ich meine Hose über den Oberschenkeln glatt, um ihm gleichzeitig schnellstens meine momentane Lebenssituation zu beschreiben, als bekäme ich keine Luft mehr, wenn ich die Worte nicht sofort herausließe: »Ich bin eine alleinlebende Ehefrau und Mutter, Direktorin …« Ungeduldig unterbrach er mich: »Gut, gut, ich kenne dich. Ich weiß, wer du bist …«

Mit einer steifen Bewegung zog ich meinen Geldbeutel aus meiner Handtasche hervor. »Wie viel soll ich dir zahlen?« Sein schmales Lächeln zeigte mir, dass ich keinen Fehler gemacht hatte. »Wenn du mir täglich 20 Yuan gibst, ist das in Ordnung«, kam er mir entgegen. Das war keine große Summe, davon konnte man zweimal im Restaurant essen gehen. Wortlos rollte er die Scheine zusammen und lauschte meinem weiteren Angebot. »Ich werde dir jeden Tag diese Summe bezahlen. Gegen Mitternacht möchte ich dafür heimlich dein Haus verlassen und zu mir nach Hause gehen. Ich nehme den Hinterausgang, niemand wird mich sehen. Morgen früh komme ich noch vor Sonnenaufgang zu dir zurück.«

»Einverstanden«, sagte er mit ungerührtem Gesichtsausdruck. Für einen Augenblick sank ich in den Sessel zurück und schöpfte tief erleichtert Atem. Meine Dankbarkeit zeigte ich, indem ich sofort angefangen habe, die anderen Anforderungen dieser Kampagne nacheinander zu erfüllen. Seine Schmutzwäsche in die Maschine stopfen, seine Hemden bügeln, den Flur wischen …

Am Ende saßen wir wieder zusammen am gedeckten Tisch. »Du brauchst nur das zu essen, was du willst …«, offerierte er mir und zückte sein Handy, »dann lass uns schnell noch ein Beweisfoto machen.« Er ging um den Tisch herum: »Okay, nun spieß mal das Schweinefleisch auf und gib vor, als ob du es isst …« Ich hob die Gabel zum Mund und hielt inne, bis er genug Bilder gemacht hatte. Ebenso hatte er jeden meiner anderen Arbeitsschritte zuvor dokumentiert und sogleich an die Behörden geschickt.

Dieser Chinese war einer von denen, die in diesem System nur das angenommen haben, was sie selbst für gut befanden. Den Rest akzeptierten sie, solange es ihnen selbst nicht schadete und sie ihr Geld verdienten. Viele seiner Landsleute machten sich zu stillen Komplizen des Systems, weil sie sich an dem propagierten »chinesischen Traum« und der Vorstellung berauschten, bald mit zur Führungselite auf der Welt zu gehören.

Nach etwa sieben Stunden bin ich mitten in der Nacht leise wie eine Katze die Treppe hinuntergeschlichen. Draußen waren überall Wachleute und Kameras. Jeden Schritt setzte ich mit Bedacht, danach noch einen. Immer wieder habe ich angstvolle Blicke über die Schulter geworfen und bin durch kleine Gassen sowie Seitenwege im Schlingerkurs zurückgelaufen. Jeder Schatten schien eine Gefahr zu sein. Hatte sich da jemand geräuspert? Mit stockendem Atem presste ich mich an einen Baum. Es folgte eine lange, bange Stille. Normalerweise betrug der Weg etwa einen Kilometer, aber wegen der vielen Umwege war ich mindestens dreimal so lang unterwegs, bis ich die letzten Schritte, wie vom Teufel gejagt, in mein Haus stürmte, die Tür hinter mir zudrückte und mich schwer atmend dagegen lehnte.

Ohne Licht anzumachen, tappte ich auf Zehenspitzen in mein Bett. Schlafen war unmöglich, weil mein Herz so laut geschlagen hat. Noch im Dunkeln hetzte ich frühmorgens auf denselben Umwege zurück zu seinem Wohnblock. Obwohl mich niemand geschlagen oder schlecht behandelt hatte, bedeuteten diese acht Tage eine furchtbare Qual für mich. Jeden Abend habe ich diesem chinesischen Geschäftsmann 20 Yuan auf den Tisch geblättert, bis ich endlich gehen durfte.

Mit dieser Kampagne haben Partei und Regierung unsere jungen Mädchen zerstört. Wem sollten sie sich in ihrem Schmerz anvertrauen? Wer den Missbrauch offen anprangerte, landete im Lager. Außerdem verbot es unsere Kultur, über Vergewaltigung zu reden. Damit hatten sie die Ehre unserer Mädchen und Frauen in den Schmutz gezerrt, ohne dass wir selbst Schuld auf uns geladen hatten.

Manche meiner jungen Mitarbeiterinnen in den Kindergärten haben mich heftig schluchzend und mit bebenden Körpern umhalst, bis der Kragen meiner Parteiuniform von ihren Tränen durchtränkt war. Ich suchte nach Worten, um sie zu trösten, aber alles klang in meinen eigenen Ohren wie Hohn. So blieben wir stumm, die Köpfe gegenseitig an die Schultern der anderen gelehnt, bis die Augen rot waren.

Bislang hatten wir jede Grausamkeit geschluckt. Nicht mehr unsere Sprache sprechen zu dürfen, nicht mehr unsere Traditionen auszuüben und nicht mehr zu sein, wer wir eigentlich waren. Doch diese Erniedrigung übertraf alles. Sie drangen mit Gewalt in unser Innerstes ein, wollten uns bezwingen, unsere Psyche brechen. Ach, wie soll man eine Situation beschreiben, die unbeschreiblich ist?

Niemand da draußen wollte noch mit irgendjemandem reden. In den Familien war das Vertrauen zerstört, weil die Partei jeden dazu aufgerufen hatte, jeden zu denunzieren. Nur durch Verrat war es noch möglich, das eigene Leben zu retten oder die eigene Position zu stärken. Extra für diesen Zweck hatten sie eine Hotline eingerichtet, die rund um die Uhr besetzt war. Diese Nummer verteilte ich, wie angewiesen, an jeden Mitarbeiter. Sie prangte auch am Eingang des Kindergartens über einem nagelneuen Briefkasten, der es den Leuten gestattete, auch anonym Verdächtiges zu melden.

Gründe, um jemanden anzuschwärzen, gab es genügend. Mancher Chinese war eifersüchtig, weil ein Kasache aufgrund seiner besseren Ausbildung und Leistungsfähigkeit eine höhere Position bekleidete als er selbst. Nun hatte die Partei solchen Leuten ein wirksames Instrument zur Verfügung gegeben, um die unliebsame Konkurrenz mit einer einzigen Beschwerde loszuwerden, zum Beispiel: »Der einheimische Leiter schadet der freundschaftlichen Beziehung zwischen Kasachen und Chinesen. Er unterdrückt uns Chinesen und bevorzugt seine eigenen Landsleute.« Schon haftete an den Papieren des Beschuldigten der Stempel »gefährlicher Nationalist«, der im Lager geläutert werden musste.

In der Arbeit blieben uns Direktoren keine Spielräume mehr. Jeder Auftrag musste strikt bis zu einer bestimmten Uhrzeit abgearbeitet und den Vorgesetzten bis dahin als erledigt gemeldet werden. Unter Kollegen durften keine privaten Informationen mehr ausgetauscht werden. Kein Mitgefühl wie »Du bist so bleich, kann ich dir helfen?«, stattdessen Forderungen wie »Hast du endlich alle Aufgaben durchgeführt?«

Langsam, aber sicher verwandelten sich die Menschen in ganz Aksu in psychisch Gestörte. Zwar habe ich in meinem Umfeld niemanden erlebt, der den Verstand verloren hätte oder wirklich ausgerastet wäre, aber ich habe auch niemanden gesehen, der sich noch wie ein normaler Mensch verhalten hätte. Viele Geschäftsleute hatten zum Beispiel die Lust verloren, ihren Laden weiterhin zu betreiben. Die Menschen versanken in Apathie, alles blieb liegen, das Leben erlahmte. Jeder fragte sich: »Wozu soll ich noch Geld verdienen, wenn ich morgen ins Lager geschickt werde?«

Im nächsten Monat wurden die Regeln der »Familien«-Kampagne verschärft. Die Behörden hatten Wind davon bekommen, dass viele Kasachen Bestechungsgelder bezahlten, um den Übernachtungen in den fremden Betten zu entrinnen. Um das letzte Schlupfloch zu schließen, riefen Kontrolleure mitten in der Nacht in der chinesischen Familie an und bestellten den kasachischen Gast ans Telefon. Außerdem musste jeder sein Handy immer bei sich haben, damit die Beamten einen überall orten konnten. Zudem standen Uniformierte mitten in der Nacht vor der Haustür der chinesischen Familie. Und welche Kasachin dann nicht im fremden Bett lag, der zogen sie einen schwarzen Sack über den Kopf.

Ich hatte Glück, von diesen verschärften Regeln im Oktober 2017 nicht mehr betroffen zu sein. Kurz darauf musste ich selbst ins Lager.

Heimlicher Besuch in der Nacht

Zufällig schnappte ich unter Bekannten einige Gesprächsfetzen auf. »Stell dir vor, im Nachbardorf hat ein altes Ehepaar eine Genehmigung erhalten, zu einer Beerdigung nach Kasachstan zu reisen!« Diese Nachricht traf mich wie ein Blitz. Offiziell durften Einheimische nur noch die Grenze übertreten, wenn sie einen Angehörigen fanden, der mit seinem Leben für ihre Rückkehr bürgte. Inoffiziell war die Ausreise verboten. Augenblicklich aber entdeckte ich eine Chance, Wali über jenes Paar eine Nachricht zukommen zu lassen.

Nur wie sollte ich diese Unbekannten überzeugen? Und wie dorthin gelangen, ohne dass mich jemand dabei ertappte? Zwei Tage vor Abreise dieses Ehepaars mietete ich heimlich ein Auto, das ich weit abseits von meinem Haus parkte. Niemand durfte mich erkennen. Nachts zog ich aus Walis Kleiderschrank eine Hose und ein Jackett, verbarg meine langen Haare unter seinem Hut und sprang verkleidet als Mann ins Auto. Sicher war das lebensgefährlich, aber mein Leben war sowieso dauernd in großer Gefahr.

Am Dorfrand habe ich die Schweinwerfer ausgemacht und den Wagen nahe einer Baumgruppe abgestellt. Das letzte Stück bin ich zu Fuß gelaufen, im Dunkeln, abseits der Straße. In den Häusern brannten keine Lichter mehr. Auf Zehenspitzen stahl ich mich wie ein Räuber in den Hof und klopfte bei diesem Ehepaar an. Zwei schlaftrunkene Alte öffneten verängstigt die Tür.

»Es ist wichtig, bitte«, zischte ich in Wortfetzen zwischen heftigen Atemstößen hervor. Mit den Händen vorm Mund blickten sie sich nach beiden Seiten um, bevor sie mich eilig hereingewunken haben. Ohne Luft zu holen, habe ich heruntergerattert: »Mein Mann lebt mit unseren beiden Kindern in Kasachstan. Seit Langem habe ich keinen Kontakt mehr zu ihnen«, wobei ich ihnen meinen Brief wie eine Bettlerin entgegenstreckte. »Könnt ihr ihm das bitte geben?«

Die beiden Alten beäugten den Umschlag, als handelte es sich um eine Giftschlange. »Nein, das ist zu gefährlich!«, verweigerten sie die Annahme mit heiserer Stimme. Wenigstens aber konnte ich die beiden überreden, einen Zettel mit Walis Telefonnummer einzustecken. »Bitte, ruft ihn in Kasachstan an und fragt nach, wo er lebt und wie es den Kindern geht.« Dieses Gespräch hat höchstens fünf Minuten gedauert, dann war ich wieder im Dunkeln abgetaucht.

Eine oder zwei Wochen später holte eine fremde Kasachin am Abend zwei Kinder aus dem Kindergarten ab. Sie wartete draußen im Garten auf mich, bis alle Eltern mit ihren Zöglingen fort waren, bevor sie mich ansprach: »Frau Direktorin, ich möchte mit Ihnen über diese beiden Kinder reden.« Dann beugte sie sich nah zu mir und stellte sich leise als Schwiegertochter des älteren Ehepaars vor, das nach Kasachstan gereist war. »Meine Verwandten durften nicht zurück in die Heimat einreisen«, zischte sie. An der Grenze hatten die Parteikader Probleme mit deren Papieren vorgeschoben.

Ich antwortete laut: »Diese Kinder sind sehr fleißig!« Sie lächelte und meinte: »Ich weiß,« fügte dabei leise hinzu: »Dein Mann hat in einem Nachbardorf bei Almaty ein Haus gekauft. Deine Kinder besuchen dort die Schule, ihnen geht es gut.«

»Sie sollen weiter so gut Chinesisch lernen«, betonte ich mit kräftiger Stimme. Eifrig nickend, hat sie mir bei der Gelegenheit schnell noch die neue Anschrift meines Mannes mitgeteilt.

Endlich hatte ich in Erfahrung gebracht, wo Wali lebte. Jetzt musste ich nur noch einen Weg finden, zu ihm nach Kasachstan zu gelangen. »Vielleicht bin ich in ein paar Tagen schon fort?«, dachte ich mir. Dabei hatte ich gar keine Chance, zu entkommen, denn meine Verfolger hatten längst ihre Fänge nach mir ausgestreckt ...

Linke Seite:
Wukilumu kümmert sich im Oktober 2010 im Haus der Großeltern um ihren jüngeren Bruder (o.). Sayragul Sauytbay bei der Büroarbeit als Lehrerin an der Schule, die ihr Vater einst für die kasachischen Kinder aufgebaut hatte (u.).

Rechte Seite:
Sayraguls Tochter Wukilumu besitzt wie ihre ganze Familie eine große künstlerische Begabung, das beweist sie im Juli 2014 bei einem Tanz auf dem Berg in der Heimat ihrer Mutter (o. li.); Mutter und Tochter besuchen am Kindertag 2010 einen der traditionellen heiligen Plätze der Kasachen (o. re.). Tochter und Sohn im Juli 2014 in der Heimatstadt auf dem Hügel (re.).

Sayragul Sauytbay auf dem College, Mai 2007.

Sayragul Sauytbay war eine hervorragende und ehrgeizige Schülerin mit besten Noten. Bei einem akademischen Wettbewerb auf Landesebene im autonomen Bezirk Ili gewann sie im Mai 2004 den ersten Preis.

In ihrer Heimat machte sich Sayragul Sauytbay als Moderatorin und Leiterin großer Veranstaltungen bald einen Namen. Im März 2006 singt sie auf dem Naurus-Fest in der Gemeinde Aksu. Da in den kasachischen Bräuchen mit ihrer Naturverbundenheit, ihren Glaubensvorstellungen und sozialen Bindungen die Geschichte des ganzen Volkes lebt, erlaubt die chinesische Regierung zehn Jahre später nur noch die Präsentation der eigenen chinesischen Kultur.

Während der Ausrichtung des Festivals in der Aksu-Schule im Juni 2011 tritt Sayragul Sauytbay als Sängerin auf (o.).

Tage ohne Angst: Im Januar 2002 spielt sie im Hof ihrer Eltern im Schnee (li.).

Sayraguls Mutter und eine Schwester bringen Wukilumu zur Ahayaz-Schule, um am 1. Juni 2007 am »Kindertag« der Schule teilzunehmen (re.).

Linke Seite:
Drei außergewöhnliche Personen, die im Rahmen ihrer Menschenrechtsarbeit ihr Leben für andere riskieren: Der Menschenrechtsaktivist Serikzhan Bilashuly, die Anwältin Aiman Umarova und die Kronzeugin Sayragul Sauytbay nehmen im März 2019 an einer Veranstaltung von »Atajurt« in Almati teil (o.). Wulanai mit seinem Mathematiklehrer (li.).

Rechte Seite:
Gefangene in einem Lager, in dem Folter und Gehirnwäsche herrschen; uigurische sowie kasachische Menschenrechtler sprechen von »faschistischen Konzentrationslagern der Kommunistischen Partei Chinas« (o.). Sayragul Sauytbay vor dem kasachischen Stadtgericht in Scharkent (Mi.) und mit ihrem Sohn Wulanai (u.).

Auf einer Veranstaltung von »Atajurt«: Verzweifelte Kasachen, die ihre Angehörigen im streng von der Außenwelt abgeschirmten Nachbarland Xinjiang vermissen, heben anklagend und voller Hoffnung auf Nachricht die Fotos ihrer Liebsten in die Höhe.

Während der Gerichtsprozesse in Kasachstan finden die größten friedlichen Proteste statt, die es in diesem autokratischen Staat je gegeben hat. Überall sieht man auf den Straßen Menschen, die ihre Stimme für die kasachische Kronzeugin erheben und T-Shirts mit dem in drei Sprachen aufgedruckten Schriftzug »Free Sayragul« tragen.

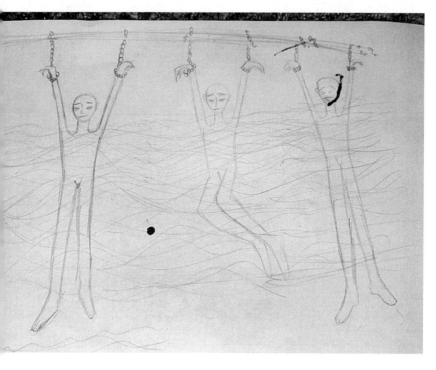

Nach Zeugenaussagen fertigte Sayragul Sauytbay eine Skizze an, auf welche Weise Menschen in unterirdischen Wassergefängnissen gefoltert werden. Angekettet an den Händen, sollen sie wochenlang mit den Körpern im schmutzigen Wasser hängen.

Sayragul Sauytbay mit Melania Trump und US-Außenminister Michael R. Pompeo bei der Verleihung des International Women of Courage Award am 4. März 2020 (o.) und mit ihrer Familie (li.).

Rechte Seite:
Sayragul Sauytbay und Alexandra Cavelius nach den letzten Interviews in Schweden.

KAPITEL 6

DAS LAGER: ÜBERLEBEN IN DER HÖLLE

Ende 2017: Ankunft im Lager

Ende November 2017 ließ mich spätabends das Klingeln des Telefons hochfahren. Wer war das? Misstrauisch führte ich den Hörer ans Ohr. »Nimm dir sofort ein Taxi und fahre ins Stadtzentrum von Zhaosu« informierte mich eine Männerstimme, »dort holt dich jemand ab.« »Wieso soll ich dorthin fahren?«, horchte ich beunruhigt nach. »Wer sind Sie?« »Stell keine Fragen!« Aber die Worte drängten über meine Lippen. »Wozu soll ich um diese Uhrzeit irgendwohin gehen?« »Du sollst keine Fragen stellen. Du wirst zur Umschulung gebracht.« »Was für eine Umschulung?« »Du brauchst dir keine Sorgen zu machen, du wirst morgen in einer anderen Stadt an einem Seminar teilnehmen.«

Ob das stimmte? Wieso sollte ich mitten in der Nacht zur Umschulung aufbrechen? Vielleicht aber machte ich mich auch umsonst verrückt, und es fand wieder ein wichtiges geheimes Treffen statt? Ungefähr eine Stunde lang war ich bis zur angegebenen Anschrift unterwegs, den Beutel mit meiner Zahnbürste und meinen notdürftigsten Utensilien auf dem Schoß. »Wir sind am Ziel«, sagte der Taxifahrer und hielt mitten an einer großen Straße. Es war Mitternacht. Wie telefonisch vereinbart, habe ich unter einer Straßenlaterne mein Handy herausgezogen, die zuvor diktierte Telefonnummer eingetippt und per SMS gemeldet: »Ich bin angekommen.«

Furchtsam ließ ich mein Handy sinken und duckte mich zusammen. Es war zu spät, um wegzulaufen. Wohin auch? Sie würden mich überall finden. Da sah ich schon die Lichter eines Polizeiwagens auftauchen. Die Türen sprangen auf, und vier Polizisten mit Maschinenpistolen sind ausgestiegen. In der nächsten Sekunde haben sie mich am Ärmel gepackt, mir einen Sack über den Kopf gestülpt und mich hinten auf die Rückbank geschoben. Und obwohl ich das schon öfter erlebt hatte, war ich mir dieses Mal gewiss: »Jetzt komme ich endgültig ins Lager. Mein Leben ist vorbei.«

Als ich dahinten saß, zwischen diesen Bewaffneten, den Stoff im Gesicht, habe ich angefangen zu weinen. Für eine Weile hatte ich mich nicht mehr in der Gewalt, mein Körper verkrampfte sich, die Tränen liefen, ich schluchzte und schluchzte. Der Polizist neben mir hat mir mehrmals sein Gewehr in die Seite gerammt und mich angeschnauzt: »Hör endlich auf! Wieso heulst du? Du sollst stillhalten! Wenn du nicht aufhörst, werden wir dir gleich einen richtigen Grund liefern, um zu heulen! Dann halten wir mal kurz am Wegrand an.« Da erstarrte ich, denn ich wusste, dass sie mit einer Frau machen durften, was sie wollten.

Die Fahrt hat ungefähr zwei Stunden gedauert, bis wir am Ziel eingetroffen sind. Auf einmal fuhr der Wagen sehr langsam und hielt an. Ich sah nichts, hörte aber, wie sich das Fenster vorne öffnete. »Wir haben den Auftrag, jemanden abzuliefern«, gab der Fahrer Bescheid. Dann haben sie das Auto abgestellt, mich herausgezogen und seitlich an beiden Oberarmen weitergezerrt.

Schwere Türen wurden entriegelt, öffneten sich und gingen hinter uns wieder zu. Die Schritte klangen dumpfer, das heißt, wir mussten in einem Gebäude sein. Meine Knie fühlten sich weich an, meine Beine trugen mich kaum noch. Zwei- oder dreimal stoppten wir unterwegs, während einer der Uniformierten wiederholte: »Wir haben den Auftrag, sie abzuliefern.« Panisch versuchte ich, das Geschehen einzuordnen. »Das sind Kontrollposten und das, was mich hier erwartet, ist schlimmer als ein Gefängnis.« Ich presste meine Kiefer zusammen, damit meine Zähne nicht klapperten.

Nachdem wir in ein Zimmer eingetreten waren, befreite mich jemand von dem Sack über meinem Kopf. Ich blinzelte kurz, so unerwartet blendete mich das grelle Licht. Langsam stellten sich meine Augen auf die Helligkeit ein, und ich erkannte hinter einem Schreibtisch einen chinesischen Militär, auf dessen Schulterklappen einige Abzeichen prangten. Ein Koloss von einem Kerl, Ende vierzig, mittelgroß, mit einem breiten, grimmigen Froschgesicht und einer Brille auf der Nase. Auf dem Kopf trug er eine Schirmkappe mit Militärabzeichen, an den Füßen hohe geschnürten Lederstiefel. »Vielleicht ein Oberst, der zu irgendeiner Spezialeinheit gehört«, mutmaßte ich, aber das Stechen in meiner Brust hielt mich vom Denken ab.

Es war schätzungsweise drei Uhr morgens, als ich ihm gegenüber Platz nehmen sollte. Zwischen uns der schwere Tisch und sein Computer. Ohne Begrüßung verdeutlichte mir dieser Mann in scharfem, abgehacktem Militär-Jargon: »Du befindest dich in einem Umerziehungslager und wirst hier als Ausbilderin arbeiten ...«

In meinem Kopf drehte sich alles wie in einem Strudel. Keine Gefangene? Als Lehrerin? Warum ausgerechnet ich? Was bedeutete das? War das meine Rettung oder mein Untergang? »Ab sofort wirst du den anderen Inhaftierten Chinesisch-Unterricht geben«, ordnete dieser Militär an und betrachtete mich wie ein Kater eine Maus. »Und du wirst dich nicht weigern, auch noch andere Aufgaben zu übernehmen.«

Mit einem Ruck schob er ein Dokument auf mich zu. »Nur, damit das klar ist: Du wirst niemals irgendjemandem erzählen, was du hier gesehen und gehört hast. Unterschreib das!« Dabei ließ er mir nur gerade so viel Zeit, dass ich den Anfang der drei oder vier Seiten überfliegen konnte.

Untereinander aufgelistet meine neuen Arbeitsregeln. »Dieser Vertrag unterliegt der strengsten Geheimhaltung«, »Es ist verboten, mit den Gefangenen zu sprechen«, »Es ist verboten, zu lachen, zu weinen und Fragen unaufgefordert zu beantworten«. Es fiel mir schwer, den Stift anzusetzen, denn da stand Schwarz auf Weiß, wer irgendeinen Fehler machte und eine Regel missachtete, den erwartete die Todesstrafe. Mein Herz sank immer tiefer. »Unterschreib das!«, fauchte er mich an. Da mir keine andere Wahl blieb, setzte ich meine Unterschrift unter mein Todesurteil. Meine Hand zitterte so, als habe sich alle Angst darin versammelt.

»Übergib ihr die Kleidung«, befahl der Koloss einem Untergebenen. Als ich zu diesem Wachsoldaten hinsah, blieb mein Blick kurz an der Wand haften. Statt Bildern hingen dort Schilder mit den zwölf Leitsätzen Xi Jinpings, die in keinem Büro eines leitenden Angestellten fehlen durften und die ebenfalls in meinem Kindergarten vorhanden waren.

Darauf standen Sätze wie: »Jeder muss Chinesisch reden … jeder muss sich wie ein Chinese kleiden … alle müssen wie Chinesen denken, egal ob Uigure oder Kasache … was man auch tut, es muss China dienen … kein Einheimischer darf Kontakt zum Ausland haben …« Inhaltlich in einem Satz zusammengefasst: »Alles, was noch anders ist, wird Chinesisch gemacht.« Eigentlich sollte es sich um väterliche Ratschläge handeln, aber formuliert waren sie wie Befehle.

Mit einer militärischen Tarnuniform im Arm folgte ich dem Wachmann in den Flur. Später habe ich diesen Offizier noch ein paar Mal gesehen, wenn neue Gefangene ins Lager kamen. Wahrscheinlich war er einer der Chefs und für Sonderaufgaben zuständig. Sein Büro sollte ich in Zukunft gelegentlich noch betreten, um dort Formulare über den Gesundheitszustand einiger Gefangener abzugeben.

Die erste Nacht

Im Schockzustand treibt das Adrenalin einige Regionen in unserem Gehirn zu Höchstleistungen an. Alles, was ich ab sofort wahrnahm, prägte ich mir genauestens ein, denn ich war mir sicher, dass ich eines Tages der Welt darüber berichten würde. An diesem Gedanken hielt ich mich von Anfang an fest wie an einem rettenden Anker.

Vor mir, leicht links, befand sich eine kleine Halle. Darin stand ein gläsernes Wachhäuschen. An diese Halle schloss sich linker Hand ein etwa 25 Meter langer Flur an, zu dessen beiden Seiten sich je zwölf Zellen der Gefangenen befanden. Später bemerkte ich, dass Frauen und Männer getrennt auf beiden Seiten untergebracht waren.

Jede Zellentür dort war nicht nur dreifach abgeriegelt, sondern zusätzlich mit einem Eisenriegel gesichert. Davor schoben im Wechsel je zwei Wachleute Dienst. 24 Stunden lang. Was für ein gigantischer Aufwand! Sie fürchteten nichts mehr als einen Ausbruch, mit dem die Wahrheit über diesen Horror ans Licht dringen könnte.

Ich wendete den Blick ab, da mein Weg nach rechts in entgegengesetzter Richtung führte, in einen etwa ebenso langen Flur. Wie drüben waren auch hier auf beiden Seiten Kameras angebracht. Alle zwei Meter. Kein Winkel blieb unbeobachtet. Kein Fenster weit und breit. In dieser Hälfte der Etage befand sich der Verwaltungsbereich mit sechs hintereinanderliegenden Büros.

Nach wenigen Metern hielten wir vor der vierten Tür, die anders als die Außentüren der Gefangenen in der Mitte keine Klappe besaß, durch die man Essen hindurchreichen konnte. Im Gegensatz zu den Inhaftierten ging es mir als Ausbilderin gut.

Auf dem nackten, etwa sechs Quadratmeter großen Betonboden lag eine ausgerollte Plastikmatratze, dünn wie zwei aufeinandergelegte Tüten, dazu ein dünnes Kissen und eine dünne Decke aus Plastik. In jeder Ecke eine Kamera. »Schlaf jetzt!«, lautete der Befehl, bevor die vergitterte Stahltür hinter mir zufiel und sich der Schlüssel im Schloss umdrehte.

Kurz blieb ich stehen, schaute an der Wand vor mir zu einer kleinen doppelt vergitterten Öffnung, so weit oben, dass ich nicht hinaussehen konnte. »Wie lange muss ich hierbleiben? Was passiert hier? ...« Fieberhaft suchte ich nach Antworten, die es nicht gab. Da mich der Geheimdienst vorher immer wieder verhört hatte, vermutete ich, dass sie bislang noch keinen Grund gefunden hatten, mich zu verhaften. Ein übler Gedanke keimte auf einmal in mir auf.

Bestimmt hatten sie mich nur unter dem Vorwand als Ausbilderin im Lager eingestellt, damit ich endlich einen Fehler machte und sie mich für lange Jahre hier einsperren könnten. »Nicht weinen, nicht reden, keine Gefühle zeigen ...« Es war so leicht, hier etwas falsch zu machen, wenn ich an die einzelnen Regeln dachte, die ich unterschrieben hatte, aber den Gefallen wollte ich ihnen nicht tun!

Ich legte mich auf die Plastikdecke und starrte nach oben zur Mitte der Decke, wo eine fünfte Weitwinkel-Kamera auf mich gerichtet war. Jeder Millimeter in dieser betongrauen Kammer war erfasst. Das Licht war grell. Es ging nie aus.

Tagesablauf

Kurz vor sechs Uhr schrillte eine kreischend laute Klingel durch das Gebäude. »Wo bin ich?« Mit jagendem Puls fuhr ich hoch, erblickte die Kamera über mir und fühlte mich genauso zerschlagen wie vor dem Einschlafen. Im nächsten Moment schlug jemand an meine Tür. »Fertig machen! Schnell!«

Vor mir befand sich links, durch eine etwa hüfthohe Wand abgetrennt, ein Toilettenbereich mit einem Loch, auf das eine Kamera gerichtet war. Rechts von der Tür ein kleines Waschbecken unter der nächsten Kamera. Hastig drehte ich den Wasserhahn auf, aber nur ein dünnes Rinnsal kam heraus. Damit befeuchtete ich mein Gesicht und putzte meine Zähne. Kamm und Seife gab es nicht.

Ich hatte vielleicht zwei Stunden geschlafen, stand aber gleich darauf in meiner Uniform mit Camouflage-Muster und einer gleichfarbig gefleckten Schirmmütze, die Jacke bis unterm Hals zugeknöpft, den Kopf gerade, die Hände an den Seiten, wie ein Wachsoldat vor der Tür.

Punkt sechs Uhr öffneten sich automatisch alle Türen auf beiden Fluren. Kurz blieb mir die Luft weg. Aus den offenen Zellen der Gefangenen linker Hand strömte ein bestialischer Gestank aus Schweiß, Urin und Fäkalien und verbreitete sich über die Halle hinweg im ganzen Stockwerk. Die Wachen in den blauen Uniformen trugen im benachbarten Trakt einen Mundschutz, auch wenn sie die Zellen betraten.

Zu dem Zeitpunkt wusste ich noch nicht, dass jedem Einzelnen laut Vorschrift in einer Zelle ein Quadratmeter Platz zur Verfügung stand; in Wirklichkeit drängten sich hier jedoch bis zu 20 Menschen auf 16 Quadratmetern zusammen. Das machte rund 400 Gefangene pro Stockwerk. In einer Zelle verfügten die Gefangenen über einen einzigen Plastikeimer mit Deckel, der als Toilette diente. Nur alle 24 Stunden durfte einer von ihnen dieses Behältnis leeren.

War der Eimer aber bereits nach fünf Stunden voll, blieb der Deckel oben darauf. Selbst wenn die Blase der Eingesperrten bis zum Platzen voll war oder die Gedärme lärmten, mussten sie durchhalten, bis der Eimer wieder geleert war. Das führte bei einigen auf Dauer zu schlimmsten Organbeschwerden und zu einer Luft, die bei allen schwerste Übelkeit verursachte.

Ich bekam nicht mehr mit, wie sich die Gefangenen draußen aufstellten, weil ich mich rechts einer Schlange von etwa sechs Verwaltungsmitarbeitern und anderen Angestellten anschloss, die bei jeder Essenspause mal länger, mal kürzer war. Miteinander reden war verboten.

Schnell stellte sich heraus, dass in dieser Etage unterschiedliche Arbeitsgruppen im Einsatz waren. Das reichte von den Reinigungsfrauen in einfachen Anzügen mit Jackett bis hin zu hochrangigen Offizieren, die schwarze Masken wie Bankräuber trugen, sodass nur Mund, Augen und Nasenlöcher zu sehen waren. Selbst unter den chinesischen Mitarbeitern spürte man die Angst vor diesen mit Maschinenpistolen bewaffneten Maskierten in ihren geschnürten hohen Lederstiefeln. Wofür sie zuständig waren, sollte ich noch am eigenen Leib erfahren.

Jeder einzelne Ablauf im Lager war bis ins kleinste Detail durchorganisiert wie in einem Ameisenhaufen. Schätzungsweise waren auf diesem Stockwerk rund hundert Leute beschäftigt und in Schichten eingeteilt. Ich war hier die einzige Lehrerin und einzige Kasachin in höherer Position. Ansonsten kam auf etwa zwölf chinesische Angestellte ein Einheimischer, aber stets in niedriger Position.

In Begleitung zweier Wachsoldaten bewegte sich ein Teil der Angestellten etwa 25 Meter lang auf eine Doppeltür zu, hinter der wir scharf links zur Küche abbogen. Am Ende dieses Flurs befand sich in der Wand eine fenstergroße Öffnung, durch die eine chinesische Küchenhilfe den Leuten vor mir ein gut duftendes, anständiges Essen zuschob, das meinen Magen knurren ließ.

Zu meiner Enttäuschung erhielt ich als Einheimische nur ein Stück im Dampf aufgeweichtes, matschiges Weißbrot, dazu eine kleine Schöpfkelle, gefüllt mit gekochtem Reiswasser, in dem einzelne Reiskörner schwammen. Anders als mich haben unsere Vorgesetzten die chinesische Belegschaft auch nie bestraft, selbst wenn sie dieselben Fehler gemacht hatten, mal zu zögerlich, zu fahrig oder zu schnell waren ...

In einer Reihe marschierten wir nacheinander in unsere Räume zurück. Bevor ich diese fade, salzlose Suppe hastig hinunterschlürfte, schnodderte der Wachmann: »Wenn wir nachher klopfen, bringst du die sauber gewaschene Schöpfkelle zurück mit den anderen zur Küche. Wenn wir nicht klopfen, holst du morgen damit dein Essen wieder ab.« Immer sperrten sie die Tür hinter sich ab.

Um 7 Uhr führten mich zwei andere Wachleute in eines der Büros neben meiner Zelle. Niemals durften sich Mitarbeiter des Lagers unbegleitet bewegen, immer heftete sich mindestens ein bewaffneter Begleiter wie ein Schatten an meine Fersen.

Arbeitsaufträge

Dieses Büro war im Gegensatz zum vorherigen nur mit billigen Spanholzmöbeln ausgestattet. Ein anderer Chinese erwartete mich hinter seinem Schreibtisch, um mich in meine Arbeit einzuweisen. Die Gesichter all dieser Abteilungsleiter konnte ich mir nicht merken, da sie ständig gegen andere ausgetauscht wurden. Vermutlich wechselten sie nur die Abteilungen im Haus. Eine Sicherheitsmaßnahme, um Kontakte und Austausch unter Kollegen zu vermeiden.

»Setz dich«, wies mich der Mann an, vor ihm auf einem Stuhl

Platz zu nehmen. Barschheit gehörte im Lager zum befohlenen Umgangston. »Du wirst im Unterricht nur auf Anweisung sprechen.« Für Männer wie ihn war Gewalt ein legitimes Mittel, um die chinesische Gesellschaft zu stärken und den verdienten Respekt zu erhalten.

Mahnend hob er den Zeigefinger. »Niemals darfst du etwas anderes sagen als das, was auf diesen Arbeitsanweisungen steht.« Er wedelte mit den Papieren in der Luft. Niemals dürfte ich eine eigene Meinung äußern. Niemals eigenständig handeln. Dabei wendete er den Blick zur Tür, wo ein Wachmann stand, der zu jedem seiner Worte pflichtbewusst den Kopf hob und senkte: »Männer wie er entscheiden, was erlaubt ist und was nicht!«

Daraufhin lehnte sich dieser Büroleiter nach vorne und reichte mir meinen mehrseitigen Auftrag, in dem haarklein das korrekte Verhalten einer Lehrkraft aufgelistet war. Wie ich möglichst unbewegt dastehen, stets in zackig-strengem Tonfall sprechen musste und auf welche Weise ich Kontakt zu den Wachleuten aufnehmen durfte.

Bereits außerhalb der Gefängnismauern hatte ich gelernt, dass die Kunst des Überlebens in so einem Überwachungsstaat darin bestand, sich knapp zu halten und eine reglose Maske aufzusetzen. Dann blieb den zahlreichen Denunzianten wenig Spielraum, etwas Falsches in eine Person hineinzuinterpretieren.

»Wiederhole!« Mein Gegenüber fragte mich wie ein Schulkind den Verhaltenskodex ab, um mir im Anschluss daran mein heutiges Unterrichtsthema darzulegen. »Blätter auf!« Die ersten vier Seiten meines Arbeitsauftrages beschäftigten sich mit einem Auszug der auf dem 19. Parteitag gefassten Beschlüsse. Da diese gesammelten Gesetze dick wie ein Buch waren, sollte ich jeden Tag nur einen Teil davon den Gefangenen beibringen.

»Weiter blättern!«, befahl der Büroleiter. Die nächsten zwei Seiten behandelten chinesische Bräuche und Sitten. Wie bestatten Chinesen ihre Angehörigen? Wie feiern sie Hochzeiten? »Das ist heute dein zweites Thema«, schloss er.

Eine halbe Stunde gab er mir daraufhin Zeit, um mich mit den Inhalten auseinanderzusetzen.

Ich musste den Sinn der Gesetze erst selbst verstehen und teils auswendig lernen, um anschließend den Stoff auf verständliche Weise sowohl Akademikern als auch Analphabeten zu vermitteln. Zur Gedächtnisstütze durfte ich mir wenige Notizen machen, um sie im Unterricht als Hilfsmittel zu benutzen. Einfach laut ablesen war nicht erlaubt.

Da ich so viele Anweisungen in so kurzer Zeit erhalten hatte, stand ich unter großer nervlicher Anspannung. »Hoffentlich vergesse ich nicht irgendein Detail!«, bangte ich. Dann würden sie mich auch wie ein Tier in einen stinkenden Käfig sperren. Krampfhaft bemühte ich mich, alles um mich herum auszublenden und mich ganz auf meine Aufgaben zu konzentrieren.

»Das reicht jetzt«, nölte der Vorgesetze mit Blick auf seine silberne Armbanduhr. »Steh auf und fasse alle Themen zusammen!« Erst danach konnte er sichergehen, dass ich alles wie gewünscht erfasst hatte. »Moment noch!« Er zückte sein Handy und fotografierte meinen Notizzettel ab. Kein Papier durfte in diesem Lager ungeprüft bei mir bleiben. Am Ende des Tages kontrollierten sie immer nach, ob ich alle Schriftstücke wieder ordnungsgemäß im Büro abgegeben hatte. Kein noch so dürftiger Beweis durfte aus diesem Gebäude verschwinden. Nichts, aber auch gar nichts durfte nach außen gelangen.

Jeden Tag, mal morgens, manchmal auch nachts, würde ich ab sofort in einem der Büros meine Arbeitsaufträge entgegennehmen. Jedes Mal tauchte zuvor hinter dem gläsernen Wachhäuschen aus einem Treppenhaus ein Mitarbeiter auf, der diese Zettel nicht nur für mich, sondern auch für die Lehrer in den anderen fünf Stockwerken austeilte. Als ich das erfasst hatte, rechnete ich schnell im Kopf hoch, dass mit 400 Gefangenen pro Stockwerk und Untergeschoss in diesem Gebäude ungefähr 2500 Menschen eingesperrt waren.

»Bring sie ins Klassenzimmer!« Der Chinese strich sich über sein schwarzes Haar und schickte den Wachmann mit mir hinaus. Nach der Doppeltür bogen wir diesmal nicht nach links zur Küche, sondern nach rechts in einen Flur ab. Dort befanden sich drei oder vier Verwaltungsräume, einer davon war mein neuer Arbeitsplatz.

Diese Etage würde ich die nächsten fünf Monate nie verlassen.

7 bis 9 Uhr:
Glückwünsche einer Schar Halbtoter lehren

Kaum hatte ich den ersten Fuß in den Raum gesetzt, erhoben sich 56 Menschen mit klirrenden Fußketten und riefen: »Wir sind bereit!« Alle trugen blaue Hemden und Hosen. Ihre Köpfe waren kahl rasiert. Die Haut totenbleich.

Vor der Tafel musste ich stramm stehen, seitlich flankiert von zwei Wachen mit automatischen Schnellfeuerwaffen. Kurz geriet ich ins Schwanken, so unvorbereitet und so heftig hat mich dieser Anblick getroffen. Blaugeschlagene Augen, verstümmelte Finger, dunkle Flecken überall. Wie eine Kohorte lebender Leichen, frisch aus den Gräbern gestiegen.

Es gab weder Tische noch normale Stühle, sondern nur kleine für Kindergartenkinder angefertigte Plastikhocker. Für einen Erwachsenen war es nicht leicht, darauf aufrecht sitzen zu bleiben, besonders wenn man Schmerzen hatte wie einige Männer in blutgetränkten Hosen, deren Hämorrhoiden aufgeplatzt waren.

In fünf Querreihen hockten hintereinander 10 bis 12 Leute: Akademiker, Bauern, Künstler, Studenten, Geschäftsleute … Etwa 60 Prozent waren Männer, zwischen 18 und 50 Jahren. Der Rest Mädchen, Frauen und Alte. In der ersten Reihe die Jüngste, ein Schulkind, 13 Jahre, groß, dünn, sehr klug. Wegen ihrer Glatze hatte ich sie erst für einen Jungen gehalten. Die Älteste, eine Schafhirtin, die erst später dazu stieß, war 84 Jahre alt.

In jedem dieser Gesichter stand die blanke Angst. Alle Lichter in ihren Augen waren erloschen. Kein Funke Hoffnung mehr darin. Ich stand wie unter Schock, spürte, wie mein Mund zuckte, und wollte nur noch weinen. »Du darfst jetzt keinen Fehler machen, Sayragul!«, schrie ich mich innerlich selbst an, »sonst sitzt du bald auch auf einem dieser Kinderhocker!«

Ein Häftling nach dem anderen meldete sich. »Nummer eins ist anwesend«, »Nummer zwei ist anwesend«, so ging es bis Nummer 56 durch. Nach diesem Prozedere teilten die Wachleute an jeden ein kleines Heft und Stifte aus. Da die Inhaftierten mitschreiben sollten, waren ihre Handschellen beim Essenholen bereits gelöst worden und hingen lose klappernd um ein Handgelenk. Im Laufe des Tages füllten die Gefangenen die Prüfungsfragen in diesem Heft aus.

Zuerst brachte ich kein einziges Wort heraus, meine Kehle war wie zugeschnürt, aber Mitleid war verboten. Bei Todesstrafe. Auf dem Absatz drehte ich mich um, zog die Tafel nach oben, schrieb mit Kreide darauf und redete dabei mit rauer Stimme. Als ich mich wieder umdrehte, schaute ich nur nach hinten an die Wand. Ich schaffte es nicht mehr, in diese Gesichter zu blicken. Die Wände im Raum waren grob verputzt mit grauem Beton wie in einer Fabrikhalle.

Vor meinen Zehenspitzen verlief eine rote Linie, die ich nur mit Erlaubnis der Wachen neben mir überschreiten durfte. Und nur dann, wenn ich auf der anderen Seite etwas Wichtiges zu erledigen hatte. Auf diese Weise wollten sie vermeiden, dass sich zwischen mir und den Gefangenen Vertrautheit bildete. Niemals durfte ich ihnen zu nahe kommen. Zwar standen mir ein Tisch und ein großer Plastikstuhl zur Verfügung, aber seltsamerweise rückten die Wachen beides am Anfang jedes Mal zur Seite.

Frauen wie Männer mussten gerade auf ihren Hockern sitzen und nur geradeaus schauen. Keiner durfte den Kopf hängen lassen. Wer den Anweisungen nicht folgte, den schleppten sie fort. In den Folterraum. »Der macht das mit Absicht! Er will sich nicht einordnen und Widerstand der Staatsmacht gegenüber leisten«, machten sie so einem Menschen zum Vorwurf.

Von 7 bis 9 Uhr musste ich diesen geschundenen Geschöpfen den Stoff über den 19. Parteitag und die chinesischen Bräuche nahebringen. »Wenn ein Chinese heiratet oder eine Familie gründet, ist es anders als bei uns Moslems«, begann ich möglichst simpel. Viele Bauern hatten davon keine Ahnung, weil sie in den Bergen noch nie etwas anderes als ihre eigene Kultur erlebt hatten. Für sie musste ich jeden einzelnen Schritt solcher Feierlichkeiten ausführen.

»Bei chinesischen Hochzeiten müssen die Gäste immer dieselben Sprüche als Glückwunsche aufsagen«, knüpfte ich an und nannte als Beispiel: »Ich wünsche euch viel Glück und habt schnell ein Kind.«

Da saßen diese kahlköpfigen Halbtoten mit ihren traurigen Gesichtern vor mir, und ich brachte ihnen auswendig chinesische Glückwünsche bei.

9 bis 11 Uhr: Kontrolle

Von 9 bis 11 Uhr kaute ich den Lernstoff nochmals durch, um ihn danach zu kontrollieren. »Alle prüfen jetzt ihre Notizen!«, unterwies mich ein Wachmann, was ich den Gefangenen übersetzen sollte. Wer etwas nicht verstanden hatte, musste nachfragen. Eine Hand hob sich. Zuerst blickte ich zum Schwerbewaffneten rechts neben mir, ob er die Frage gestattete. Nach seiner Bejahung erhob sich der Angekettete und trug sein Anliegen in seiner Muttersprache vor, sofern er kein Chinesisch beherrschte. In dem Fall musste ich dem zuständige Wachmann erst dessen Frage übersetzen und die Erlaubnis abwarten, ob und was ich darauf antworten durfte. Dabei wechselte ich zwischen Uigurisch oder Kasachisch und Chinesisch.

Gelegentlich sollten einzelne Gefangene auf Geheiß der Wachleute aufstehen und das Gelernte wiedergeben. Wer Fortschritte machte, verbesserte seine Punktzahl. »Wenn ihr gut lernt, werdet ihr schneller entlassen«, hatten sie ihnen versprochen. Deshalb versuchten alle, so gut wie möglich den Stoff aufzunehmen; nur den älteren und kranken Leuten zwischen 60 und 80 Jahren fiel das entsetzlich schwer.

Die meisten verstanden nur schlecht oder gar kein Wort Chinesisch. Man merkte ihnen an, wie sie sich quälten. Wie die Schriftzeichen vor ihren Augen tanzten, sich vermischten und wie Schlingen ineinander verknoteten. Wie sollten sie eine unlösbare Aufgabe bewältigen? Wie sollten sie jemals wieder hier herauskommen? Sie wollten weinen, schreien und gleichzeitig ihre innere Erschütterung verbergen.

Später prüften einige chinesische Beschäftigte in einem der Verwaltungsräume ihre abgegebenen Antworten und entschieden darüber, wer zurückgestuft wurde oder nicht. Wer außerhalb des Unterrichts gegen Regeln verstieß, kassierte zusätzliche Minuspunkte, was letztlich dazu führte, dass er in ein anderes Stockwerk verlegt wurde. Für Zuwiderhandlungen galt es, laut Anweisung, »das Ausmaß von Züchtigung und Strafe zu erhöhen«. Zuwiderhandlung konnte bereits eine falsche Bewegung, Unwissenheit oder ein Schmerzlaut sein ...

Wie von der Frau, die vor ihrer Inhaftierung eine Gehirnoperation überstanden hatte, deren unbehandelte Wunde wucherte und nässte. Oder wie diejenigen Menschen, die nach der Folter nicht mehr in der Lage waren zu sitzen. Ein Grund, um sie erneut wegzuschleppen und zu foltern. Wer hoch- oder abgestuft wurde, wechselte Uniform und Stockwerk.

Bald beobachtete ich, wie Gefangene in andersfarbigen Uniformen reihenweise abgeführt wurden. Wer »rot« trug, war als Schwerverbrecher abgestempelt, wie beispielsweise Imame oder sehr religiöse Menschen. Mittelschwere Verbrechen signalisierte die »hellblaue« Kleidung. Den schwächsten Grad an Verbrechern zeigte »dunkelblau«. In meinem Stockwerk trugen alle Gefangenen ein Hellblau, das jeden Tag in meinen Augen hässlicher wurde. Nach und nach haben die Ungebildeten und Alten einen immer schlechteren Punktestand erreicht und wurden aussortiert wie schlechte Erbsen. Ihre Plätze besetzte man sofort mit neuen Gefangenen.

11 bis 12 Uhr: »Ich bin stolz, Chinese zu sein!«

Von 11 Uhr bis 12 Uhr verteilte das Wachpersonal pro Person einen DIN A4 großen Pappkarton mit einem Spruch in bunter Schrift darauf. »Nummer eins« hielt ihn über seinen Kopf, sprach ihn laut vor, und alle zusammen wiederholten ihn mehrere Male hintereinander: »Ich bin stolz darauf, ein Chinese zu sein!« Bis der Nächste mit dem nächsten Spruch an die Reihe kam. »Ich liebe Xi Jinping!«

Wer nicht Han-Chinese war, den betrachteten Partei und Regierung als Untermenschen. Das galt nicht nur für alle Kasachen oder Uiguren, sondern auch für alle anderen Völker auf der Welt. Ich musste laut mitplärren und den Karton für den nächsten Spruch hochhalten: »Mein Leben und alles verdanke ich der Partei!« Immer wieder jagte mir dabei durch den Kopf: »Diese ganze Parteielite hat den Verstand verloren, sie sind alle total durchgedreht.«

Verloren streifte mein Blick über die Häupter, als ich plötzlich erstarrte. Diesen glatzköpfigen Mann kannte ich doch! Ja, er war Uigure und im Sommer 2017 in Aksu wegen eines religiösen Feiertags verhaftet worden, was für große Bestürzung im Ort gesorgt hatte. In dem Moment sah ich ihn wieder vor mir, den braven Familienvater, etwa 25 Jahre alt, wie er seine Kinder bei mir in den Kindergarten gebracht hatte. Er war ein so feiner und fröhlicher Mensch gewesen. Und jetzt? Wer war er jetzt? Mit toten Augen und aufgerissenem Mund rief er: »Es lebe die Partei!«

Plötzlich stieß mir der Wachmann mit seinem Maschinengewehr in die Seite. »Wieso glotzt du den so an?« Erschrocken habe ich noch lauter den nächsten Spruch gerufen: »Hoch lebe Xi Jinping!« Innerlich ohrfeigte ich mich dafür mehrmals. In diesem Raum befanden sich nicht nur diese zwei Wachleute, sondern auch mehrere Kameras. Wie hatte ich nur so töricht sein können!?

Weiter ging es um die Partei, ihren »Steuermann« Xi Jinping und China. Und alle plärrten wie aus einem Munde: »Ich lebe, weil die Partei mir dieses Leben geschenkt hat!« und »Ohne die Partei gibt es kein neues China!« Ihr Plan war es, aus uns neue Menschen zu formen, unsere Gehirne so zu waschen, bis auch der Letzte davon überzeugt war: »Die Partei ist alles. Sie ist die stärkste Kraft der Welt. Es gibt keinen Gott außer Xi Jinping, kein anderes allmächtiges Land und keine andere übermächtige Kraft auf der Welt außer China.«

Tatsächlich gab es schwache Persönlichkeiten, deren Widerstand sich auf Dauer im Lager wie in Säure zersetzte. Aber ich glaube nicht, dass diese Methode wirklich erfolgreich ist. Viele der Gefangenen verhielten sich nur so angepasst, um aus dieser Höllengrube wieder herauszukommen. Sie gaben lediglich vor, dass sich ihre Persönlichkeit vollkommen verändert habe, dass ihr Glück nur noch im Glauben an die gute Kraft der Partei und ihres Vorsitzenden bestehe.

Unmöglich, dass die Menschen das tatsächlich nach all diesen Misshandlungen geglaubt haben. Ich selbst habe meinen Glauben an Gott nie verloren. Manchmal lugte ich hinüber zu dem winzigen, doppelt vergitterten Fenster an der Außenwand. Es war verboten, dort hinauszuschauen, aber man konnte sowieso nichts erkennen. Kein Stück vom Himmel. Nur Stacheldraht.

Sobald eine Gruppe fertig war, kam die nächste an die Reihe. Manchmal blieb die erste Gruppe auch mit im Raum, dann waren mehr als hundert »Schüler« versammelt.

12 bis 14 Uhr: Wassersuppe und neue Anweisungen

Von 12 Uhr bis 14 Uhr führten die Wachen alle Gefangenen in ihre Zellen und die Mitarbeiter in ihre Räume. Gleich danach stand ich mit meiner Schöpfkelle mit den anderen Bediensteten an der Küchenausgabe an. Diesmal gab es für mich ein kleines, richtiges Stück Brot und fade Gemüsesuppe, die mehr Wasser als

Gemüse enthielt. Manchmal bekam ich sogar einen Löffel Honig. Jeden Tag im Wechsel diese drei verschiedenen Mahlzeiten, früh, mittags und abends. Monatelang.

Die Gefangenen ließen sie fast verhungern, aber im Gegensatz zu mir wurden sie jeden Freitag gezwungen, Schweinefleisch zu verzehren. Es gab einige Muslime, die das anfangs verweigert haben. Ihr Protest führte aber zu nichts, außer zu Folter und unvergesslichen Schmerzen. Nach und nach haben auch diese Leute das Schweinefleisch gegessen.

Kaum hatte ich meine Schöpfkelle gereinigt, klopfte es schon wieder an der Tür. Das bedeutete, innerhalb weniger Sekunden bereitstehen zu müssen. Bis 14 Uhr musste ich in einem Büro nebenan die Vorbereitungen für den Nachmittag treffen.

14 bis 16 Uhr: Ein Loblied auf die Partei

Von 14 bis 16 Uhr versammelten sich wieder alle Gefangenen im Klassenraum, um zwei Stunden lang Parteilieder zu singen. Als Erstes stimmten wir gemeinsam die Nationalhymne an. Danach folgte ein anderes »rotes« Lied. »Ohne Partei könnte es diese neuen Kinder nicht geben. Die Partei hat diese neuen Kinder geschaffen. Die Partei bemüht sich, allen Nationalitäten im Land zu dienen. Die Partei hat mit aller Kraft dieses Land gerettet …«

Auf dem Plastikhocker über den Block gebeugt, der auf den Schenkeln lag, schrieben die Armen jeden Liedtext von der Tafel ab. Schreiben, singen, schreiben … Ein ganzes Lied an einem einzigen Tag zu lernen, das war zu viel verlangt. Daher übten wir pro Tag nur eine Strophe. Wenn die Gefangenen am nächsten Tag in Ketten zur Küchenausgabe tapsten, mussten sie dabei diese neu gelernte Strophe laut singen.

Wir lebten im 21. Jahrhundert. Die Welt entwickelte sich in großem Tempo vorwärts, nur in China schien alles zurück in die düsterste Vergangenheit zu gehen. Zurück zu den alten Schrecken und Gräueln Maos, die Partei und Regierung mit großem Aufwand aus unserem Gedächtnis und aus den Geschichtsbüchern gelöscht hatten; doch dieses Totschweigen verdammte uns alle dazu, immer wieder dieselben Grausamkeiten und Fehler zu erdulden ....

Wie der allgegenwärtige Xi Jinping hatte auch sein großes Vorbild Mao schon den »neuen Menschen« formen wollen, indem er alle Verdächtigen in Lagern einer brutalen »Gedankenreform« unterzogen hatte. Wie damals sollte auch heute wieder eine neue Schöpfung aus solchen Qualen geboren werden. Leidenschaftliche Parteidiener, frei von allen anderen Überzeugungen und Bindungen. Nur noch im Glauben an die Güte und Heiligkeit der Partei, verfangen im Dienste der großen Machtübernahme und ihres großartigen Parteivorsitzenden.

Wenn ich heute bloß eine kleine Sequenz aus der Nationalhymne höre, reagiere ich aggressiv. Mir wird heiß, ich spüre den Hass auf die Partei und diesen Staat in mir brennen. Und ich denke an die gefolterten Gefangenen. An all diese unschuldigen Menschen, die sie zu seelenlosen Hüllen machen. Zu Patrioten, die sich der großen Wiedergeburt einer überlegenen Ethnie verschrieben hatten. Zu perfekten Chinesen.

16 bis 18 Uhr: Selbstbeurteilung

In den Augen der chinesischen Lagerarbeiter waren Inhaftierte keine Menschen, sondern lediglich Verbrecher mit einer Nummer. »Wenn du nicht gegen das Gesetz verstoßen oder dich als

Spion oder Doppelagent zuvor verdächtig gemacht hättest, wärst du nicht hier im Lager.« Damit rechtfertigten sie alle Misshandlungen. »Wer hier ist, hat Schmerzen verdient.«

In den nächsten zwei Stunden ging es vor allen darum, stillzusitzen und über die eigenen Vergehen nachzudenken. Diesmal blieb ich im Hintergrund. Vor mir bauten sich die beide Schwerbewaffneten mit zwei bis drei chinesischen Mitarbeitern aus anderen Abteilungen auf.

Einer unter ihnen erhob die Stimme: »Wenn ihr eure Verbrechen schnell begreift und versucht, diese wiedergutzumachen, werdet ihr schneller entlassen.« Falls die Gefangenen das Chinesisch nicht verstanden hatten, musste ich es von hinten auf Kasachisch übertragen.

Da diese Mitarbeiter offenbar davon ausgingen, dass die Gefangenen nicht wussten, warum sie im Lager waren, erläuterten sie ihnen die Gründe dafür. Schuldig war beispielsweise, wer betete, ganz allgemein religiöse Ansichten oder schlechte Gedanken über die chinesische Sprache, Gepflogenheiten oder die Chinesen im Allgemeinen hatte.

Um all diese Menschen zu verhaften, hat es Hunderte verschiedene Anlässe gegeben. Es reichte schon ein Foto mit der falschen Person. Und davon gab es viele. Es war nicht lange her, da hatten noch gute Beziehungen zwischen Kasachstan und Xinjiang bestanden. In dieser Phase waren viele ausländische Künstler, Sänger oder Schriftsteller zu uns gereist. Hunderte Fans hatten sich mit Pop-Stars oder vor einem Plakat mit einer Berühmtheit ablichten lassen. So eine Aufnahme galt heute als Beweis für verräterische Gedanken und lieferte den Anlass, »dieses Gehirn von verräterischen Gedanken« säubern zu müssen.

Nach der Aufklärung über die verschiedenen Arten der Verbrechen machte das Personal Vorschläge, wie die Häftlinge ihre

Vergehen am besten selbst herausfinden könnten. »Ihr müsst euch fragen: Was habe ich in meinem bisherigen Leben alles falsch gemacht? Und wie drücke ich das am besten aus?«

Als ein Mitarbeiter die 13-Jährige in der ersten Reihe aufrief: »Warum bist du hier?«, sprang sie auf und antwortete wie aus der Pistole geschossen in fließendem Chinesisch: »Ich habe einen schweren Fehler gemacht und einen Verwandten in Kasachstan besucht. Ich werde so etwas nie wieder tun!« Die restliche Zeit mussten sich die Gefangenen im Stillen selbst beurteilen und ihrer Schuld stellen.

Wer sich für schuldlos hielt, der wurde nicht alleine bestraft, sondern seine Angehörigen wurden mit in Sippenhaft genommen. Jedes gestandene Verbrechen musste glaubhaft klingen. Überzeugend war zum Beispiel, wenn ein Mann einräumte: »Ich war gläubig und habe die Moschee besucht.« Selbst wenn das nicht stimmte, musste er versuchen, in diesen zwei Stunden sein Vergehen auf Chinesisch im Kopf zu formulieren, um es danach in der richtigen Form aufs Papier zu bringen.

Der Spätnachmittag war für die Inhaftierten die Vorbereitung für ihr schriftliches Schuldeingeständnis in der Nacht. Keiner wagte es, noch ein einziges Wort auszusprechen. Jeder war leise. Kein Laut zu hören außer dem Rauschen im eigenen Kopf wie eine herannahende Flut.

18 bis 20 Uhr: Arbeitspause und Abendessen

Von 18 bis 20 Uhr war Essenszeit. Die Gefangenen stellten sich vor ihren Zellen hintereinander auf. Auf einer Seite die Frauen, auf der anderen die Männer. Auf dem Boden in der Mitte verlief schnurstracks eine rote Linie, die rechts und links von einer blauen Linie eingerahmt war. Genau auf diesem roten Strich mussten sie sich bewegen. An Händen und Füßen mit Ketten gefesselt, waren ihnen nur kleine Trippelschritte möglich. Wer stolperte oder versehentlich daneben auf die blaue Linie trat, wurde gefoltert. Erst vor der Küchenausgabe lösten die Wachen an einer Seite wieder die Handschellen, sodass die Gequälten ihr Essen zurücktragen konnten.

Ich selbst musste mich nach meinem ersten Unterrichtstag abends im Büro melden, denn ich hatte einen Fehler gemacht.

Fehler!

Die Tür war noch nicht zu, da hat mich ein Verwaltungsmitarbeiter bereits in die Zange genommen: »Hast du etwa unter den Gefangenen ein bekanntes Gesicht gesehen? Warum hast du so einen betroffenen Gesichtsausdruck gezeigt, als du diesen Uiguren angeschaut hast?« Das Personal im Video-Kontrollraum hatte auf den Filmaufnahmen jeden meiner Gesichtszüge beobachtet. Immer auf der Lauer: »Wie verhält sie sich? Was geht in ihr vor? Ist sie eine Verräterin?« Und die Falle war zugeschnappt.

Für einen schrecklichen Augenblick packte mich wildes Entsetzen. »Vorbei, alles vorbei!«, dachte ich. Ich hatte einen Vertrag unterschrieben und darin stand, dass ich keinen Fehler machen durfte, sonst war ich tot. »Nein, nein«, verteidigte ich mich zerfahren, meine Zunge löste sich nur mit Mühe von meinem Gaumen, »ich habe nicht wegen irgendeiner Person so geschaut. Ich leide nur immer wieder unter starken Bauchschmerzen, gegen diesen Schmerz bin ich machtlos.«

»Setz dich hin!«, befahl er und gab mir Stift und Papier. Schriftlich sollte ich mein Geständnis niederlegen und zuletzt unterschreiben, dass ich nie wieder einem Gefangenen direkt ins Gesicht blicken würde. Kaum hatte ich den Stift zur Seite gelegt, musste ich noch einmal laut geloben: »So eine Verhaltensweise werde ich in Zukunft nie mehr zeigen.«

Am nächsten Tag war der junge Uigure verschwunden. Wahrscheinlich hatten sie ihm Punkte abgezogen und eine rote Uniform verpasst. Viele Nächte lang habe ich deshalb unter schrecklichen Schuldgefühlen gelitten. »Nur meinetwegen haben sie ihn an einen noch schlimmeren Ort geschickt!« Warum hatte ich mich nur so gehen lassen? Wieso hatte ich andere dadurch in den Abgrund gerissen? Für diese Gefühle, mit denen ich mich selbst in tausend Einzelteile zerlegte und nichts Gutes mehr von mir übrig ließ, hat mich die Partei noch mehr angewidert.

20 bis 22 Uhr: »Ich bin ein Krimineller!«

Von 20 bis 22 Uhr haben die Lagerarbeiter die Menschen in den Zellen dazu genötigt, ihre Verbrechen innerlich zu akzeptieren. Das bedeutete, sich fest darauf zu konzentrieren und im Stillen andauernd seine Vergehen zu wiederholen. »Ich bin ein Krimineller, weil ich gebetet habe. Ich bin ein Krimineller, weil ich gebetet habe. Ich bin ein Krimineller ….« Alle Köpfe zur Wand gedreht, die mit Handschellen verbundenen Hände nach oben ans Mauerwerk gelehnt. Zwei Stunden lang. Eng an eng.

In derselben Zeit war ich in einem der Büros mit Papierkram beschäftigt, wie Akten ordnen oder Schriftstücke ablegen. Selbstverständlich stand ich dabei stets unter Aufsicht. Einmal in der Woche verfasste ich an einem der Tische handschriftlich einen Bericht über meine verrichteten Tätigkeiten und beurteilte mich dabei selbst. »Alle Aufgaben habe ich zu meiner vollen Zufriedenheit erledigt ...« An die Computer ließen sie nur die leitenden Mitarbeiter. Ich durfte nicht mal in die Nähe dieser Geräte kommen.

Mein Bericht umfasste eine bis drei Seiten, abhängig davon, wie viel Zeit man mir ließ. Vermutlich haben sie anschließend jeden meiner aufgezeichneten Arbeitsschritte mit dem vorhandenen Videomaterial abgeglichen.

Manchmal schickten sie mich auch in den Medizinraum, nur zwei Türen von meiner Zelle entfernt, damit ich dort die Krankenakten sortierte. Jeder Gefangene wurde zu Beginn von einem Arzt untersucht. Sein Zustand, seine Blutgruppe, jedes ihnen wichtig erscheinende Detail war darin sauber dokumentiert.

»Blutabnahme« fand einmal pro Monat statt. Dafür stellten sich alle Häftlinge in Reih und Glied vor dem Medizinraum an. Auch ich war davon betroffen, mich behandelten sie aber separat. Auf dieser Etage lernte ich nur eine einzige Krankenschwester kennen, die mehrere Monate am Stück hier beschäftigt war. Ihrem Akzent nach stammte die etwa 21-Jährige wie fast alle Beschäftigten aus den Städten im Inland. Andere Schwestern, Ärzte und Pfleger bestellten sie immer von außen und mitten in der Nacht ein.

»Du legst die Akten der Gefangenen mit ansteckenden Krankheiten in einem extra Ordner ab«, leitete mich diese junge Schwester mit den schwarzen kurzen Haaren an, die wie ich eine Camouflage-Uniform trug. Die medizinischen Helfer riefen nach ihr mit dem Spitznamen »Xiao Chen«. Alle anderen sprachen sich meist nicht mit Namen an, sondern eher auf die jeweilige Berufsgruppe bezogen, zum Beispiel: »He Sanitäter, komm her!«

Ganz besonderes Augenmerk galt in der medizinischen Abteilung den Unterlagen mit den kräftigen jungen Leuten. Diese wurden gesondert behandelt und mit einem roten »X« markiert. Am Anfang war ich arglos, erst später habe ich mich darüber gewundert: »Wieso versehen sie die Akten kerngesunder Leute immer mit so einem besonderen Kennzeichen?«

Hatten sie diese jungen Leute womöglich im Vorfeld ausgewählt und für Organspenden vorgesehen? Organe, die ihnen später Ärzte mit Gewalt entnehmen würden? Dass die Partei Gefangenen Organe entnahm, war eine Tatsache.

In Ostturkestan handelten einige Kliniken mit Organen. Im Altai, so erzählte man sich beispielsweise, kauften viele Araber bevorzugt Organe von muslimischen Glaubensbrüdern, weil ihnen das als »halal« erschien. Vielleicht, so schlussfolgerte ich, handelten sie auch im Lager mit Nieren, Herzen und brauchbaren Körperteilen?

Später ist mir tatsächlich aufgefallen, dass die Wachen die jungen und gesunden Insassen von einem Tag auf den anderen abgeführt haben, ohne dass sie zuvor ihren Punktestand verschlechtert hatten. Erschrocken stellte ich beim Nachprüfen fest, dass deren Gesundheitsakten alle mit diesem roten »X« versehen waren.

Ein zweiter Grund für das systematische Aussortieren gesunder, kräftiger Leute ist mir erst nach meiner Entlassung eingefallen. Es gibt zahlreiche Zeugen, die darüber berichtet haben, dass sie nach dem Lager als Zwangsarbeiter ins Inland verschickt worden sind. All diese Unternehmen, die von der Zwangsarbeit profitieren, tragen eine moralische Verantwortung. Sie müssen die Einhaltung der Menschenrechte in den eigenen Lieferketten sorgfältig überprüfen.

Mittlerweile belegen Zuliefererlisten, Recherchen unabhängiger Thinktanks und andere wissenschaftliche Quellen, dass Zehntausende Muslime aus Ostturkestan landesweit in Fabriken verschickt werden. Die Kontrolle endet für diese Menschen auch nach dem Lager nicht, sie hausen in isolierten Sammelunterkünften auf mit Stacheldraht umgebenem Fabrikgelände. Von solcher

Sklavenarbeit profitieren auch Firmen im Westen wie Bosch, Adidas, Microsoft oder Lacoste. Firmen, wie Siemens, liefern unter anderem Infrastruktur für die Lager. Mithilfe ausländischer Kameras oder Scangeräte werden Unschuldige inhaftiert, überwacht und interniert.

22 bis 24 Uhr: Verbrechen aufschreiben

Von 22 bis 24 Uhr krümmte sich jeder Eingesperrte am Boden in seiner Zelle über sein Heft und schrieb sein Schuldbekenntnis nieder. Für Eingeständnisse wie: »Ich habe ein religiöses Verbrechen begangen, denn ich habe an Ramadan gefastet. Heute aber weiß ich, dass es keinen Gott gibt«, hatte man gute Chancen, seinen Punktestand zu verbessern. Am nächsten Morgen musste jeder seinen Zettel abgeben.

Belohnt wurden in diesem System nur die besten Schauspieler, die überzeugend darlegten: »Ich bin befreit von meinen schmutzigen Gedanken!« Dieser Satz war wichtig und sollte immer in einem Geständnis vorkommen. »Ich bin kein Moslem mehr. Ich glaube nicht mehr an Gott.«

Ich selbst schrieb in dieser Phase entweder erneut einen Bericht oder putzte auf der Etage die Flure, einige Büros und den Unterrichtsraum. Manchmal waren auch andere Mitarbeiter für diesen Dienst eingeteilt. War ich an der Reihe, musste ich alles alleine saubermachen. Es gab keinen genauen Zeitplan. Manchmal war ich jeden Tag dran. Mal tagsüber, mal abends oder nachts. Für mich galt nur eine zuverlässige Regel: »Keine Ruhezeiten.«

Solange die Gefangenen wach waren, waren die Angestellten im Lager bemüht, ihre Gedanken zu kontrollieren. Ich weiß nicht, wie so viele Menschen danach auf so engem Raum Ruhe fanden. Sie konnten nur aneinandergelehnt schlafen. An Füßen und Händen angekettet. Wahrscheinlich sind sie wie in kurzer Bewusstlosigkeit in einen schwarzen Abgrund gestürzt.

Für mich war der Dienst noch nicht vorbei.

24 bis 01 Uhr: Wachdienst

Bis 01 Uhr schob ich Wachdienst. Ab Mitternacht stand ich am angewiesenen Platz in dieser großen Halle eine Stunde lang still. Manchmal wechselten wir Wachen auch die Seiten.

Immer postierten wir uns hinter einer am Boden aufgemalten Linie. Selten reihten sich auch mehrere Häftlinge dort ein, aber wenn es sich so verhielt, dann stand je eine Wache zwischen ihnen. »Auf keinen Fall dürfen Ausbrüche vorkommen!«, hatten sie uns instruiert. Wie auch? Alle Türen waren mehrfach verriegelt. Niemand konnte da jemals hinaus.

Falls es aber dennoch vorkäme, so die nächste Anweisung, dürfte sich diese Nachricht niemals im Lager verbreiten.

Gegenüber starrte ich auf das gläserne viereckige Wachhäuschen. Dahinter lag das Treppenhaus. Schnell hatte ich verstanden, dass dieses Hochhaus auch mehrere Untergeschosse besaß, denn es dauerte oft lange, wenn ein Verwaltungsangestellter laut Anweisung »im untersten Stock« schnell über das Treppenhaus etwas abholen und genauso schnell wieder zurückkommen sollte.

In der Nähe des Treppenhauses befand sich auch der sogenannte »schwarze Raum«, in dem sie die Menschen aufs Abscheulichste quälten. Nach zwei oder drei Tagen habe ich zum ersten Mal die Schreie gehört, die von dort herauskamen und nicht nur die gesamte Halle, sondern auch jede Pore in meinem Körper durchdrangen. Ein Abgrund tat sich vor mir auf.

Solche Schreie hatte ich noch nie zuvor vernommen. Solche Schreie vergisst man sein ganzes Leben lang nicht mehr. Wer das hörte, vermochte zu ahnen, welchen Schmerzen dieser Mensch in diesem Moment ausgesetzt war. Es klang wie der raue Laut eines sterbenden Tieres.

Fast hat mein Herz aufgehört zu schlagen. Am liebsten hätte ich mich auf den Boden geworfen und mir die Ohren zugehalten, aber ich durfte nicht mal daran denken zu weinen. »Sonst siehst du deine Kinder nie wieder«, schärfte ich mir ein. So fest wie möglich presste ich meinen Kiefer aufeinander und verkroch mich immer tiefer in mir selbst. Dahin, wo es so dunkel war, dass man nur noch schemenhafte Umrisse und gedämpfte Geräusche wahrnahm. Ab da habe ich diese Schreie jeden Tag gehört.

01 bis 06 Uhr: Schlafenszeit

Nach der Wachablösung drückte ich mich mit angezogenen Knien auf die Plastikunterlage und zog mir die Decke über den Kopf. Die Kälte kroch aus dem Betonboden in meine Glieder. Um etwas wärmer und weicher zu liegen, habe ich meistens meine Uniform anbehalten.

Einschlafen war unmöglich, obwohl ich völlig ausgelaugt am Boden lag. In den Gestank der Toilette mischten sich in meinen Ohren die noch immer nachhallenden Schreie, die ich am Tag gehört, und die unerträglichen Bilder, die ich gesehen hatte. Der Schrecken saß so tief, dass jeder Muskel verspannt war.

Reglos lag ich da und fand keine Ruhe. Dauernd die ernsten Gesichter der Menschen vor Augen. Diese stumme Resignation. Ständig die Fragen im Kopf: »Warum geschieht das? Wieso berühren unsere Schmerzen diese Leute nicht? Wie kann man so ein Herz aus Stein haben?« Unser Leben war für sie nicht mehr wert als das eines Käfers, den man achtlos am Boden zertrampelte.

Irgendwann bin ich weggedämmert, schon zwei Stunden später schrillte die Glocke wieder. So lief das Leben einige Tage hintereinander ab.

24 Stunden lang Kunstlicht. Und wir waren darin eingesperrt wie in einem Sarg aus Beton. Schon bald wusste man nicht mehr, ob Tag oder Nacht war. Winter oder Frühling. Waren Wochen oder Monate vergangen?

Manche Tage liefen ähnlich ab wie diese. An anderen habe ich streng geheime Anweisungen erhalten …

Staatsgeheimnisse: Der Drei-Stufen-Plan

Solche Geheiminformationen gelangten stets unerwartet ins Lager, häufig und mitten in der Nacht. Manchmal einmal pro Woche, manchmal zehn Tage lang hintereinander. Wieder eilte ein Bote aus dem Treppenhaus hinter dem gläsernen Wachhäuschen in eines der Büros.

Offenbar hing es vom Grad der Wichtigkeit ab, in welchen Raum mich die Wache führte und wie viele Personen anwesend waren. Ich war nicht in jedem Zimmer, aber in den meisten. Nicht zu viele Menschen durften in solche Staatsgeheimnisse eingeweiht werden, darum waren höchstens zwei oder drei ranghohe Offiziere beteiligt.

Jene Staatsbeamten gehörten meist einer neuen Behörde an, deren Namen etwa mit »Nationale Sicherheit« übersetzt werden kann. Ihre Uniform ähnelte denen der Polizisten und Militärs, war aber aufwendiger und hochwertiger gearbeitet. Die ranghöchste Person im Raum erhielt die Informationen zuerst, um sie dann an mich weiterzugeben.

Ich sollte mich setzen, still diese Information lesen, während hinter und neben mir ein Offizier stand. Während ich las, studierten sie meinen Gesichtsausdruck. Beim ersten Mal war ich noch ahnungslos, welche Inhalte mich in so einem Dokument erwarteten, daher war ich fassungslos, was sich auf meinem Gesicht widerspiegelte.

Peking redet sich gerne damit heraus, dass es nicht in seiner Verantwortung läge, was die Gouverneure in den fernen Provinzen Chinas trieben. Aber auf diesen geheimen Dokumenten prangte vorne die Überschrift »Klassifizierte Dokumente aus Peking«. Die Wahrheit ist, dass die Lager in Ostturkestan auf Befehl der Hauptzentrale in Peking errichtet worden sind.

Die Anweisung, die sie mir in die Hand gedrückt hatten, enthielt den Drei-Stufen-Plan der Regierung:

Erste Stufe, 2014 bis 2025: In Xinjiang die Assimilation derer vornehmen, die dazu bereit sind, und die Eliminierung derer, die nicht dazu bereit sind.

Mir schwindelte. Ein geplanter Massenmord? Jede Stufe umfasste einen Kernsatz mit vielen Unterpunkten. Bereits im Jahr 2014 hatte Peking mit den vorbereitenden Maßnahmen begonnen, indem man meine Heimat in einen nördlichen und einen südlichen Abschnitt aufgeteilt hatte. Die Uiguren im südlichen Teil hatte die Partei als ihre ersten Opfer auserwählt, weil sie die deutliche Mehrheit unter den Minderheiten bildeten. Die nördlichen Teile bewohnten hauptsächlich Kasachen, Kirgisen und anderen Ethnien, die sie ab 2016 in den Würgegriff genommen hatten. Ich hatte Angst davor weiterzulesen. Angespannt beugte ich mich übers Papier.

Zweite Stufe: 2025 bis 2035: Nach der Assimilierung in China folgt die Besetzung der Nachbarländer.
Langsame Einnahme, zum Beispiel von Kirgistan, Kasachstan oder Usbekistan, unter anderem durch die »Belt and Road Initiative« (»Neue Seidenstraße«) und großzügige Kreditvergaben. Die wirtschaftlich gebeutelten Länder sollen sich Peking gegenüber hoch verschulden. Immer mehr Chinesen würden sich dort ansiedeln und einbürgern, Fabriken aufbauen, aber auch in Medienhäuser, Verlage und TV-Stationen investieren, um auf diese Weise der chinesischen Politik einen Weg in diese Länder zu ebnen. Weiterhin würde Peking Informanten und Spione in die Fremde schicken, um Regierungsgeheimnisse zu sammeln.

Dritte Stufe: 2035 bis 2055: Nach der Verwirklichung des chinesischen Traums folgt die Besetzung Europas.
Den Blick fest aufs Papier gerichtet, vergaß ich fast zu atmen. Das bedeutete, dass der chinesische Terror nicht mit den Uiguren oder dem kasachischen Volk endete, sondern dass sich diese Form der Unterdrückung auf die ganze Welt ausdehnen sollte. Und wenn die anderen Länder dies nicht rechtzeitig bemerkten, bedeutete das auch die Hölle für den Rest der Welt.
Als ich aufblickte, sah ich an dem schmalen Lächeln des Offiziers, dass meine Blässe und meine Erregung ihm nicht entgangen waren. »Warum reagierst du so? Worauf genau?« »Ihre Autorität schüchtert mich ein«, stotterte ich und entschuldigte mich kleinlaut, »zudem bin ich unsicher, ob ich den Inhalt richtig verstanden habe und bei Ihnen nachfragen darf.«
Zufrieden mit sich selbst, reckte er das Kinn und prüfte mich auf den Inhalt. »Was hast du davon verstanden?« Fasste ich daraufhin die Botschaft nicht in den von ihm gewünschten Partei-Jargon zusammen, unterbrach er mich: »Nein!«, um mir die

richtige Auslegung mitzuteilen. »Wiederhole!«, zwang er mich daraufhin, seine Version wiederzugeben.

Ziel war es, diese armen Seelen im »Unterricht« als Fußsoldaten für die Allmachtsfantasien dieser Regierung zu rekrutieren. Sie auf die Seite der Partei zu ziehen, um unter ihnen einen Geist wie in einem Bienenstock zu schaffen, damit schlussendlich alle in dieser Nation gleich dächten, an dasselbe glaubten und auf das gleiche Ziel hinarbeiteten. Alle sollten verstehen, dass man zusammenarbeiten musste, um gemeinsam an die Spitze der Weltmacht zu gelangen und an der »Glorie des volksrepublikanischen Projekts teilzuhaben«. Die Gefangenen sollten Augen und Ohren der KPCh sein.

Zuletzt nahmen sie mir den Zettel aus der Hand, hießen mich aufstehen und mit zum Blecheimer in der Mitte des Raums gehen. Vor den Augen der Wachen nahm einer der Männer sein Feuerzeug und hielt es an den Zettel. Daneben drehte ein Angestellter ein Beweis-Video und schaltete sein Handy erst aus, als der letzte Schnipsel in Flammen aufgegangen war.

Damit verschwand nur der Teil der Information, in den ich Einblick gewonnen hatte. Es war ein Bruchteil dessen, was die Obersten an elektronisch übermitteltem Wissen besaßen, das noch viel detaillierter war. Als nur noch ein grauer Aschehaufen übrig war, ließen sie mich schlafen. Manche Menschen im Westen glauben das nicht, so ungeheuerlich erscheint ihnen das. Später bin ich auf eine kasachische Überlebende gestoßen, die ebenfalls in einem anderen Lager über den »Drei-Stufen-Plan« gelernt hat. Offenbar waren die Lehrpläne einheitlich in den verschiedenen Lagern. Demnach müsste es noch mehr Zeugen geben, die das belegen können.

Unterrichtsstoff Assimilation: »Wie lange müssen wir hier bleiben?«

Mit einem Hohelied auf die Partei begann ich anderntags den Unterricht. »Die Kommunistische Partei hat es geschafft, so viele Menschen umzuerziehen! Das ist gut für das ganze Volk, denn wir sind eine Einheit!« Und damit leitete ich zum Unternehmen der »Belt and Road Initiative« über.

In kleinen Portionen über mehrere Tage verteilt, gab ich die geheimen Informationen der Regierung weiter. Die Uniformierten im Raum überprüften stichprobenartig mit Fragen an die Gefangenen, ob ich die Botschaft korrekt übermittelt hatte. Erst danach genehmigten sie mir, mit den Belehrungen fortzufahren.

»Diese neue Seidenstraße verbindet Xinjiang bereits heute schon sehr erfolgreich mit Afrika, Asien und Europa. Über dieses wirtschaftliche und geopolitische Megaprojekt werden aber nicht nur unsere Waren transportiert, sondern auch die großartige chinesische Politik.«

Die Botschaft an die Gefangenen war deutlich: Jeder Widerstand gegen diese wirtschaftlich, politisch und militärisch weit überlegene Großmacht war zwecklos.

Auf das Kapitel mit der »Assimilierung in Xinjiang« und dem dafür angegebenen Zeitrahmen reagierten die Häftlinge mit großer Beklemmung. In der Fragestunde hoben sie die Hände. »Sie haben versprochen, uns innerhalb von fünf bis sechs Monaten zu entlassen. Bedeutet das, dass wir weitere zehn Jahre hierbleiben müssen?« oder »Was müssen wir tun, um nicht erst zum Jahr 2035 entlassen zu werden?«

Wie gehabt, musste ich erst für die Wachleute übersetzen, danach durfte ich den Gefangenen folgende Antwort weitergeben:

»Wenn ihr alle Anweisungen befolgt, unterwürfig bleibt und weiterhin Schweinefleisch esst und alles tut, was die Parteigenossen befehlen, dann kommt ihr schneller hier raus.«

Ob das tatsächlich die Wahrheit war? Darauf gibt es keine eindeutige Antwort. In den fünf Monaten, die ich dort verbrachte, wurde kein einziger Gefangener entlassen. Auch später in Aksu traf ich keinen Freund oder Bekannten, der aus dem Lager freigekommen wäre. Und die meisten waren bereits seit Jahren eingesperrt.

Und selbst wenn ein Gefangener anschließend nicht in die Zwangsarbeit verschickt wird, wäre er nicht mehr dieselbe Person, die das Lager einst betreten hat. Beim besten Willen kann ich mir nicht vorstellen, dass einer von diesen Malträtierten noch lange lebte. Der ständige physische und psychische Druck hätte ihren Geist derart vernarbt, dass sie selbst in der kurzen Lebenszeit, die ihnen noch bliebe, keine Freude mehr empfänden. Gebrochene Seelen wie sie befinden sich in einem ständigen Angstzustand. Schon eine etwas lautere Stimme verursacht Herzrasen und versetzt sie in Unruhe.

Aufgrund von Unterernährung, Misshandlung, Infektionen und Medikamentengabe werden aus diesen Gefängnistoren Traumatisierte mit schweren seelischen und gesundheitlichen Problemen treten. Viele sind nicht mehr sie selbst, sondern staatlich kontrollierte Roboter.

Tote verschwinden lassen

Die eine Form von Geheimdokumenten, die ich kennengelernt hatte, stieg am Ende im Büro in Rauch auf. Andere brisante Inhalte waren nicht zur Unterrichtsvermittlung gedacht und erforderten daher eine andere Umgangsweise. Selbst die Wachen im Raum durften vom Inhalt nicht ein einzelnes Wort erfahren. Darum las ich mitten in der Nacht stumm im Stehen das Hinweispapier Nummer 21.

Auch in diesem Fall überwachten Offiziere meinen Gesichtsausdruck, um zu ergründen, wie ich auf den Inhalt reagierte, aber ich hatte dazu gelernt. Egal, wie schrecklich die Botschaft auch lautete, mein Gesicht zeigte keine Regung.

»Alle Toten im Lager müssen spurlos verschwinden.« Das stand dort in nüchternem Beamtenjargon zu lesen, als handelte es sich um die Entsorgung verdorbener Waren. Niemals dürften Folterspuren auf Körpern erkennbar sein. Wenn ein Gefangener getötet wurde oder auf andere Weise ums Leben gekommen war, müsste das streng geheim gehalten werden. Spuren, Beweise und Dokumente waren umgehend zu vernichten. Fotos oder Videoaufnahmen von Leichen streng verboten. Den Familienangehörigen gegenüber sollten Ausreden erfunden werden, auf welche Weise diese Person verblichen sei. In bestimmten Fällen sei es ratsam, den Tod gar nicht erst zu erwähnen.

In der Zeit, in der ich im Lager war, habe ich nicht gesehen, dass sie Leute umgebracht hätten, aber ich habe mitbekommen, dass viele verschwunden sind. Ich habe Halbtote am Boden liegen gesehen. Die Wahrscheinlichkeit, dass Menschen in diesem Lager ums Leben kamen, war extrem hoch.

Nur die wenigsten Mitarbeiter mit der entsprechenden Sicherheits-Einstufung waren über Todesfälle informiert und in die Todesursache eingeweiht. Außer ihnen durfte niemand etwas über die Verstorbenen wissen.

Mir leuchtete ein, dass die Toten kein Unterrichtsstoff waren. Die Gefangenen durften nicht erfahren, dass sie an diesem Ort sterben konnten. Andernfalls würden sie sich vielleicht nicht mehr so leicht lenken lassen oder in Panik ausbrechen. Wozu aber ließen sie mich das wissen? Fragend blickte ich auf.

Der Offizier hielt mir Stift und Papier hin. »Unterschreib das!« Damit bestätigte ich nicht nur den Empfang des Dokuments, sondern ich übernahm auch die Verantwortung für den Inhalt. Falls später etwas schiefginge, stände meine Unterschrift auf dem Papier, mit dem sie mich ans Messer liefern konnten. Andere Personen als ich haben diese Anweisungen später in Kraft gesetzt. Ich war nur das Bauern-Opfer.

In allen Lagern musste jeden Abend eine Person einen Tagesbericht verfassen, der nach Urumqi geleitet wurde. Dort befand sich ein geheimes Zentralbüro, eine sogenannte »Integrierte Gemeinsame Operationsplattform«, in der sie Informationen über die Lager im Land aufbewahrten. Das umfasste alle Daten der Gefangenen wie DNA, Pässe bis hin zu den ID-Nummern. In diesem Büro gingen auch die Anweisungen aus Peking ein und wurden von dort aus an andere Regionen und Lager weiterverteilt.

Nachdem ich diese Anweisung über den Umgang mit Verstorbenen unterschrieben hatte, leiteten die Beamten sie sicherlich auch nach Urumqi weiter.

Duschen

Nach einer Weile klebten den Gefangenen die Kleider an den Körpern. Sie stanken nach Schweiß und Schmutz, aber sie durften sich nur einmal im Monat oder alle zwei Monate reinigen. Mir als Mitarbeiterin war Duschen entweder einmal in der Woche oder alle zwei Wochen erlaubt.

Zwei Wachmänner begleiteten mich mit ihren automatischen Gewehren bis zur Tür. Entweder warteten sie dort oder kamen mit herein. Es handelte sich um einen einfach hergerichteten Waschraum, in dem jede Dusche mit einem Vorhang abgeteilt war. Ich war immer alleine. Keine anderen Frauen waren anwesend. Niemand durfte sich zu nah bei mir aufhalten. Das Wasser lief nicht länger als zwei Minuten. Ob die Häftlinge, ebenso wie ich, auch warmes Wasser zur Verfügung hatten? Vermutlich nicht.

Erst später habe ich gemerkt, dass der gesamte Duschraum von Kameras überwacht wurde. Als ich wieder einmal im Video-Kontrollraum, in dem alle Kameraaufnahmen auf unterschiedlichen Bildschirmen liefen, den Boden gewischt habe, beobachtete ich zwei chinesische Mitarbeiter dabei, wie sie duschende nackte Mädchen und Frauen begafft haben. Dabei lachten sie laut und rissen schmutzige Witze. »Schau dir die mal an!«

Mit meinem Wischmob fuhr ich hinter ihnen hin und her, während ich sah, wie sie mit der Kamera ganz nah an bestimmte Körperstellen der Frauen heranzoomten, an ihre Brustwaren und Geschlechtsorgane. Offenbar hatten einige Mädchen bereits herausgefunden, dass sie gefilmt wurden, denn manche blieben halb angezogen und wuschen sich nur sehr hastig ihre Haare.

Als ich das nächste Mal zum Duschen eingeteilt war, hielt ich mich ebenfalls so gut es ging bedeckt. Vorsichtig hob ich den Kopf nach oben, um die Decke genauer unter die Lupe zu nehmen; dabei entdeckte ich die Kameralinsen. Sie waren so winzig, dass man sie leicht übersehen konnte.

Liste mit den 26 gefährlichsten Ländern der Welt

Am nächsten Tag war ich verpflichtet, im »Unterricht« über die USA herzuziehen, denn Chinas Staatsfeind Nummer eins sind die Vereinigten Staaten von Amerika. Die Partei hatte eine Liste mit 26 Staaten angefertigt, sortiert nach den größten Feinden der Volksrepublik China.

Platz 1: USA. Platz: 2: Japan. Platz 3 oder 4: Deutschland oder Kasachstan. Wer von beiden vorne oder hinten lag, weiß ich nicht mehr genau. Wer Kontakt mit einem dieser Länder hatte, galt selbst als Staatsfeind.

Aus dieser Liste haben die Parteikader nie ein Geheimnis gemacht. Ganz offen haben sie diese als Grund für eine Festnahme herangezogen. In lobenden Tönen setzte ich den Gefangenen gegenüber an »Wie heilig und gut die Kommunistische Partei ist« und endete damit »Wie schlecht einige der europäischen Nationen und besonders die USA sind.«

Jegliche Not in China rührte von der US-Politik her, die gegen das chinesische Volk gerichtet war und auf dessen Spaltung abzielte, führte ich den Wünschen der Gefängnisleitung gemäß aus. Selbst wenn die Chinesen einen Muslim folterten, waren am Ende die USA daran schuld, weil sie es waren, die die Andersgläubigen dazu verleitet hatten, falsch zu denken und schlecht zu handeln. So war die Denkweise der Kommunisten.

Laut Peking waren die Demokratien im Westen ein gescheitertes Modell, das in Krisen und Chaos zerfiel.

Geheimcodes: Zuerst Strohschuhe, dann Lederschuhe

In manchen Nächten erhielt ich mehrere Geheimbotschaften in verschlüsselten Sprach- Codes:

1. *»Behandeln Sie zuerst die ›Strohschuhe‹ und dann die ›Lederschuhe.‹«*
»Strohschuhe« symbolisierten gewöhnliche Menschen wie Schäfer, Bauern oder Fischer. Mit »Lederschuhen« meinten sie Mitarbeiter der Regierung, beispielsweise in Verwaltung, Schulen und Sicherheitsbehörden.

»Sich um Strohschuhe kümmern« bedeutete, dass man diese Einheimischen zuerst den Chinesen gleichmachen müsste. Denjenigen aber, die das nicht mitmachten oder sich dagegen wehrten, müsste man gewaltsam »die Schuhe ausziehen«. Das war die versteckte Bedeutung dieser Botschaft.

Ich bin mir nicht hundertprozentig sicher, warum sie solche »Geheimcodes« verwendet haben. Die Partei folgt ihrer eigenen Logik. Vielleicht sollte in diesem Fall nicht jeder den Inhalt auf Anhieb verstehen? Die Boten überlieferten die Nachricht an einen Mitarbeiter, der sie dann an seinen Vorgesetzten übergab. So schafften sie eine Kette aus vielen Mitwissern. Da ich über eine höhere Bildung verfügte und in der Lage war, Metaphern besser zu interpretieren als die zumeist eher einfach gestrickten Kuriere, haben sie mir das offenbar auf diese Weise übermittelt.

2. *»Unterteilen Sie alle Haushalte in drei Gruppen: 1. Haupthaushalte 2. Allgemeine Haushalte 3. Zuverlässige Haushalte.«*
Hierbei handelte es sich um eine Einteilung unterschiedlicher Bedrohungsstufen. »Zuverlässige Haushalte« waren diejenigen, in denen Chinesen lebten, unbehelligt und ungestört vom Staat.

In beiden anderen Haushalten lebten muslimische Minderheiten, also diejenigen, die laut Peking eine Gehirnwäsche benötigten. Mit »Allgemeine Haushalte« bezogen sie sich auf Familien, in denen möglicherweise nur eine oder mehrere verdächtige Personen lebten. In einem »Haupthaushalt« aber mussten nicht nur wenige, sondern alle in Ketten gelegt werden.

Nachdem ich den Inhalt studiert hatte, zückte ein Mitarbeiter sein Feuerzeug, und die Botschaft ging in Flammen auf.

Der schwarze Raum

Während des »Unterrichts« kratzten sich viele Gefangene blutig und stöhnten dabei. Ich wusste nicht, ob sie wirklich krank oder verrückt geworden waren. Während mein Mund auf- und zuklappte, ohne dass ich mir selbst zuhörte, und über unseren aufopferungsvollen Patriarchen Xi Jinping lehrte, der »mit seinen Händen die Wärme der Liebe weitergibt«, sind manche »Schüler« im Raum ohnmächtig von ihren Plastikhockern auf den Boden gesunken.

In bedrohlichen Situationen besitzen wir Menschen eine Art Schalter in unserem Gehirn, der wie die Sicherung eines Stromkreislaufs funktioniert. Sobald wir zu große Pein erfahren und das Ausmaß die Aufnahmefähigkeit unserer Sinne übersteigt, schalten sie einfach ab. Um nicht vor Angst den Verstand zu verlieren, verlieren wir in großer Not das Bewusstsein.

In so einem Fall riefen die Wachleute nach den Kollegen draußen, die hereinstürmten, den Bewusstlosen an beiden Armen ergriffen und mit auf dem Boden schleifenden Füßen wie eine Puppe wegschleppten. Sie zogen aber nicht nur die Ohnmächtigen, Kranken und Verrückten aus dem Raum. Plötzlich sprang die Tür auf, und Schwerbewaffnete polterten herein. Völlig grundlos. Manchmal auch nur, weil ein Gefangener die chinesischen Anweisungen des Wachpersonals nicht verstanden hatte.

Diese Abgeholten zählten zu den bedauernswertesten Geschöpfen im Lager. An ihren Augen las ich ab, wie sie sich fühlten. Dahinter tobte ein Sturm aus Schmerz und Pein. Ihre Schreie und Hilferufe, die uns danach in den Fluren das Blut in den Adern gefrieren ließen und uns innerlich in einen Alarmzustand versetzten, waren lang anhaltend, dauerhaft, kaum zu ertragen. Nichts klang trauriger als das.

Mit eigenen Augen habe ich die unterschiedlichen Foltergeräte im »schwarzen Raum« gesehen. Die Ketten an der Wand. Manche Inhaftierte haben sie an Beinen und Händen auf Stühlen festgeschnallt, auf deren Sitzfläche Nägeln mit der Spitze nach oben herausstanden. Viele Gefolterte sind aus diesem schwarzen Raum nicht wieder zurückgekommen, andere taumelten blutüberströmt hinaus.

Gelegentlich haben mich die Wachen mit in die Zellen genommen, damit ich dort für sie übersetzte. Dabei habe ich miterlebt, wie manche Menschen nach der Folter schwerkrank am Boden lagen und nicht mehr fähig waren, selbstständig aufzustehen.

Woher ich von den verschiedenen Apparaturen im schwarzen Raum wusste? Ich bin selbst dort gefoltert worden.

Die Verschwörung: Begegnung mit einer alten Schafhirtin

In einer Nacht im Januar 2018 traf eine große Gruppe neuer Gefangener ein. Unter ihnen war eine kasachische Großmutter mit einem kurzen grauen Zopf, eine einfache Schafhirtin aus den

Bergen. Man sah ihr an, dass sie überraschend fortgeschleppt worden war. Die Polizisten hatten ihr nicht mal Zeit gelassen, Schuhe anzuziehen. Es war Winter und sehr kalt, aber sie hatte nur Socken an. Sie war 84 Jahre alt.

Hilfesuchend hat sich die Greisin nach allen Seiten umgesehen. Als sie zwischen den starr dastehenden chinesischen Wachposten an der Wand mein rundes Gesicht entdeckt hatte, eilte sie auf mich mit ausgestreckten Armen zu, umarmte mich und bettelte: »Bitte, du bist Kasachin, du musst mir helfen! Bitte rette mich! Ich bin unschuldig, ich hab nichts getan! Bitte rette mich!«

So etwas hatte ich nicht erwartet. Ich wusste nicht, was ich in diesem Moment tun sollte.

Erschrocken stand ich da. Sie weinte und zitterte vor Kälte und Angst. Vielleicht habe ich kurz meine Arme um sie gelegt. Ich erinnere mich nicht, was ich getan habe, da alles so schnell ging. Meine Reaktion galt auf jeden Fall als Verstoß gegen den Verhaltenskodex.

Im nächsten Moment haben die Wachen die alte Frau von mir weggerissen und mich weggeschleppt. In den schwarzen Raum. Den einzigen Ort auf dieser Etage, an dem keine Kameras installiert waren, damit es keine Beweise für die Ungeheuerlichkeiten gab, die darin passierten.

Ich stand unter dem Verdacht der Verschwörung.

Wo die Bosheit wohnt

Tatsächlich glich dieser etwa 20 Quadratmeter große Raum einer Dunkelkammer. Die Wand war vom Boden etwa 30 Zentimeter nach oben schwarz und schlampig gestrichen, als hätte jemand Schlamm an die Wand geschmiert. In der Mitte ein drei bis vier Meter langer Tisch, voll beladen mit Foltergeräten und Werkzeugen aller Art.

Elektroschocker und Polizeischlagstöcke, in unterschiedlichen Größen und Formen: dicke, dünne, lange und kurze. Eisenstangen, die benutzt werden, um Hände und Arme in unterschiedlichen Positionen hinter dem Rücken zu fixieren, um möglichst große Schmerzen zu erzeugen.

Selbst an den Wänden hingen Waffen und Instrumente wie aus dem Mittelalter. Solche, mit denen sie die Finger- und Fußnägel herauszogen, oder ein langer Stock, ähnlich wie ein Speer, an dessen Ende sich eine dolchscharfe Spitze befand, um sie den Menschen ins Fleisch zu rammen.

An einer Längsseite waren mehrere Sitzgelegenheiten für verschiedene Zwecke aufgereiht. Elektrische Stühle und Metallstühle mit Stangen und Gurten, die das Opfer daran hinderten, sich zu bewegen. Eisenstühle mit Löchern im Rücken, durch die die Arme über die Schultergelenke geschoben wurden. Mein Blick flirrte über Mauern und Boden. Rauer Zement. Grau und schmutzig, ekelhaft und verwirrend – als hauste das Böse selbst in diesem Raum und nährte sich von unserem Schmerz. Ich war sicher, dass ich sterben würde, noch bevor der Tag anbrach,

Zwei Männer standen vor mir. Einer trug eine schwarze Gesichtsmaske und geschnürte Stiefel. Er war Han-Chinese, was sein Akzent verriet, und dafür zuständig, das Verhör zu führen. Der erste Satz, den er mir entgegenbelferte und den er danach fortwährend wiederholte, lautete: »Was hast du falsch gemacht?« Sie erwarteten, dass ich meine Schuld eingestand und ein Verbrechen erfand, auch wenn ich keines begangen hatte. Sein chinesischer Kollege trug die Uniform eines Polizisten und keine Maske, aber einen Elektroschocker in der Hand.

Ich hatte Angst, dass sie mich auf den »Tigerhocker« mit den Nägeln binden oder mit einem Skalpell aufschlitzen würden, doch sie hatten für mich den Stromstuhl gewählt. Über meinen Körper haben sie eine sehr eng anliegende Metallstange verriegelt, sodass ich mich kaum noch rühren konnte.

»Was hat die alte Hirtin zu dir gesagt? Wieso hat sie sich so verhalten? Kennst du sie etwa?«

»Sie hat mich angefleht: ›Rette mich!‹«, gab ich wahrheitsgetreu zurück. Einerseits wollte ich mich selbst retten, andererseits der alten Frau helfen, daher habe ich ihren Satz unterschlagen: »Ich bin unschuldig!« Keiner unter den Chinesen verstand Kasachisch, wenn ich das aber diesen Folterknechten übersetzt hätte, würden sie die Greisin noch härter bestrafen. In diesem Lager ging es darum, seine Schuld zu bekennen, nicht sie abzustreiten.

Und schon schüttelte sich mein ganzer Körper und zuckte, als gehörte er nicht mehr zu mir. Gleichzeitig prasselten Schläge auf mich nieder. Mit hängendem Kopf sah ich die geschnürten Stiefel vor meinem Gesicht. Langsam, sehr langsam hob ich das Kinn.

»Du bist eine Verschwörerin! Du lügst«, wütete der Maskierte. Dann verpassten sie mir den nächsten Schlag über die Schulter, auf den Kopf, die Hände, bis ich wieder in mich zusammenfiel.

Je länger ich die Antwort hinauszögerte oder meine Schuld nicht eingestand, desto höher drehten sie den Strom. Ich musste mich schuldig bekennen: »Ja, ich kenne diese Frau von früher. Sie hat mich darum gebeten, einen Telefonanruf für sie zu machen, um ihren Angehörigen Bescheid zu geben, dass die Tür an ihrer Hütte offen geblieben ist ...« Jeder Satz ein Kraftakt.

Beide Folterknechte kannten keine Menschlichkeit, weder Sympathie noch Emotionen. Sie waren wie kranke Hunde an der Kette. Beißwütig und wild. Diese Männer betrachteten uns nicht als Menschen, sondern eher wie Versuchstiere und Laborratten.

Vom Schock der Stromschläge wurde ich immer wieder kurz besinnungslos.

Es war ihnen deutlich anzusehen, welch tiefe Befriedigung sie aus dem Leid anderer zogen. Sie lachten dabei. Je mehr sie mich vor Schmerzen winseln hörten, desto intensiver zeichnete sich die Freude auf dem Gesicht des Unmaskierten ab und desto leidenschaftlicher malträtierten sie mich.

»Du darfst deinen Schmerz nicht zeigen«, hörte ich die Stimme jenes mysteriösen Heilers aus dem Taxi in mir, die sich mit der meines Vaters überlagerte. Von weit, weit her kam sie.

Auch als sich alles an mir taub anfühlte, in meinen Ohren das Blut pulsierte und die Welt im grauschwarzen Nebel versank, habe ich mit schwerer Zunge denselben Satz gelallt: »Ich kenne diese Frau von früher ...« Jedes Mal versuchte ich, den Kopf zu heben und nur wenig Schmerzlaute zu äußern. So verging ihnen die Lust, und mir sind weitere Strafen erspart geblieben.

Drei Stunden später lag ich am Boden in meiner Zelle. Und sofort danach versank alles in tiefes Schwarz. Als hätte mich die Nacht wie ein schwarzes Totentuch unter sich begraben. Doch auf einmal pochte es an der Tür. »Aufstehen!« Jede Bewegung fuhr mir wie ein Messerstich durch den Körper, aber ich musste irgendwie auf die Beine kommen und meine Arbeit erledigen. Sonst lieferte ich ihnen einen neuen Grund zur Folter. Und das hätte meinen Tod bedeutet.

Durchhalten

Diese Nacht im schwarzen Raum hatte mich verändert und als Bündel voller Angst zurückgelassen. Ich fühlte mich fremd, abgetrennt, andersartig. Meine Schritte waren schwer, als würde mich der Boden verschlucken wollen, fast vermochte ich es nicht, die Füße zu heben. Die Schmerzen waren nicht auszuhalten. Trotzdem hielt ich meinen Unterricht. Es dröhnte in meinem Kopf, so als bohrte und ratterte ein Presslufthammer darin.

Als ein Mitarbeiter im Unterrichtsraum die alte Schafhirtin das erste Mal mit ihrem Verbrechen konfrontierte: »Du bist eine Spionin, weil du mit deinem Handy ins Ausland telefoniert hast«, hat sie erbittert jede Schuld von sich gewiesen. Daraufhin haben sie dieser 84 Jahre alten Greisin im schwarzen Raum die Fingernägel abgezogen. Wenn danach ein Angestellter sie zur Rede gestellt hat: »Warum bist du hier?«, hat sie sich bemüht, in holprigem Chinesisch einzuräumen: »Ich habe am Handy ins Ausland telefoniert.« Diese einfache Frau hatte nie ein Handy besessen, geschweige denn, dass sie wusste, wie man es benutzte.

Als zusätzliche Strafe für meine unerlaubte Nähe zu dieser alten Frau habe ich zwei Tage lang kein Essen erhalten. Egal, wie wenig Leben noch in mir war, nie habe ich die Hoffnung aufgegeben, aus diesem Ort der Verdammnis wieder herauszukommen. Nie!

Um durchzuhalten, habe ich mir nachts ausgemalt, wie ich zusammen mit meinen Kindern in Kasachstan spazieren ging. Anderthalb Jahre hatte ich Wukilumu und Wulanai nicht mehr gesehen. Diese Trennung war ein Leid, das so schwer wog, als würde mir jemand in der Faust das Herz zusammenpressen.

Manchmal warf ich mich nachts am Boden von einer auf die andere Seite, bis die Stimme meines Vaters zu mir durchdrang. »Bleibe stark, meine Tochter.« »Ja«, antwortete ich und blieb still liegen, nur meine Lippen bewegten sich. »Wenn alles gut geht, Vater, werde ich mit meinen Liebsten in Zukunft andere Länder bereisen und kostbare Momente in Freiheit erleben.«

Sterben war keine Option, denn ich wollte meine Kinder wenigstens noch einmal wiedersehen. Und ich war fest entschlossen, irgendwie aus diesem Lager herauszukommen, um draußen der Welt gegenüber Zeugnis abzulegen, was hier Ungeheures vor sich ging.

In ein normales Gefängnis wäre man auf der Basis eines Gerichtsurteils eingewiesen worden, hätte seine Zeit abgesessen und wäre dann wieder entlassen worden. Doch hier im Lager wusste man nie, ob man wieder herauskam, obwohl man unschuldig war. Diese außergerichtlichen Festnahmen und systematischen Internierungen sind eines der größten Verbrechen gegen die Menschlichkeit in unserer Zeit.

Jeden Monat hielt mich die Hoffnung lebendig, dass es einen Aufschrei in der freien Welt gäbe, sobald die Wahrheit über diesen Horror in Ostturkestan ans Licht käme! Dann würden die freiheitlichen Länder begreifen, in welcher Gefahr sie selbst schwebten. Und ich stellte mir vor, wie sich die anderen Staatsoberhäupter in die unmenschliche Politik Pekings einmischten und die Welt wieder zu einem besseren Ort machten.

All diese Gedanken haben mich aufrecht gehalten.

Kranke am Fließband erzeugen, aber Krankheiten vorbeugen

Als ich nachts mal wieder meinen Wachdienst ableistete, stand eine lange Schlange Gefangener vor dem offen stehenden Medizinraum an. »Es handelt sich nur um eine Impfaktion!«, beschwichtigen die Schwestern, damit die Menschen nicht hyperventilierten oder um sich schlugen. Ein Arzt pflichtete bei: »Es ist nur eine vorbeugende Maßnahme, um ansteckende

Krankheiten zu vermeiden.« Genauer präzisiert haben sie das aber nicht. Von oben verabreichten Schwestern und Ärzte den Gefangenen eine Spritze in die Schulter. Manche wehrten sich dagegen, vor Angst schreiend: »Ich will keine Injektionen!«, doch zwei Sanitäter hielten sie fest, während der dritte die Spritze setzte. Danach prügelten die Wachen diejenigen Häftlinge, die sich gewehrt hatten, in den schwarzen Raum.

Wenn es sich tatsächlich um eine vorbeugende Maßnahme gegen ansteckende Krankheiten handelte, warum ergriffen sie dann nicht viel einfachere und effizientere Maßnahmen? Warum desinfizierten sie nicht die Zellen? Warum ließen sie so viele Menschen auf so engem Raum 24 Stunden lang zwischen Urin und Fäkalien liegen?

Und wieso verabreichten sie das Medikament ausgerechnet von oben in die Schulter? Wieso nicht an anderen Körperstellen? Als Medizinerin wusste ich, dass man Spritzen oft von oben setzte, wenn es darum ging, bei Kindern Krankheiten zu vermeiden. Solche Maßnahmen waren bei Erwachsenen unnötig, da sie bei ihnen keine schützende Wirkung entfalteten. Warum hat man alle Inhaftierten zu dieser »Impfung« gezwungen?

Es gab so viele kranke Menschen in diesem Lager. Die Gefängnisverwaltung hatte dank der penibel ausgefüllten Krankenakten genauesten Einblick in den Gesundheitszustand jedes einzelnen Gefangenen. Warum mussten die Gefangenen fast jeden Monat erneut »geimpft« werden? Wenn sie wirklich den Kranken helfen wollten, warum verweigerten sie ihnen dann die Behandlung und erleichternde Maßnahmen?

Wieso halfen sie nicht der Frau, die vor ihrer Inhaftierung eine Gehirnoperation hatte und nun vor Schmerzen fast den Verstand verlor? Warum ließen sie eine junge Frau, die Diabetikerin war, den ganzen Tag lang in ihrer Zelle auf dem nackten

Boden vor sich hindämmern? Da sie ihr die Medikamente verweigerten, litt sie mittlerweile unter der schwersten Form des Diabetes, war nicht mehr in der Lage, hochzukommen. Ich weiß nicht, was aus ihr geworden ist. Als ich fortging, lag sie noch immer auf dem Boden.

Medizinische Vernichtungsmaßnahmen

Nach einer Weile verordneten sie auch mir die Einnahme von Medikamenten. »Das ist gut für dich und dient zur Vorbeugung von Krankheiten«, meinte der Arzt. Diese große Tablette sollte ich fortan einmal in der Woche vor den Augen der Schwester »Xiao Chen« schlucken. Was blieb mir anderes übrig?

Nach der Einnahme habe ich unter großen Magenproblemen und Übelkeit gelitten. Auch nach der zweiten Tablette kämpfte ich dauernd gegen das Gefühl an, mich gleich übergeben zu müssen. Die junge chinesische Krankenschwester rückte ihre Camouflage-Kappe zurecht und betrachtete mich mitleidig. Sie war für die Verteilung der Medikamente zuständig. Schmale Gestalt, langes Gesicht, großer Charakter.

Als ich beim nächsten Mal mit ihr in der Schlange zum Essen anstand, hat sie mir von hinten leise zugezischt. »Nicht mehr schlucken! Giftig!« Beim nächsten Mal habe ich vor ihr und der Kamera nur noch so getan, als ob ich die Tablette einnahm. Die Krankenschwester hat das anschließend auf einem Bogen für mich bestätigt, während ich mir unauffällig die Tablette aus dem Mund wischte und beim Aufräumen nebenher im Müll verschwinden ließ.

Um genau solche zwischenmenschlichen Kontakte wie bei uns zu vermeiden, war die Lagerleitung bemüht, die Angestellten beständig auszuwechseln. Die Leute sollten nicht zu lange zusammenarbeiten und sich anfreunden.

Diese Chinesin aber, die mir geholfen hat, war seit meiner Ankunft auf dieser Etage im Einsatz und kannte mich seit Wochen, da ich oft die Gesundheitsakten sortierte und ihr zur Hand ging. Dass es unter den chinesischen Lagermitarbeitern auch welche gab, die den Mut hatten, sich menschliche Gefühle zu erlauben, hat mir mein Herz vor Freude schneller klopfen lassen. Vielleicht war es auch »Xiao Chen« gewesen, die verhindert hatte, dass ich wie alle anderen »geimpft« worden bin?

Es gab aber nicht nur diese eine Tablette und diese eine Impfung für uns Kasachen in diesem Lager, sondern es waren viele verschiedene Medikamente, die sie uns verabreicht haben. Manche Gefangenen pressten furchtsam den Mund zu, andere weinten: »Ich will keine Medikamente«, aber niemand kam ihnen aus. Die Sanitäter öffneten den Gefangenen mit Gewalt den Kiefer und gaben ihnen die Mittel ein.

Sehr viele Frauen hatten danach keine Periode mehr. Vielleicht wollten sie uns unfruchtbar machen, damit wir uns nicht weiter vermehren könnten? Nachdem ich diese Wirkung beobachtet hatte, bestätigte das später die Krankenschwester. »Sie bekommen keine Kinder mehr.« Andere Inhaltsstoffe ließen die Häftlinge gleich nach der Einnahme in völlige Apathie versinken. So ein Mensch spürte keine Sehnsucht mehr, dachte nicht mehr an seine Familie oder an sein früheres, normales Leben. Dann gab es Pharmazeutika, die auf Dauer ihre Körper vergifteten.

Als ich einmal im Medizinraum aufräumte und den Müll einsammelte, fragte mich im Vorbeigehen »Xiao Chen« knapp: »Darf ich den Zettel reinwerfen?« Bevor sie weiter ging, hat sie mir mit einem kleinen Fußtritt ein Zeichen gegeben. Ich hatte verstanden, aber ich musste vorsichtig sein, bevor ich die Nachricht wieder herausfischte, da sich auch ein Wachmann im Raum befand.

Als ich die Mülltüte herauszog, nahm ich unauffällig einen kleinen zusammengerollten Zettel, versteckte ihn in meinem Schuh und schmuggelte ihn auf diese Weise nachts in meine Zelle. Auf meiner Plastikfolie liegend, habe ich mir, wie so oft, wegen der grellen Beleuchtung die Decke über den Kopf gezogen. Mit leicht zittrigen Fingern rollte ich die Nachricht auf und las. »Nehmen Sie keine Medikamente und Spritzen! Lebensgefährlich!«

Es waren keine medizinischen Versuche, die sie mit uns Gefangenen durchgeführt haben. Sie wollten uns nicht nur gefühlstaub oder auf Dauer verrückt machen. Das waren Mittel, um uns zu vernichten. Danach habe ich den Zettel in den Mund geschoben, gekaut und verschluckt.

Uns Frauen trifft es immer am schlimmsten

Jeden Tag hörte man gellende Schreie aus dem schwarzen Raum. Jeden Tag versteinerte man ein Stück mehr. Die Folter hat manch starken Mann gebrochen, aber am schlimmsten im Lager hat es Frauen und Mädchen getroffen. Wenn ich Wach- oder Putzdienst hatte, verfolgte ich, wie sich die Wachen gegen Abend aus den Zellen die jüngsten und schönsten Mädchen herausholten, meist 18 oder 19 Jahre alt.

Wie hätten sich diese hilflosen Geschöpfe wehren sollen? Hätten sie geschrien oder geweint, wären sie anschließend im schwarzen Raum misshandelt worden. Die leitenden Mitarbeiter durften über unsere Körper frei verfügen. Zu diesem Zweck hatte die oberste Führung in Peking sie mit grenzenloser Macht ausgestattet. Das erlaubte den Mitarbeitern, nicht nur alle Gefangenen auf bestialische Weise zu traktieren, sondern sie auch zu töten.

Während ich die Büros reinigte oder meinen Bericht verfasste, lauschte ich angestrengt, wie einige Mitarbeiter über neue Anweisungen zur Folter diskutierten und sich gegenseitig wieder und wieder versicherten: »Das ist wirklich gut, dass wir das jetzt Schwarz auf Weiß haben, niemand kann für Folter bestraft werden.« Zwei fragten noch einmal nach: »Bist du ganz sicher?« »Jaja, wir sind geschützt. Uns passiert nichts. Wir können mit ihnen tun, was wir wollen.«

Bei solchen Gesprächen unter Angestellten versuchte ich stets, so viel wie möglich aufzunehmen, um genau zu verstehen, was hier vor sich ging. Diese Männer waren furcht- und gnadenlos. So grausam aber ist nur, wer in solchen Freiräumen der Gewalt keine Strafe fürchtet. Kein Gericht zog diese Mörder, die in diesen Lagern ihre sadistischen Gelüste auslebten, zur Rechenschaft.

Erst am nächsten Tag brachten die Wachen die Mädchen, die sie am Vorabend abgeführt hatten, in den Unterrichtsraum zurück. Blass und verschreckt sahen sie aus. Manche hatten aufgeschürfte Haut und blinzelten durch verschwollene rote Augen. Trotz ihrer tiefen Erschöpfung merkte man ihnen an, wie bestürzt sie waren und welchen Horror sie durchlitten hatten.

Eines dieser Mädchen, das sie erst eine halbe Stunde nach Beginn der Lektionen in den Raum führten, wirkte völlig abwesend. Ihre Arme hingen schlaff an ihr herunter. Sie hat sich nicht auf ihren Plastikhocker gesetzt und nicht ihren Stift genommen, obwohl alle Schüler bereits Notizen machten, damit sie keinen Punktabzug erhielten.

»Setz dich!«, stauchten die Uniformierten sie zusammen, aber sie schaffte es einfach nicht. Daraufhin sollte ich sie verwarnen und habe sie mit ihrer Nummer laut angesprochen: »Du, Mädchen Nummer ..., setz dich hin.« Aber sie hat keine Reaktion gezeigt, nur mit diesem einen Satz geantwortet: »Ich bin kein Mädchen mehr.« Da haben die Wachen sie in den schwarzen Raum gebracht.

Nie wusste man am Morgen, wie der Tag zu Ende ging. Nie wusste man, ob man am Abend noch derselbe Mensch war. Auf welche Weise einen die Qualen des Tages verändert hatten. Welche Eindrücke sich im Kopf wie Stacheldraht verharkten und das Hirn über Nacht zerfleischten.

Letzte Prüfung

Ende Januar 2018 haben sie überraschend etwa hundert Gefangene in einem großen Saal zusammengerufen, den ich vorher noch nie betreten hatte. Viele Mitarbeiter saßen dort bereits im Halbrund, hintereinander in mehreren Reihen auf Plastikstühlen. Ich stand weiter hinten und hatte wie alle anderen Gefangenen keine Ahnung, warum diese Versammlung stattfand.

Ein schwarz Maskierter in geschnürten Lederstiefeln trat in die Mitte und rief eines der Mädchen auf vorzutreten, damit sie ihr Verbrechen bekannte, umrundet von uns Zuschauern. Sie war noch nicht so lange da, etwas fülliger und kahlrasiert wie alle, vielleicht 20 oder 21 Jahre alt.

Wie geheißen, legte sie ihr Geständnis auf Chinesisch ab: »Als ich in der 9. Klasse war, habe ich einer Freundin übers Handy eine Nachricht geschickt, um ihr einen gesegneten Feiertag zu wünschen. Das war ein religiöser Anlass und ein Verbrechen. Ich werde das niemals wieder tun!« Unser Leben lang war es unter uns Muslimen üblich gewesen, an unseren Feiertagen gegenseitig gute Wünsche zu verschicken. Nicht anders als Christen, wenn sie sich »Frohe Ostern« oder »Schöne Weihnachten« wünschten. Beim Überprüfen ihres Handys hatten die Parteikader diese Jahre alte Textnachricht entdeckt.

»Leg dich hin!«, befahl einer der Maskierten dem Mädchen. Verwundert reckten die Umstehenden die Köpfe. Was sollte das? Mit geweiteten dunklen Augen blickte das große Mädchen um sich und leistete unsicher dem Befehl Gehorsam, während zwei andere Männer mit Masken sie umstellten.

Mit einem Ruck riss ihr einer die Hose vom Leib herunter und öffnete die eigene. »Nein!«, schrie das Mädchen entsetzt und versuchte aufzuspringen, ihr Gegenüber mit den Händen abzuwehren, aber der Maskenmann drückte sie im nächsten Augenblick mit seinem ganzen Gewicht zu Boden. In wilder Panik blickte sie zu den Zuschauern und schrie: »Helft mir! Bitte helft mir!«, während der Mann über ihr anfing, wie ein Tier zu schnaufen.

Niemand im Publikum regte sich im ersten Moment. Wir waren schockgefroren. Wie Nackte im Eis. Meine Schläfen pochten, meine Gedanken rasten. »Lauf, Sayragul, lauf davon!« Sehr angestrengt wanderten meine Augen hin und her, ob es irgendwo Hilfe gäbe, einen Ausgang, aber da waren nur geschlossene Türen. Und überall die Wachen, die unsere Gesichter belauerten wie Raubtiere auf der Jagd.

Einige unter den Zuschauern sind zusammengebrochen, haben laut geweint. Sofort haben sie diese Angeketteten unter den Armen gepackt und hinausgeschleppt. Da hatte ich verstanden, warum wir hier waren. Das war eine Prüfung! Sie wollten testen, ob sie uns von unseren »kranken religiösen Gedanken« geheilt und auf Parteilinie gebracht hatten. »Helft mir! Bitte helft mir!«

Nichts war schlimmer, als hilflose Zeugin solch irrsinniger Torturen zu sein. Es fühlte sich an wie eine Amputation ohne

Betäubung. Wer jedoch unter uns seine Schmerzen zeigte, verriet aus Sicht der Lagerleitung, dass er nationale oder religiöse Gefühle für seine kasachischen Landsleute bewahrt hatte. »Ruhig bleiben, Sayragul, ruhig bleiben ...«

Ungerührt sollten wir dabei zusehen, wie der Kopf dieser junge Frau besinnungslos vor Angst und Schmerz hin und her schlug. Als der erste Mann fertig war und die Hose wieder hochzog, satt gefressen wie eine Hyäne, machte sich der zweite Maskierte über den geschundenen Körper am Boden her.

Einige Männer unter den Gefangenen hielt es nicht länger auf ihren Plätzen, sie sind aufgesprungen und haben aus vollem Halse geschrien: »Warum foltert ihr uns so? Habt ihr denn kein Herz? Habt ihr keine eigenen Töchter?« Sofort griffen die Wachen diese Leute und führten sie fort, während das Mädchen schrie, bis sie leer war, innerlich ausgehöhlt, während sich der dritte Maskierte zwischen ihre blutigen Schenkel drängte.

Ein Schweißtropfen löste sich an meiner Schläfe, als das Mädchen nur noch röchelte. Sie war ihre Beute, die sie zerstören durften, wenn ihnen danach war. Manche konnten den Anblick nicht länger ertragen und ließen die Köpfe hängen. Es waren nicht nur Einzelne, sondern mehrere Inhaftierte, die die Bewaffneten abführten. Alle sind verschwunden.

Nach diesem Vorfall fand ich keinen Schlaf und keine Ruhe mehr. Jede Nacht habe ich mir die Decke über den Kopf gezogen, mein Gesicht in das dünne Plastikkissen vergraben, damit mich bloß keiner sah, stoßweise atmend. Ich war nicht mehr in der Lage, einen klaren Gedanken zu fassen. Sobald mir die Augen zugefallen sind, schreckte ich wieder hoch. Und dann blickte ich wieder in dieses panikerfüllte Gesicht und hörte ihren Schrei: »Bitte, helft mir! Helft mir doch!« Aber niemand konnte ihr helfen. Niemand.

Als ich in Freiheit war, habe ich es Monate lang nicht fertiggebracht, jemandem diese Geschichte zu erzählen, weil sich dann alles wieder genauso anfühlte, als wiederholte es sich ein zweites Mal. Solange ich lebe, werde ich das nicht vergessen. Ich komme damit einfach nicht zurecht.

Anderthalb Monate später geschah erneut etwas Unerwartetes.

KAPITEL 7

»BESSER AUF DER FLUCHT STERBEN ALS IM LAGER«

März 2018: Entlassung

Wie eine Statue reihte ich mich um Mitternacht neben den anderen Wachen an der Wand auf und verfolgte aus den Augenwinkeln, wie einige Offiziere zielstrebig die Halle durchqueren und in dem Büro verschwanden, in das mich die Polizisten in der ersten Nacht geführt hatten. Nach einiger Zeit kam von dort ein Wachmann heraus und holte mich hinein. Was wollten sie von mir? Immer rechnete ich mit dem Schlimmsten.

Hinter dem Schreibtisch hockte ein unbekannter Offizier, der mich anblaffte: »Dein Auftrag hier ist beendet! Du gehst heute nach Hause und wirst weiter deine Arbeit als Direktorin im Kindergarten verrichten. Deinen Mitarbeitern wirst du erzählen, dass du von einer Umschulungsmaßnahme aus dem Inland kommst.«

Nach Hause gehen? Kein einziges Wort habe ich diesem Mann geglaubt. Wahrscheinlich wollten sie mich in Wirklichkeit in ein anderes Lager verlegen. Mit zusammengekniffenen Augen blickte er mir in mein unbewegtes Gesicht. »Niemals wirst du irgendjemandem da draußen von diesem Lager erzählen. Vergiss niemals deinen Vertrag.« Dieser Pakt, den ich damals unterschrieben hatte, lag wie eine Warnung vor ihm auf dem Tisch. Sein Finger drückte so fest darauf, dass sich der Nagel vorne weiß verfärbte. »Verstanden?!« »Verstanden«, gab ich im militärischen Tonfall zurück.

Daraufhin wedelte er mich wie eine lästige Fliege zur Tür hinaus. »Gib deine Uniform ab, ziehe deine eigene Kleidung an und pack dein Zeug!« Niemals würden sie eine Zeugin wie mich auf freien Fuß setzen. »Wie wird das enden, Sayragul?«, fragte ich mich. Kaum war ich umgezogen und hatte mein Handy zurückerhalten, stülpten sie mir einen schwarzen Sack über den Kopf.

Wie bei der Ankunft im November letzten Jahres passierten wir einige Kontrollstellen. Viele Türen öffneten sich, und für Sekunden spürte ich die laue Frühlingsluft an meinen Händen, als sich die Autotür auf der Rückbank hinter mir schloss und sich zwei Polizisten neben mich setzten.

Nie hatte ich dieses Gebäude von außen gesehen. Bis heute weiß ich nicht, wo es sich genau befindet, aber es gibt Karten und Satellitenaufnahmen, die die Existenz mehrerer Lager in diesem Bezirk beweisen. Wahrscheinlich würden sie mich an der nächsten Straßenecke umlegen? Aber bevor sie mich töteten, würden sie mich noch vergewaltigen ...

Als sie mir den Sack vom Kopf herunterzogen, traute ich meinen eigenen Augen kaum. Es war Ende März, vielleicht vier Uhr morgens, und neben mir befand sich unser Haus. »Morgen gehst du, wie immer, zur Arbeit«, ordnete mir der Fahrer an und schob nochmals die Drohung hinterher: »Denk dran, was in deinem Vertrag steht.« Niemandem dürfte ich jemals erzählen, was ich gesehen und gehört hatte.

Wie in Trance bin ich in die Wohnung gelaufen, habe mich im Dunkeln in die Küche auf einen Stuhl gesetzt und bin dort bis zum Morgengrauen sitzen geblieben. In meinem Kopf kreiste die unbeantwortete Frage, bis mir schwindelig davon war. »Wie wird es jetzt weitergehen?« Ich stand unter Hochspannung und wurde den Verdacht nicht los, dass mir etwas Ungeheures bevorstände.

Als ich mich am Morgen das erste Mal nach Monaten im Spiegel sah, erschrak ich. Eine bleiche Maske aus Haut und Knochen starrte mir entgegen. Meine Schlüsselbeine standen heraus wie bei einem Gerippe. Schnell habe ich Make-up aufgetragen, die Augen schwarz und die Lippen rot geschminkt und meine beste Kleidung gewählt.

Alle Mitarbeiter sollten denken, dass ich gerade aus einer großen Stadt zurück in die Provinz käme. Genau wie es ihnen die Parteigenossen die ganze Zeit über vorgetäuscht hatten. Keiner durfte merken, woher ich wirklich kam, andernfalls machten sie mich fertig.

»Wieso bist du so dünn geworden?«

»Wie schön, dass du endlich zurück bist!« Viele Mitarbeiter eilten freudig auf mich zu und umstellten mich, besonders die jungen Mädchen waren ganz aus dem Häuschen. »In welcher Stadt warst du? Was hast du dort erlebt? War es interessant dort?« Gleichzeitig musterten sie mich besorgt in meinen schlotternden Kleidern. »Wieso bist du so dünn geworden?« Ich winkte ab. »Ach, da blieb nicht viel Zeit zum Essen, es gab viel zu tun …« Ich hatte über zehn Kilogramm abgenommen.

Kurz stützte ich mich an der Wand ab, weil mir schwarz vor Augen war. Doch ich versuchte, Schwindel und Schwäche so gut wie möglich zu kaschieren, wimmelte sie ab und sagte, dass ich sehr müde von der langen Reise sei und noch viele liegengebliebene Sachen im Büro zu erledigen hätte. »Später können wir uns in Ruhe zusammensetzen, dann erzähle ich euch, was ich alles gesehen habe …« Für heute aber sei es genug.

Auch am nächsten Morgen lief ich zur Arbeit, grüßte mit einem Lächeln nach allen Seiten wie früher, nur mein Kopf war wie in Watte gepackt. Unterwegs traf ich einen Kasachen, der einst eine leitende Position in der Schule bekleidet hatte. Traurig schüttelte er den Kopf. »Wie schaffst du es bloß, immer noch weiterzumachen? An deiner Stelle hätte ich mich längst von einem dreistöckigen Gebäude gestürzt.« Unser Kindergarten hatte drei Stockwerke. Wahrscheinlich ahnte er wie alle anderen, dass ich im Lager gewesen war und mir das Wasser nun bis zum Halse stand.

Am Nachmittag suchte mich im Büro eine Gruppe aus mehreren Leuten vom Amt für Bildungswesen auf. Einer teilte mir mit, dass ich mit sofortiger Wirkung als Direktorin gekündigt sei. »Sie werden zu Hause auf weitere Anweisungen warten.« Den restlichen Tag hämmerte es in meinem Kopf. Hatte mich jemand denunziert? Was für ein Spiel trieben sie da? In Gedanken ging ich jede meiner Handlungen wieder und wieder durch. Geplagt von der Angst, dass jemand einen Fehler entdeckt hatte, der mir selbst entgangen war.

»Sie können mir nichts vorwerfen«, sagte ich mir und wartete schicksalsergeben ab. Gegen 21 Uhr drangen zwei Polizisten in meine Wohnung ein, stülpten mir den Sack über den Kopf und nahmen mich in ihrem Auto mit. Wenig später fand ich mich auf der Polizeistation in einer Zelle wieder, vor mir ein Gitter mit einem Schloss, dahinter ein Uniformierter, der dort etwa eine Stunde lang auf einem Stuhl an der Wand lehnte und wartete, bis ein zweiter Mann in Uniform dazustieß.

Beide bauten sich vor dem Gitter auf. Der Hinzugekommene stellte die Fragen, der andere hielt den Mund. Wahrscheinlich waren beide vom Geheimdienst. »Diesmal sperren sie mich zu den Gefangenen ins Lager«, war ich mir gewiss.

»Mit Beginn des Jahres 2018 ist die Zeit der Säuberung der Zweigesichtigen angebrochen«, hob der eine an. Damit meinte er solche Menschen wie mich. »Du bist eine der schlimmsten Verräterinnen! Obwohl wir dir so viel Vertrauen entgegengebracht haben, trägst du eine Maske. Auf der einen Seite zeigst du ein gutes chinesisches Gesicht, aber auf der anderen hast du dein böses kasachisches behalten.«

Was war mein Vergehen? Was hatte ich übersehen? Ich war wie vor den Kopf geschlagen. »Bis zum heutigen Tag hast du weder deine Familie zurückgeholt noch dich von deinem Mann scheiden lassen. Das beweist, dass du noch immer eine große Zuneigung für die Feinde im Ausland hast.« Niemals hätte ich mich zur Scheidung zwingen lassen. Abgesehen davon, hätten sie mich selbst danach nicht in Ruhe gelassen.

In der ersten halben Stunde habe ich händeringend versucht, mich gegen ihre Anwürfe zu wehren. »Ich habe keinen Kontakt mit meiner Familie. Und ich verstehe nicht, was Sie mir eigentlich vorhalten …« Dieser Beamte verzog sein Gesicht, als würde er eine Kakerlake betrachten. »Wie kannst du uns so etwas Gemeines antun? Als Parteimitglied und als Leiterin in einer so hohen Position?« Mit dramatischer Geste hob er die Hände. »Du benötigst dringend eine Umschulung. Das wird bis zu drei Jahre Zeit in Anspruch nehmen, bis dein kranker Kopf wieder in Ordnung kommt.«

Die nächsten Tage sollte ich nutzen, um meine Nachfolger im Kindergarten in die Arbeit einzuweisen und sie mit allen Papieren vertraut zu machen. »Erledige deine Sachen. Dann warte auf Anweisung von uns. Du wirst abgeholt.«

Ein Schlag in die Magengrube? Nein, ich spürte gar nichts mehr. Außer instinktiver Abwehr, wildem Trotz und großem Ekel gegenüber dieser Partei und dieser Regierung, die uns heilen wollten, indem sie uns aus dem Weg räumten. Mir war klar: »Aus dem Lager komme ich nie mehr heraus. Ich werde dort sterben.«

Nachts taumelte ich unter die Dusche. Knie, Füße, Rücken – alles schmerzte mir. Dazu das Herzrasen, die Angst, die Atemnot. Färbte das Blaulicht der Polizeiautos die Wände blau, erstarrte ich. Es waren keine einzelne Krankheiten, die ich aus dem

Lager mitgebracht hatte. Ich war völlig kaputt. Als das warme Wasser auf mich niederprasselte, habe ich kapiert: »Das ist kein Albtraum, Sayragul, das ist die Wirklichkeit.«

Besser auf der Flucht als im Lager sterben

In dieser Nacht lief ich wie eine Schlafwandlerin von einem Raum zum anderen. Im Kinderzimmer öffnete ich die Schränke, nahm einige Kleidungsstücke heraus und presste sie an mein Gesicht. Ein beißendes Gefühl kroch mir den Hals hinauf. Da fing ich laut und hilflos an zu weinen. Ich setzte mich auf das Bett, die Fäuste geballt, krümmte mich zusammen und hielt mich schluchzend mit beiden Händen an diesen Kinderkleidern fest.

Nach so langer Zeit war es das erste Mal, dass ich Gefühle zeigen durfte. Dabei floss alles aus mir heraus, was ich in den letzten Monaten so mühevoll unterdrückt hatte. All die schrecklichen Bilder drückten wie Blasen in einem Sumpf nach oben. Die Ketten an den Füßen der Gefangenen, ihre gefolterten Leiber, die in Panik aufgerissenen Augen der Mädchen: »Bitte helft mir!« Ich habe so laut geweint und geschrien, bis ich nichts mehr gefühlt habe.

Als ich am frühen Morgen keine Tränen mehr hatte, hatte ich eine Entscheidung getroffen: »Ich werde nach Kasachstan fliehen!« Natürlich wusste ich, dass alles, was ich ab sofort in dieser Sache unternehmen würde, mich im nächsten Augenblick ins Lager bringen könnte, aber lieber starb ich auf der Flucht als dort. Ich musste schnell sein. Schneller als die Sicherheitsbeamten, die mich verfolgten.

Auf meinem Display sah ich, dass meine Mutter, meine Schwestern und Brüder in den letzten Monaten mehrmals versucht hatten, mich zu erreichen. Niemand aus meiner Familie hat gewusst, dass ich im Lager war. Wie alle anderen hatten sie angenommen, dass ich in einer anderen Stadt an einer Umschulung teilgenommen hatte. Obwohl ich so große Sehnsucht nach ihnen hatte, durfte ich keinen zurückrufen. Auf keinen Fall sollten sie wegen mir Schwierigkeiten bekommen.

Als Erstes wollte ich versuchen, meinen Reisepass zurückzubekommen. Allerdings hatte ich keine Ahnung, wo sich die eingesammelten Ausweise der Beschäftigten aus dem Bildungssektor befanden. Daher bin ich am nächsten Tag zur Polizeistation gegangen und habe einfach nachgefragt. »Keine Ahnung«, beschieden sie mir dort mit einem Achselzucken.

Da ist mir ein sehr guter chinesischer Bekannter eingefallen, der das wissen könnte. Sofort rief ich ihn an: »Weißt du, wie ich meinen Reisepass zurückbekommen kann?« Mit hektischer Stimme raunte er mir zu: »Rede mit mir nicht über solche Sachen! Sonst hackt man erst mir und dann dir den Kopf ab.« Tut, tut, tut … Und schon hatte er aufgelegt. Gut, dann musste ich eben auf den Reisepass verzichten. Irgendeine Möglichkeit, die Grenze zu überqueren, würde mir schon noch einfallen. Hauptsache, keine Zeit verschwenden und so schnell wie möglich weg von hier!

Eine Nachbarin lief auf mich zu, als sie mich nach der Arbeit in meine Einfahrt einbiegen sah. »Ich habe noch immer keine Nachricht von meinen Kindern, schon seit sechs Monaten versuche ich vergebens, eine Besuchsgenehmigung zu bekommen«, sagte mir diese Mutter und wischte sich mit dem Ärmel die Tränen aus den Augen. Ihre Söhne waren seit 2016 inhaftiert. Sie drückte ein Taschentuch vors Gesicht. »Ich will doch nur wissen, ob sie noch am Leben sind.« Was sollte ich dazu sagen? Tröstend legte ich ihr die Hand auf die Schulter. »Bestimmt kommen sie bald frei …« Doch im Grunde wussten wir es beide besser.

Kaum hatte ich die Tür hinter mir zugezogen, klingelte mein Handy. Am Apparat war ein kasachischer Bekannter, der bei der Polizei arbeitete. »Du musst mir ein bisschen Geld leihen. Um die 30 Yuan? Geht das?« Ich habe mich über seine unerwartete Anfrage und den geringen Betrag gewundert. »Ich brauche unbedingt das Geld.« Sein Tonfall erlaubte keinen Widerspruch. »Ich bin gerade unterwegs in eine andere Stadt, dann können wir uns kurz treffen.«

Wie vereinbart, wartete ich am Rande der Stadt auf ihn. Der junge Mann saß am Steuer des Polizeiwagens, auf der Rückbank plauderten seine zwei chinesischen Kollegen, die kein Wort Kasachisch verstanden. Lässig lehnte er sich auf den Ellbogen aufgestützt heraus, winkte mich nah zu sich heran und nahm den Umschlag mit dem Geld. Dabei flüsterte er mir zu: »In den nächsten Tagen werden 70 Personen festgenommen und ins Lager geschickt. Du stehst auf der Liste an dritter Stelle.« Er hatte mich nur warnen wollen.

Unbeirrt bereitete ich tagsüber im Zentralbüro des Kindergartens die Amtsübergabe an die neuen Kollegen vor, schenkte weiter allen Vorbeigehenden ein Lächeln, übersah geübt ihre erschrockenen Blicke und sortierte meine Papiere nach alter Gewohnheit, schnell und ordentlich, als hätte ich nicht wenige Tage zuvor noch in den tiefsten Abgrund der menschliche Seele geblickt.

Nach außen hin wahrte ich den Schein und funktionierte. Wäre ich auf einmal nicht mehr zur Arbeit erschienen, hätte das Verdacht erregt. In Wirklichkeit habe ich jede freie Minute genutzt, um Vorbereitungen für meine Flucht zu treffen. Ich wusste, dass sie jeden meiner Schritte beobachteten.

Um an der kasachischen Grenze die Freihandelszone betreten zu dürfen, brauchte man unbedingt die nötige Erlaubnis. In der Not habe ich noch einmal meinen alten chinesischen Bekannten angerufen, der zuvor den Hörer aufgelegt hatte. »Bitte hilf mir! Ich brauche eine Genehmigung für die freie Handelszone.« Diesmal hat er mir eine Telefonnummer von einem Uiguren gegeben, bevor er das Gespräch abwürgte.

Abends habe ich diesen Unbekannten angerufen, der sehr nervös auf meine Anfrage reagierte. »Wer hat dir gesagt, dass ich dir helfen kann? Das ist lebensgefährlich!« Ich nannte ihm den Namen und versprach ihm hastig: »Ich zahle dir so viel, wie du willst, wenn du mir nur diese Genehmigung verschaffst.« Ich musste noch ein paar Mal bei ihm anrufen, bis er sich einverstanden erklärte. »Gib mir 40 000 Yuan«, verlangte er, »rufe mich an, wenn du an der Grenze angekommen bist.« »Okay, nur wie …?«, wollte ich noch genauer den Ablauf hinterfragen, aber die Leitung war bereits tot.

Ich weiß nicht mehr, ob es am dritten oder vierten Tag war, als ich nach vollendetem Tagwerk heimkehrte und abends etwas für mich kochte. Ich deckte den Tisch ein und drehte die chinesische Radiomusik so laut auf, dass es die Wachleute draußen vor meinem Haus gut hörten. Die Fenster hatte ich zuvor extra weit geöffnet. Von außen erweckte es den Eindruck, als ob hier eine Frau nach der Arbeit ein normales Leben führte. Dann zog ich mir eine Jacke über, steckte Geld und meinen Personalausweis in meine Innentasche und ging zum Fenster …

Es war der 4. April 2018, kurz vor Mitternacht.

Flucht

Die laute Musik folgte mir, als ich meine Füße auf das Fensterbrett stellte und nach hinten hinaus in den Garten sprang. Geschützt durch die Dunkelheit hastete ich über den Hof des Nachbarn zur nächsten Straße, wo ich ungeduldig versuchte, abseits der Straßenlaternen mit erhobener Hand eines der vorbeifahrenden Taxis anzuhalten, aber keines bremste ab.

Mit jedem vorbeifahrenden Auto stieg mir der Schweiß noch stärker auf die Stirn. Überreizt drehte ich mich um. Ob sie mir schon auf den Fersen waren? Endlich hielt ein Privatauto an, ein Chinese am Steuer. »Wohin willst du?« »Ich bin krank und muss nach Gulja ins Krankenhaus«, sagte ich und bot ihm viel Geld an, wenn er mich dort absetzen würde. Von dieser Stadt aus war es nicht weit bis zur Grenze.

Vielen Fahrern war die Tatsache bekannt, dass Patienten aus Aksu frühmorgens abfahren mussten, um rechtzeitig zur Blutabnahme um 9 Uhr in der Klinik zu erscheinen. Von daher verwunderte es ihn nicht, dass eine Kasachin, ohne Gepäck, nachts alleine am Straßenrand wartete. Nicht einmal eine Handtasche hatte ich dabei. Die Fahrtzeit betrug etwa fünf bis sechs Stunden.

Bei jedem Polizeikontrollpunkt an der Straße setzte kurz mein Atem aus. War hier meine Flucht vorbei? War das mein Ende? Jedes Mal beugte sich der Fahrer hinaus und erzählte, wohin wir unterwegs seien und dass alles mit seinem Auto in Ordnung sei. Zwar besaß ich keinen Reisepass, aber wenigstens meinen Ausweis reichte ich nach vorne durch. Mitten in der Nacht waren die Polizisten zum Glück zu müde, um uns genauer zu kontrollieren, und winkten uns schnell weiter.

Da ich vermeiden wollte, dass mir mein Fahrer Fragen stellte, lehnte ich den Kopf nach hinten und stellte mich die ganze Zeit über schlafend. Ich fühlte mich jedoch, als hockte jemand mit den Knien auf meiner Brust und sein Gewicht würde schwerer und schwerer. Im Kopf ging ich alle nur denkbaren Katastrophenszenarien durch. Mein uigurischer Kontaktmann hatte mir die Anweisung gegeben, ihn zu benachrichtigen, sobald ich an der Grenze angekommen sei. Was aber, wenn er nicht ans Telefon ginge? Und was, wenn das Auto hinter uns vom Geheimdienst war, weil sie mein Handy geortet hatten?

Am liebsten hätte ich das Gerät zum Fenster hinausgeworfen, aber ich brauchte es noch, um diesen Vermittler zu kontaktieren. Die Sicherheitsbeamten in Ostturkestan bündelten auf einer sogenannten »Integrationsplattform« alle Informationen von Apps und andere Nachrichtenquellen, wie den Daten von Überwachungskameras oder Ämtern, und werteten diese ununterbrochen aus. Wahrscheinlich, so beruhigte ich mich selbst, rechneten die Wachen ohnehin nicht mit meiner überstürzten Flucht. Sicher glaubten sie, dass ich nach all diesen Torturen vor Angst gelähmt sei und wie die Maus vor der Schlange wartete, bis sie ihr die Zähne ins Fleisch schlug.

Vor dem Krankenhaus setzte mich der Fahrer ab. Kaum war sein Auto zwischen den anderen entschwunden, nahm ich das nächste private Taxi zur Grenzstadt Khorgos. Die anderen vier Fahrgäste waren Uiguren und Dunganen. Wir haben uns gegenseitig keine Fragen gestellt, jeder hing seinen eigenen Gedanken nach. Noch mal zwei Stunden. Noch mal alle Kontrollen überstehen. Ich war schweißgebadet, als wir endlich an der Grenze ankamen.

In diesem großen Gebäudekomplex hatte ich Wali und meine Kindern zuletzt zum Abschied hinterhergewunken. Hier befand sich eine der Drehscheiben im Ost-West-Handel entlang der »neuen Seidenstraße«, wo Arbeiter zahlreiche Container aus China auf Eisenbahnwaggons verluden. Beim Gütertransport nach Europa führte kein Weg an Kasachstan vorbei. In Deutschland war die Endstation dieser Seidenstraßen-Anbindung Duisburg.

Von überallher strömten die Menschen in die Eingangstüren hinein, um in der freien Handelszone zwischen Kasachstan und

China zu kaufen und zu verkaufen. Das Handy ans Ohr gepresst, mit dem Kopf zur Wand gedreht, rief ich bei dem Uiguren an und teilte ihm mit gedämpfter Stimme mit: »Ich bin da.« »Gut, dann überweise mir jetzt die 40.000 Yuan.«

Was tun? Meine einzige Chance bestand darin, diesem wildfremden Menschen zu vertrauen. Mit meiner Bankkarte überwies ich am nächsten Automaten die Summe. Natürlich beobachteten die Beamten in Aksu genau alle Geldeingänge und Abhebungen, aber sie hatten nicht jede Sekunde und nicht jede Stunde Zeit, alle Bankkonten zu kontrollieren. Bis sie das entdeckten, war ich längst über alle Berge. Hoffentlich.

»Ich habe getan, was du wolltest«, informierte ich ihn. »Nimm jetzt deinen Ausweis …« Er wies mich an, ein chinesisches Zeichen für »muss« in den Ausweis zu schreiben. Mit diesem Schriftzeichen im Personalausweis sollte ich zu einem bestimmten Schalter gehen, weder sprechen noch sonst etwas tun. »Ruhig bleiben, Sayragul, ruhig bleiben …« Wahrscheinlich war ich kreidebleich. Nur ein Lächeln hing wie angeklebt in meinem Gesicht.

Der Beamte musterte mich und blätterte den Ausweis auf, besah erst das Schriftzeichen und dann noch einmal mich. Mir war so schwach zumute. Meine Schläfen pochten. Würde er mich verraten? Die Polizei rufen? Wäre ich vielleicht in einer Stunde schon im schwarzen Raum? Ohne ein Wort zu sagen, schob er mir dann die Genehmigung zu.

Geschafft! Dank Gottes Hilfe lebte ich noch immer. Kurz ließ ich mich willenlos in diesem Gedränge zwischen den Ladenzeilen weiterschieben, als wäre ich ein Teil davon. Um in Kasachstan weiterzukommen, müsste ich zuerst Yuan in »Tenge« umtauschen. »Was mache ich, wenn sie mich dabei übers Ohr hauen?«, überlegte ich und hielt Ausschau nach einem mir vertrauenswürdig erscheinenden Gesicht.

An der Seite entdeckte ich einen weißbärtigen Mann. »Könnten Sie mir mein Geld wechseln?«, fragte ich und schob hinterher, »hoffentlich betrügen Sie mich nicht, ich habe Familie und Kinder.« Er gab zurück: »Ich bin ein anständiger Mensch. Ich habe selbst Familie und Kinder.« Da habe ich ihm meine letzten 5000 Yuan in die Hand geblättert, woraufhin er mir 90.000 Tenge zurückgegeben hat. Das war die Hälfte von dem, was es eigentlich wert war, aber ich war zufrieden, weil ich ihm das glaubte.

Wo aber befand sich der Parkplatz für die Sammeltaxis zur Grenzstation? »Ich muss nach Kasachstan. Fahrt ihr auch dorthin?«, sprach ich ein paar Leute an, die schwer bepackt mit ihren Waren an mir vorbeikeuchten. »Wenn du willst, kannst du dich uns anschließen«, boten sie mir an.

Als ich sicher wusste, wo mein Weg hinführte, nahm ich im Laufen die Batterien sowie die Sim-Karte aus meinem Handy und warf sie in den nächsten Abfalleimer. Dann bin ich mit den anderen gemeinsam ins nächste freie Taxi gestiegen.

Bis zur Grenze waren es noch etwa 10 Minuten. Dort ging jeder seiner Wege. Neidisch blickte ich den Leuten hinterher, die einfach ihren Reisepass am Wachhäuschen vorlegten und die Grenze überquerten.

Aber was sollte ich jetzt tun?

Der Schlagbaum

Bis zuletzt hatte ich diese Frage vor mir hergeschoben und immer gehofft, dass mir eine Lösung einfallen würde. Aber jetzt stand ich da und sah nur ein großes Fragezeichen vor mir, bewaffnete Wachposten und einen Schlagbaum. Zehn Minuten taperte ich wie ein eingesperrtes Wildtier in einem Käfig auf und ab. Wie sollte ich bloß über die Grenze kommen?

An der Passkontrollstelle beobachtete ich einen älteren Kasachen, der vor mir auf Zehenspitzen durch das hohe Fenster am Wachhäuschen mit einem Beamten verhandelte. Neben ihm standen seine Tüten und Taschen. Ich drehte mich um. Hinter mir war niemand. Dieser Beamte wirkte genervt, blickte dauernd auf die Uhr an der Wand und wollte den Alten anscheinend schnell loswerden. Offenbar stand ein Wachwechsel an.

In dem Moment, als dieser Uniformierte mir den Rücken zudrehte, um Papiere zu holen oder abzustempeln, bückte ich mich eilig, machte mich so klein es ging und huschte unter dem Fenster hinter dem Mann auf die andere Seite hinüber. Vor mir lagen noch einige Türen. Vielleicht kam gleich ein Polizist heraus und nahm mich fest? Aber da waren keine Beamten. Ich lief weiter und immer weiter.

Auf einmal rief eine Stimme: »Taxi, Taxi, Taxi!« Als ich das hörte, hatte ich zum ersten Mal nach 24 Stunden das Gefühl, wieder Luft holen zu können. »Dank sei Gott! Ich lebe noch! Ich bin in Kasachstan!« Mehrmals hintereinander habe ich tief ein- und wieder ausgeatmet. Bis dahin war mein Kopf wie ausgeschaltet gewesen. Ich hatte gar nicht mitbekommen, was ich die ganze Zeit getan hatte.

Wie ich da so langsam zu mir kam, befand ich mich an einem Taxistand, an dem mehrere Autos auf Fahrgäste warteten, die weiter ins Inland reisten. »Ich muss nach Baidebek«, sagte ich zu einem Fahrer, denn dort wohnten Walis Verwandte. Das war ein Dorf auf dem Weg nach Almaty. Der Taxifahrer erklärte mir, dass ich von hier aus über die Stadt Scharkent fahren müsste.

An der nächsten Station stieg ich ins nächste Taxi um, nahm einen Zettel aus der Jackentasche und faltete ihn sorgsam auf.

Darauf stand die Telefonnummer meines Mannes, die ich in Aksu jede Sekunde bei mir getragen hatte. »Bitte, darf ich ihr Handy einmal benutzen«, fragte ich den Taxifahrer mit brüchiger Stimme.

Wie benebelt, tippte ich die Nummer ein und hörte, wie sich Wali am Ende der Leitung meldete. »Hallo?« »Hier ist Sayragul, ich bin in Kasachstan«, erwiderte ich so sachlich, als wäre ich eine Sekretärin, die beiläufig Papiere abheftete. Dabei stand ich unter einer so gewaltigen Anspannung, dass mein Magen sich zusammenzog. Schon im nächsten Moment könnte ich in die nächste Falle tappen. Darum gab ich alles, nur um nicht vor dem Taxifahrer mit meiner Nervosität aufzufallen. Für Wali war das natürlich eine riesengroße Überraschung. »Was? Wie hast du denn so schnell deinen Reisepass bekommen?« Fast zwei Jahre hatten wir uns nicht mehr gesprochen.

So knapp wie möglich gab ich zurück: »Ich komme jetzt mit dem Taxi nach Hause.« Er sagte lachend, dass ich in Baidebek bei dem Apfel-Basar aussteigen sollte. Dort wollte er mich abholen.

05. April 2018: Wiedersehen

An der Haltestelle am Basar stieg ich aus. Obwohl es Abend war und die Händler allmählich ihre Läden schlossen, herrschte dort noch reges Treiben. Vorsichtig blickte ich um mich. In diesem kleinen Ort kannte jeder jeden. Hier würde eine Fremde wie ich sofort auffallen.

Es war bekannt, dass es in Kasachstan von chinesischen Spitzeln nur so wimmelte. Hier bestimmte der »Führer der Nation« Nursultan Nasarbajew die Geschicke des Landes. Dieser Alleinherrscher sperrte Opponenten ein, liquidierte sie und vertrat die

Devise: »Erst die Wirtschaft, dann die Politik.« Zwischen Kasachstan und China herrschten beste Handelsbeziehungen, besonders dank des globalen Infrastruktur- und Investitionsprojekts »neue Seidenstraße«. Kasachstan hatte sich gegenüber China hoch verschuldet.

Dieses Abhängigkeitsverhältnis gestattete Peking, sich geflohene Muslime aus Ostturkestan in Kasachstan nach Belieben zu greifen. Ich verstand nur nicht, warum diese Beziehungen so eng waren, obwohl die chinesische Regierung dieses Land auf einer Liste mit 26 Staaten aufführte, die es als gefährliche Staatsfeinde einstufte.

Aus der Angst heraus, von irgendjemandem verraten zu werden, versuchte ich, möglichst unbeteiligt zu wirken, geradeso als wäre ich jeden Tag hier zu Besuch. Dabei atmete ich flach, war angespannt wie ein Pfeil kurz vorm Abschuss, weil Passanten beim Vorbeigehen meinen Jackenärmel gestreift hatten: »Wer war das? Waren das Spione?...« Als Wali mit leuchtenden Augen auf mich zueilte und mich umarmte, streifte ich seine Arme kühl ab und beschied ihm nüchtern wie einem entfernten Bekannten: »Lass uns hier nicht reden, lass uns erst nach Hause gehen...« In seinen Augen wechselten Freude und Beklommenheit; er begriff sofort, dass irgendetwas nicht stimmte.

Ohne ein Wort zu sprechen, sind wir fünfzehn Minuten lang bis zu ihm nach Hause gelaufen. Ich schaute weder nach links noch nach rechts, denn wir mussten schnell sein. Jeden Moment konnte jemand aus einem dunklen Winkel springen und mich abführen. Als wir in die letzte Straße einbogen, warteten Wukilumu und Wulanai bereits draußen an einer großen Eisentür, stürmten gleichzeitig los, stritten und schubsten sich dabei gegenseitig: »Ich will Mutter zuerst umarmen!« »Nein, ich!«

Und dann sind wir alle zusammen durch die Eisentür hinter die schützenden Mauern ins Haus gegangen, heulend und lachend zugleich. Erstaunt riss ich die Augen auf, während ich meine Kinder bald von mir hielt, um sie zu betrachten und zu bestaunen: »Ihr seid ja schon richtig erwachsen geworden!«, dann wieder an mich zog, um sie nicht mehr loszulassen. Als ich sie das letzte Mal gesehen hatte, waren beide noch klein mit runden Backen, und nun hatten sich Wukilumu mit ihren 13 und Wulanai mit seinen neun Jahren in Heranwachsende verwandelt. All das Leid der letzten Jahre, jeden Tag und jede Stunde, hatte ich nur für diesen einen Moment ausgehalten, in dem ich meine Kinder wieder in die Arme schließen durfte.

Die ganze Nacht haben wir kein Auge zugemacht, sind alle vier eng zusammengesessen, haben uns immer wieder umhalst und geküsst und geredet, bis die Sonne aufging. Die Kinder wichen nicht von meiner Seite. »Ihr müsst zur Schule gehen«, ermahnte ich sie im Morgengrauen, aber beide hatten große Angst, dass ich wieder verschwunden wäre, wenn sie nach dem Unterricht nach Hause kommen. »Bitte, lass uns heute freinehmen und hier bei dir bleiben«, bedrängten sie mich.

»Nein, das würde auffallen. Ihr müsst wie jeden Tag den Unterricht besuchen«, beharrte ich, »niemandem dürft ihr verraten, dass eure Mutter hier angekommen ist.« Als sie ihre Ranzen gepackt hatten und fort waren, bin ich wie in einem Traum durchs Haus und den vielleicht 100 Meter langen Garten unter den Apfelbäumen gestrichen. Gleich dahinter erhob sich ein Gipfel des Transili-Alatau. Die Schönheit dieser malerischen Landschaft aber vermochte ich nicht zu genießen.

Ein paar Tage lang versuchte ich, mich versteckt zu halten. Aber letztlich war es nur eine Frage der Zeit, bis sie mich gefunden haben.

Nervosität

Die ersten Tage mied ich ängstlich den Blick zurück in die Vergangenheit. Ich wollte mich nicht erinnern und nicht daran rühren wie an einer vernarbten Wunde, die sonst wieder aufplatzen würde und mich den Schmerz erneut durchleiden ließ. Obwohl ich zu Hause bei meiner Familie in diesem wunderschönen Haus lebte, hatte ich noch immer das Gefühl, eine Gefangene im Lager zu sein. Ich musste erst einmal zu mir kommen, mich sammeln. Verstehen, wer und wo ich war, und die neue Lage analysieren. Ich konnte nicht fassen, dass ich wirklich entkommen war.

In den zurückliegenden Verhören hatten mir die Geheimdienstler eingetrichtert: »Die Regierung hat die Möglichkeit, jeden Entflohenen aus Kasachstan nach Xinjiang zurückzuholen.« Chinas Arm war lang, sein Einfluss gewaltig. »Wir können mit euch Kasachen tun, was wir wollen.« Diese Drohungen fühlten sich wie eine Schnur um meinen Hals an, die sich immer enger zog.

Erst als wir alleine waren, beichtete ich Wali, dass ich illegal über die Grenze nach Kasachstan geflohen bin. Bei meinen Worten wurde er sehr nachdenklich, ging die Hände hinter dem Rücken verschränkt hin und her, während er leise vor sich hinredete: »Was machen wir nur, wenn sie nach dir suchen?«

Es war so schwierig, fast unmöglich für mich, etwas in Worte zu fassen, ja überhaupt daran zu denken, was mir zuletzt solche entsetzlichen Qualen bereitet hatte. Erst am vierten Tag hatte ich genug Kraft, um meinem Mann zu berichten, dass ich im Rahmen der »Freundschafts«-Kampagne in Aksu stundenlang in der Wohnung eines alleinstehenden Chinesen verbracht hatte. Es war sowieso nicht zu verheimlichen. Jeder in Kasachstan wusste, dass in Osturkestan die Einheimischen bei Chinesen übernachten mussten. Ich schilderte ihm, wie das bei mir abgelaufen war, sonst hätte mein Mann sich insgeheim andauernd gefragt: »Warum erzählt sie mir nichts darüber?« und vielleicht einen hässlichen Verdacht gehegt. Alle Einwohner in Kasachstan waren in Sorge über Töchter, Cousinen oder Enkelinnen, die jenseits der Grenze lebten. Aufgrund unserer hohen moralischen Vorstellungen dachte ich dabei nicht an mein eigenes Leid, sondern nur an die Schuld, die ich durch diese Besuche auf mich geladen hatte.

Im nächsten Moment versank ich in mir, vor mich hinstarrend, schaffte es nicht, das zu ändern, obwohl ich merkte, wie unbehaglich sich Wali unter meinen abweisenden Blicken fühlte. »So rede doch!«, bat er mich und griff nach meiner kalten Hand. Da schlug ich die Augen zu ihm auf, was großer Anstrengung bedurfte und öffnete die Lippen. »Ich war selbst im Lager!« Endlich war es heraus! Es war befreiend – wie eine der giftigen Tabletten, die ich jedes Mal im Medizinraum ausgespuckt hatte.

Zwar hatte sich seit 2017 auch in Kasachstan herumgesprochen, dass die eigenen Landsleute in China unterdrückt, gefoltert und getötet wurden, aber davon aus dem Mund der eigenen Frau zu hören, das ließ Wali stumm zurück. Zögerlich gab ich preis, auf welche Weise man die Menschen dort misshandelte. Mein Atem ging stoßweise, und obwohl ich mich sehr zurückhielt und die Ereignisse nur grob umriss, war Wali sichtlich schockiert. »Das kann doch nicht sein«, stammelte er. »Wie kann ein moderner Staat wie China so brutal und so primitiv sein?« Für mich war es unmöglich, über diese Erfahrungen ohne Tränen zu erzählen. Als Wali hörte, dass dort auch Kinder und Greise misshandelt werden, fing auch er an zu weinen.

Wir fanden beide keine Zeit, einander zu trösten, denn selbst im eigenen Haus war ich auf der Flucht. Dauernd standen Besucher und Geschäftsfreunde vor der Tür, gingen ein und aus. Schon seit einer Woche hatte ich mich erfolgreich vor allen Blicken verborgen, aber es war schwierig, das in einem einstöckigen Haus mit vier großen Zimmern auf Dauer durchzuhalten. Schon der Nächste könnte zufällig eine Jacke oder einen davonhuschenden Schatten von mir sehen und mich bei den Behörden anzeigen. Unsere ganze Familie war wie in einem Käfig der Gedanken gefangen. Welchen Schritt in welche Richtung setzen? Der immense Druck, ständig alles abwägen zu müssen, die permanente Ungewissheit, ob mich die nächste Entscheidung vielleicht ans Schafott lieferte, brachte uns alle seelisch ins Schleudern.

Jederzeit konnten chinesische Geheimdienstleute auftauchen und mich wegschaffen. Wulanai und Wukilumu verwischten rasch die Spuren meiner Anwesenheit vor anderen. Sie zuckten genau wie ich zusammen, sobald nur die Klingel ging. Saßen wir zusammen, hielten mich beide an den Armen fest: »Nein, niemand wird dich uns wieder wegnehmen! Wir beschützen dich. Solange wir bei dir sind, brauchst du keine Angst zu haben!« Allerdings befürchteten Wukilumu und Wulanai andauernd, dass der Geheimdienst ausgerechnet in dem Moment auftauchte, wenn sie gerade in der Schule waren. »Was machen wir dann?«, überlegte mein neun Jahre alter Sohn zerknirscht.

Es waren so viele unbeantwortete Fragen, die sich über uns wie unheilvolle Gewitterwolken zusammenballten. Wali fuhr sich durchs dunkle Haupt, in das sich immer mehr graue Haare hineingeschmuggelt hatten. »Bei welcher Behörde können wir dich melden? Wem sollen wir vertrauen? Wo finden wir Hilfe?« Da habe ich ihm deutlich gemacht: »Es ist sicherer für euch alle, wenn ich von hier wegziehe.«

Wem vertrauen?

Endlich haben wir den Mut gefunden, Walis Bruder einzuweihen, der mir sofort Unterschlupf gewährt hat. Der Weg zu ihm dauerte zum Glück nur eine Stunde mit dem Auto, sodass mich meine Familie alle zwei Tage besuchen konnte.

»Du musst Serikzhan Bilashuly anrufen«, drängte mich mein Schwager. Er war die wichtigste Anlaufstelle für ethnische Kasachen mit chinesischer Staatsangehörigkeit. Wenn wir dem Leiter so einer Organisation wie »Atajurt« nicht trauen konnten, wem dann? Jeden Tag zeichnete Bilashuly Interviews von Betroffenen auf, dokumentierte ihre Aussagen und stellte sie als Beweise für die systematischen Menschenrechtsverletzungen in Ostturkestan ins Netz. Dieser Menschenrechtler stammte selbst ursprünglich aus Xinjiang, war bereits öfter im Fernsehen aufgetreten und hatte am Ende jeder Sendung immer seine Telefonnummer angegeben. Wer Informationen über die Lager benötigte oder selbst welche hatte, sollte sich bei ihm melden. Wer jedoch so viel Angst hatte wie wir, dem fiel es schwer, jemandem Vertrauen zu schenken.

Daher zögerten wir noch, bis es mir plötzlich siedend heiß einfiel: »Von diesem Mann habe ich auch schon gehört!« Die Nachricht über seine Organisation hatten die chinesischen Zensoren in meiner Heimat damals im Internet mit einem roten Kreuz versehen und jedem mit dem Tode gedroht, der mit ihm in Kontakt träte.

Kurz darauf wählten wir Bilashulys Nummer in seinem Büro in Astana mehrmals an und versuchten auch, ihn per Brief und über WhatsApp zu erreichen, aber er war mit den zahlreichen Fragen und neu gemeldeten Fällen derart beschäftigt, dass er nicht antwortete.

Auch in dieser neuen Wohnung hielt ich mich in einem der Zimmer versteckt und wagte es nicht, einen Schritt vor die Tür zu setzen. Ich fühlte mich wie in einer Sackgasse gefangen. Es fiel mir schwer, zu große Nähe zuzulassen. Ich wollte mich nicht spüren, da mir alles wehtat. Jeder Teil meines Körpers schien zu schreien.

Nicht einmal eine Woche lang war ich dort, als ich schwer krank geworden bin. Auf einmal konnte ich mich nicht mehr rühren und morgens nicht mehr aus dem Bett aufstehen. Mein Rücken, mein Magen, mein Darm … bohrende Schmerzen, nichts funktionierte mehr. In aller Hast brachten mich Wali und sein Bruder in einem privaten Krankenhaus unter, wo es nicht notwendig war, alle Personalien anzugeben. Hauptsache, der Patient zahlte. Diese Klinik schien am sichersten für eine Gejagte wie mich.

Einen Monat lang päppelten mich Schwestern und Ärzte mit Medikamenten und Physiotherapie wieder auf. In der Zwischenzeit hatte sich Wali vergebens bemüht, Hilfe zu finden; wir hingen weiterhin in der Luft. Nach einer Weile schaffte ich es, mich aufzusetzen, wenn die Kinder zu Besuch kamen. »Wir bringen dich wieder zu uns nach Hause«, sagte mein Mann, als ich mich etwas erholt hatte. Die Ärzte ließen mich nur ungern ziehen, verlangten aber, dass ich nach einem Monat unbedingt zur Nachuntersuchung käme.

Am Samstag, 19. Mai, war ich aus dem Krankenhaus entlassen worden. Am Montag, 21. Mai 2018, kamen sie, um mich abzuholen. Morgens lag ich auf dem Bett. Ich war schwach, vollgepumpt mit Schmerzmitteln und nicht in der Lage, mich zu wehren. An der Tür hörte ich Stimmen. »Die Chinesen suchen nach deiner Frau, sie wollen sie zurückhaben«, gaben zwei Fremde meinem Mann Bescheid und schoben ihn wie einen Gegenstand zur Seite. »Wir müssen sie abholen.« Mit zittrigen Fingern zog ich Bluse und Jeans über.

Mein Mann und meine Tochter waren furchtbar erschrocken, mein Sohn Wulanai rief laut: »Mama! Lasst meine Mama!« Beide Männer arbeiteten für die nationalen Sicherheitsbehörden, trugen Zivilkleidung, Jeans, Shirt und Lederjacke. Sie waren um die 30 Jahre alt. Der eine hatte eine dunklere Hautfarbe und war mittelgroß, der andere war etwas stämmiger als er. »Wohin bringt ihr sie?«, wollte Wali wissen. »Was werft ihr meiner Frau vor? Gibt es irgendwelche Beweise, die gegen sie vorliegen? Zeigt mir eure Papiere, dass ihr sie abholen dürft.« Die Antwort war kurz und harsch. »Nein.«

»Bitte lassen Sie mich meine Medikamente mitnehmen«, bat ich, während ich eine Jacke überzog und mit schleppenden Schritten folgte. »Die brauchst du nicht«, meinte der eine, »wenn du geständig bist, bringen wir dich sowieso heute Abend wieder zurück.«

Doch diese Männer haben gelogen.

Kasachischer Geheimdienst

Vor dem Haus parkte ein ziviles Fahrzeug, in das ich hinten einsteigen sollte. Als ich zum Fenster hinaussah, stand Wali an der großen Eisentür mit den bitterlich weinenden Kindern. Wir fuhren eine sehr lange Strecke. Unterwegs rief der eine Mann, der neben mir saß, jemanden an: »Wir haben sie!«

Aufgewühlt rang ich um Worte: »Was wollt ihr von mir?« Er antwortete: »Sag einfach die Wahrheit und berichte alles so genau wie möglich, dann passiert dir nichts und du wirst heute Abend wieder nach Hause gebracht.« Ich glaubte ihnen, weil sie mich nicht anbrüllten, sondern sich ruhig und normal verhielten. Außerdem waren es Kasachen wie ich, und bestimmt hätten sie mich meine Medikamente mitnehmen lassen, wenn ich länger bleiben sollte, dachte ich in meinem vernebelten Kopf. »Gut«, seufzte ich, »dann werde ich das tun.«

Nach etwa zwei Stunden hielt der Fahrer in einem Vorort vor einer kleinen Landwirtschaft mit einem Heulager. Dort im Garten in einem Freisitz unterhielten sich zwei oder drei andere Männer, einer trug Militäruniform. Sie folgten uns in einen kleinen Verhörraum. Ich musste mich diesen beiden Männern, die mich hergebracht hatten, an einem Holztisch gegenübersetzen. Dann stieß noch ein dritter, etwa 50 Jahre alter Riese dazu, sein Wanst war so fett, als hätte er einen Sack Mehl unterm Hemd versteckt. Die anderen Hinzugekommenen beäugten mich, während sie hinten im Raum hin und her gingen.

Alle Männer im Raum waren glatt rasiert, dunkelhaarig und groß. Sie wirkten erfahren und routiniert. Mir schien es, als gehörten sie alle derselben Einheit beim Geheimdienst an. Sie kannten einander mit Namen und wussten genau, wer in welchem Aufgabenbereich beschäftigt war. Keiner hatte sich mir vorgestellt. Angst drückte mir die Kehle zu. »Wer seid ihr?« Als Erstes haben sie mich abfällig von oben bis unten gemustert, auf den Gesichtern ein finsteres Lächeln. »Du stellst hier keine Fragen!«

Den Dreien vor mir war nur ein Thema wichtig. »Wie hast du es geschafft, über die Grenze zu kommen? Wer hat dir dabei geholfen?« Sie glaubten mir aber meine Antwort nicht. Der Fette, dem die Adern an den Schläfen heraustraten, schlug mit der Faust auf den Tisch, aber ich versuchte, aufrecht sitzen zu bleiben und wiederholte immer das Gleiche, nämlich die Wahrheit. »Ich bin gebückt unter dem Wachhäuschen hindurchgelaufen …« »Das kann nicht sein! Sag uns die Namen deiner Helfer!« »Nur Gott hat mir geholfen.« »Hast du etwa den Verstand verloren? Wer steckt dahinter!?« Ihre verbissenen Mienen deuteten an, dass sie zu allem eine vorgefertigte Meinung hatten.

Dauernd habe ich Anlauf genommen, um ihnen über die Verbrechen in China zu berichten. »Es gibt in Xinjiang zahlreiche Straflager, darin werden unsere kasachischen Landsleute gefoltert, eure Verwandten, Brüder und Schwestern. Wir müssen alle zusammen unbedingt dagegen etwas unternehmen! Lasst uns an den Präsidenten schreiben und ihn um Hilfe anrufen, damit diese Verbrechen überall bekannt gemacht werden!« Doch das hat diese Männer überhaupt nicht interessiert. »Erzähle uns nichts über diese Sachen. Das ist uns egal, wir wollen darüber nicht reden. Versuch erst einmal, deine eigene Haut zu retten.« Nur die Frage: »Wie bist du über die Grenze gekommen?« blieb für sie bedeutsam.

Mit der Zeit haben sie angefangen, mich zu bedrohen. »Du lügst! Und wenn du nicht die Wahrheit sagst, schicken wir dich sofort nach China zurück.« Der Fette, der Dunkelhäutige und der Blasse sind mir immer näher gekommen. Wie Raubtiere kurz vor dem Sprung. Einer verpasste mir einen so heftigen Schlag, dass ich mich am Boden wiederfand. Wie sehr habe ich mir gewünscht, darunter zu verschwinden, mich einfach aufzulösen. Instinktiv umfasste ich meinen Kopf mit beiden Armen, um mich zu schützen, das Gesicht hinter den schwarzen Haarsträhnen verborgen, aber sie rissen meine Hände weg.

Ich hatte solche Angst und schnappte nur wie eine Ertrinkende nach Luft. Es waren brutale Typen. Sie kannten keine Gnade. Mit allen Mitteln zwangen sie mich, die Wahrheit zu sagen. Sie prügelten mich und traten mich mit den Füßen. Ich kann nicht mehr sagen, ob die anderen Männer noch im Raum oder schon weg waren. Ich weiß nur, dass sie mich in meinem Innersten zerstörten. Dass sie meine Würde achtlos wie ein Glas in Scherben zerschlugen. Doch wer verlor dabei in Wirklichkeit seine Ehre? Die Unschuldigen oder die Folterknechte, die solche Grausamkeiten anordneten und ausführten?

Danach sperrten sie mich weg, hinter einer großen eisernen Tür. Das war kein Zimmer, sondern eher eine große Halle, aber ohne Dach. Da regnete es hinein. Kalt und leer. Von außen abgeschlossen. Es war so furchtbar kalt. Die Welt schien ein so entsetzlich einsamer Ort. Auf dem nackten Betonboden liegend, dämmerte ich vor mich hin.

Da lag nur noch eine Hülle von mir. Mehr war von mir nicht übrig geblieben.

Ohnmacht

Ich hasse mich selbst und meine eigene Hilflosigkeit. Ich war so entsetzt, so abgrundtief enttäuscht, so zornig und verzweifelt. Von den eigenen Landsleuten derart gedemütigt und misshandelt zu werden, das hat mich bis ins Tiefste schockiert. Damit hatte ich nicht gerechnet. Ich erstickte fast an meiner Bitterkeit. Als sie mir abends Essen gebracht haben, drehte ich den Kopf weg. Drei Tage lang habe ich fast nichts zu mir genommen und getrunken. Es gab nicht mal einen Eimer für die Toilette, aber ich verspürte auch kein Bedürfnis danach.

»Komm raus, zum Verhör!« Am dritten Tag haben sie mich noch einmal in diesen Raum geholt. Ich versuchte, mich aufzustellen, zuerst vergebens, aber dann kam ich mühsam und schwankend auf die Beine. Meine Wangen glühten, alles war so verschwommen und unklar. Einer sagte: »Du wirst in zwei Stunden nach China abgeschoben.« Als ob das nicht reichte, fügte der zweite noch hinzu: »Und dein Mann wird wegen Beihilfe und Gesetzesbruch ins Gefängnis geschickt. Schließlich hat er dich versteckt und nicht umgehend die Behörden über deine Ankunft informiert.« Aber auch das schien ihnen noch nicht zu genügen. »Und deine beiden Kinder schicken wir ins Waisenhaus.«

In dem Moment verlor ich das Bewusstsein und kippte vom Stuhl. Als ich nach einer Weile zu mir gekommen bin, war ich woanders. Meine Augen brauchten Zeit, um ein scharfes Bild wahrzunehmen. Neben mir stand ein junger Mann. Langsam erkannte ich, dass ich auf einer Trage in einem alten und primitiv eingerichteten Krankenwagen lag.

Als ich das nächste Mal die Augen aufschlug, befand ich mich in einem Bett in einem kleinen Raum, vielleicht Teil einer Arztpraxis. Daneben wieder dieser Junge. Nach einer Weile sprach er mich an: »Na, bist du wieder bei Bewusstsein?« Und dann blickte er auf seine Uhr. »Du bist fast 25 Minuten ohnmächtig gewesen.«

Sofort wollte ich aufstehen und gehen, aber ich schaffte es nicht hoch. Ich hörte mein eigenes Blut in meinem Kopf rauschen. »Ich muss hier weg!«, schrillten alle Alarmglocken in mir, aber es gelang mir nicht einmal, meinen kleinen Finger zu rühren. Mein ganzer Körper war wie gelähmt, als läge ich unter einem unsichtbaren Steinhaufen begraben. Nach einer gefühlten Ewigkeit gelang es mir wieder, Arme und Beine zu rühren. Es war später Nachmittag, da erschien dieser dunkelhäutige Dreißigjährige, der mich zuvor verhört hatte.

Mit unruhig flackerndem Blick beobachtete ich, wie er sein Handy zückte und mir ein Foto vors Gesicht hielt. »Kennst du diese Person?« Mein Brustkorb hob und senkte sich. »Ja, ich kenne ihn, das ist der Bruder meines Mannes. Woher haben Sie dieses Foto? Wozu zeigen Sie mir das? Worum geht es da?« »Das brauchst du nicht zu wissen, in zwei Stunden bist du sowieso in China«, erwiderte er und war schon wieder fort. Sie hatten bereits alles für meine Abschiebung geplant. Innerlich bereitete ich mich in diesen zwei Stunden auf meine Ankunft im Lager vor. Bald ist alles zu Ende, Sayragul, zu Ende. Ich würde nie ein Grab bekommen, spurlos verschwinden, vielleicht irgendwo in einem Krematorium …

Zu meinem maßlosen Erstaunen setzten mich einige Polizisten kurz darauf in einem Amtsgebäude in Scharkent ab. Es war am 23. Mai 2018, als mir ein Richter dort in seinem Büro einige Fragen stellte und schließlich endete: »Jetzt wird das Gericht entscheiden, ob du nach China zurückgeschickt wirst oder nicht.« Wieso war es so nebelig in diesem Raum? Alles flimmerte vor meinen Augen. Sein halbes Gesicht verschwand dahinter. Woher kam diese Stimme? Wo war ich? »Dein Fall muss erst untersucht werden. Du musst Geduld haben, das wird dauern.« Während dieses Gesprächs wurde mir dauernd schwarz vor Augen, mehrmals habe ich das Bewusstsein verloren.

Dann nahmen sie mich in Untersuchungshaft und sperrten mich im Gefängnis in eine Zelle ein.

Gefangen

Noch immer hatte ich keine Ahnung, was in der Zwischenzeit draußen vor sich gegangen war. Nach meinem Verschwinden hatten Wali und sein Bruder alle Hebel in Bewegung gesetzt, um mich zu finden, aber jede meiner Spuren war im Nichts verlaufen. Weder die Polizei noch andere Behördenmitarbeiter wussten, wo ich abgeblieben war. Mein Mann und mein Schwager hatten es mit der Angst zu tun bekommen und vor Serikzhan

Bilashulys Türen von »Atajurt« Lärm geschlagen: »Hört uns an! Es ist ein Notfall …!«

Augenblicklich ist Bilashuly mit beiden Männern auf die Straße gegangen, um an einem großen Busbahnhof eine kurze Videoaufnahme zu drehen, in der Walis Bruder eindringlich um die Hilfe der ganzen Bevölkerung gebeten hat: »Die Kasachin Sayragul Sauytbay ist unschuldig in einem chinesischen Straflager gefoltert worden … Sie ist aus Ostturkestan nach Kasachstan geflohen und vor zwei Tagen am frühen Morgen von kasachischen Mittelsmännern aus ihrem Haus entführt worden … Ihr Leben ist in großer Gefahr! Bitte helfen Sie uns, Sayragul zu finden!« Diese Aufnahme stellte der Leiter der Menschenrechtsorganisation ins Internet, sodass binnen weniger Stunden mein Fall in ganz Kasachstan bekannt war.

Anschließend nahmen meine Freunde erneut die Suche nach mir auf. Überall im Internet ploppten Bilder von mir hoch, und überall auf den Straßen diskutierten die Menschen. »Wo ist diese Frau? Ihre Angehörigen suchen verzweifelt nach ihr …« Die Gemüter vieler Kasachen waren so stark erhitzt, weil sie selbst so schmerzhaft zahlreiche Angehörige in den chinesischen Lagern vermissten. Aus ihrer Sicht war endlich einer Kasachin die Flucht von dort gelungen, aber nun wollte ausgerechnet die eigene Regierung sie dem Nachbarn ans Messer liefern und zum Schweigen bringen.

Schnell war diese Empörung bis in die höchsten Amtsstuben durchgedrungen. Das setzte die Offiziellen unter Druck, etwas zu unternehmen. Vertuschen war nicht länger möglich, genauso wenig, wie mich kurzerhand an die Chinesen zu verkaufen. Aufgrund dieses Videos hatten sie jenen Geheimdienstler mit dem Foto von Walis Bruder an mein Krankenlager und mich statt nach China zunächst vor Gericht geschickt.

Ich selbst fühlte mich in meiner Zelle in Scharkent, als würde mein Kopf unter Wasser gedrückt. Immer wieder tauchte ich auf, um nach Luft zu schnappen. Immer wieder habe ich das Bewusstsein verloren. Eine bleierne Zeit. Zwar hing eine Kamera in der Ecke, aber wahrscheinlich hat keiner diesen Aufnahmen besondere Aufmerksamkeit geschenkt. Morgens gab es warmes Wasser zum Trinken. Mittags und abends reichten sie mir eine Mahlzeit. Langsam, sehr langsam kehrte wieder Leben in mich zurück. »Ob Wali weiß, wo ich bin? Wie geht es den Kindern? Wenn sie mich nach China abschieben, bin ich tot.«

Während ich auf meinem Lager weiter vor mich hindämmerte, fanden draußen Pressekonferenzen statt. Binnen kurzer Zeit hatten sich noch weitere Organisationen eingeschaltet, um mich zu unterstützen. Sogar ein bekannter Anwalt hatte sich an Wali gewendet und ihm angeboten, meinen Fall zu übernehmen. Ende Mai brachte mir jener Abzal Husman Kleidung, etwas zum Essen und vor allen Dingen neuen Lebensmut:

Allerdings arbeitete er für die andere Seite, was sich noch herausstellen sollte.

3. Juni 2018: Haft in Taldyqorghan, ein Vogel und ein Geist

Nach zehn Tagen verlegte man mich ins Staatsgefängnis von Taldyqorghan, wo man mich mit zwei russischen Mörderinnen und einer kasachische Betrügerin in eine Zelle einschloss. Von der Dritten erfuhr ich, dass die eine einen Dieb erstochen und die andere ihren gewalttätigen Mann umgebracht hatte. Diese Russinnen schubsten und traten nach mir, wenn gerade keine Wache hinsah. Ich war ein leichtes Opfer. Von meinem Zustand her hing ich wie in einer Zwischenwelt fest, weit weg und doch anwesend. Nicht lebend und nicht tot.

Das Grauen der Vergangenheit hatte sich direkt auf Körper und Psyche ausgewirkt. Obwohl mir ein Arzt in dieser Anstalt regelmäßig Medikamente und Injektionen verabreichte, verlor ich immer wieder das Bewusstsein. Vielleicht überforderten mich all die Gefühle, die aus dem Nichts auf mich einstürmten. Es verunsicherte mich zutiefst, dass ich nicht verstand, wie ich damit umgehen sollte.

Ich brachte kaum einen Bissen herunter und vermisste meine Kinder so schmerzlich, als hätte man mir das Herz herausgerissen und es läge klopfend vor mir. Da sah ich einen kleinen Vogel, der am vergitterten Fenster landete. Vorsichtig legte ich ihm ein Stückchen Brot hin. Er nahm es mit dem Schnabel auf und flog fort. Ich freute mich, weil er bestimmt seine Brut im Nest damit fütterte, aber mir liefen die Tränen herunter, weil ich solche Sehnsucht nach meinen eigenen Kindern hatte.

Als ich alleine in der Zelle war, tauchte plötzlich eine russische Frau auf. Sie trug ein langes, wallendes weißes Gewand, war wunderschön mit blondem Lockenhaar bis zu Kniekehlen. »Wer sind Sie?«, fragte ich sie ängstlich. Aber sie antwortete nicht.

Was wollte diese unheimliche Frau von mir? In panischer Angst drückte ich mich an die Wand und habe um Hilfe geschrien. Da wies sie mich streng zurecht: »Mach das Licht an!« und war wieder fort. Ab da erschien sie jeden Tag. Manchmal wühlte sie am Boden in meiner Tasche mit der Kleidung. Nachts sah ich sie klar, tagsüber nur wie einen Schatten. Langsam freundete ich mich an mit ihr.

Gelegentlich stand sie hinter mir und atmete mir warm in den Nacken. »Siehst du diese Frau auch?«, wollte ich einmal verwirrt vom Wachmann wissen, der jeden Morgen die Tür aufschloss. Er war ein abergläubischer Mensch und meinte: »Das ist der Geist einer Frau, die hier einmal eingesperrt war. Sie war unschuldig und hat sich in einer Zelle aufgehängt.« Manchmal wischten mir ihre warmen, bleichen Hände meine Tränen aus dem Gesicht weg. Das Licht war so grell, die Geräusche so laut, meine Lippen so trocken. Ich wollte von der Kasachin in meiner Zelle ebenfalls bestätigt haben: »Siehst du sie auch?« »Diese Frau bringt dir Hoffnung, dass du bald freikommst«, war sie überzeugt. Bis heute sehe ich das Gesicht jener Russin klar vor mir. Ja, es ist erstaunlich, was unser Gehirn für magische Kräfte bereithält, um unsere Seele zu schützen.

Nur mein Gesundheitszustand verschlechterte sich von Tag zu Tag. Am 22. Juni war ich alleine mit den beiden Russinnen in der Zelle, die Kasachin stand vor Gericht. Als ich von oben aus meinem Bett stieg, zogen sie mich gewaltsam herunter und prügelten mich. Dabei schlug ich mit dem Kopf auf dem Betonboden auf, und alles um mich herum versank in Finsternis. Plötzlich waren alle wichtigen Nervenverbindungen zum Gehirn abgetrennt, um nach einem letzten Ausweg zu suchen: Flucht oder Gegenwehr? Beides unmöglich. Unbewegt blieb ich liegen. »Sie stirbt!« Gemeinsam mit Rettungssanitätern kämpfte ein Arzt um mein Leben und bat die Gefängnisleitung darum, mich augenblicklich in eine Klinik einzuliefern. Erst nach 34 Minuten kam ich wieder zu Bewusstsein.

Ein empfindlicher Schmerz im linken Arm weckte mich. Wo war ich? Die Bilder rasten wie in einem Karussell durch meinen Kopf. Ich sah Männer, die mich mit Fäusten schlugen; hörte Frauen, die vor Schmerzen schrien, und fühlte, wie mein Gesicht zuckte ... Es dauerte, bis ich die wild durcheinanderirrenden Gedanken wieder unter Kontrolle hatte. Ich wollte meine Hand an mich ziehen, aber als ich daran zog, merkte ich, dass sie blutig und mit einer Handschelle ans Bett festgemacht war. An der anderen hing eine Kanüle. »Fast warst du tot«, sagte mir eine bewaffnete Uniformierte im Krankenzimmer. Da hob ich leicht den Kopf und bemerkte, dass ich nicht alleine war.

Erwachen

Der Arzt hatte eine schwere Gehirnerschütterung, riskant erhöhten Blutdruck und eine abnormale Herztätigkeit diagnostiziert. Ich war so schwach, dass ich mich kaum zum Sitzen aufrichten konnte. 24 Stunden lang bewachten mich drei Polizisten, zwei davon mit Maschinenpistolen. Die Tür hatten sie von innen zugesperrt. Wovor hatten sie solche Angst? Dass ich in meinem Zustand weglaufen würde? Dass der große Nachbar Peking dann schrecklich wütend auf sie wäre? Nur wenn das medizinische Personal um Eintritt bat, sperrten die Wachen die Türe auf. Es war Sommer, schwül, heiß und stickig; zu viert in dieser engen Kammer nahmen wir uns gegenseitig die Luft zum Atmen weg.

Meinen Mann und die Kinder ließen sie nicht zu mir herein, aber Wali lauerte auf den Moment, bis die Tür aufging und zwei Wachen auf die Toilette gingen. Im nächsten Augenblick sprang er mit einem Teller Essen ins Zimmer und flog auch schon wieder hinaus: »Hau bloß ab hier!« Das mitgebrachte Essen stellten sie so weit weg von meinem Bett, dass ich nicht hinkam. Wie ein Hund an der Leine fühlte ich mich. Ich spürte, wie der Zorn in meinen Adern wallte. Gefesselt wie eine Schwerverbrecherin, klatschnass, unfähig, mich zu bewegen, zu essen oder zu schlafen.

Als sich mein Zustand einige Tage später stabilisiert hatte, brachten sie mich ins Gefängnis zurück. Die zahlreichen Hilfspakete meiner Unterstützer beschleunigten meine Genesung.

Gefüllt mit duftendem Essen, Zahnbürsten, Seifen und wohlwollenden Wünschen. Dabei tauchte auch immer wieder der Name der Hilfsorganisation »Atajurt« auf. »Dieser Serikzhan Bilashuly opfert sein ganzes Leben, um seine Landsleute zu schützen, die unter der chinesischen Herrschaft gelitten haben. So ein Typ ist das«, schwärmte mir die kasachische Zelleninhaftierte von diesem Aktivisten vor. Der Beistand all dieser Menschen verlieh mir Hoffnung. Und diese Hoffnung setzte neue Kräfte in mir frei.

Jene Haftanstalt war gegen das Straflager in China fast eine luxuriöse Einrichtung. Hier durfte jeder dreimal täglich einigermaßen gut essen. Sogar zehn Minuten Hofgang waren gestattet. Ich legte den Kopf zurück, um durch das Gitter über mir den Himmel zu sehen. Hier hatte ich auch Zugang zur Bibliothek, in der ich Literatur über juristische Fragen entdeckte. Der Inhalt war kasachisch, aber nicht in den gewohnten arabischen Buchstaben verfasst.

In kürzester Zeit habe ich mir beigebracht, kyrillische Schrift zu entziffern. Dadurch erhielt ich Hinweise darauf, wie es in meinem Fall rechtlich weitergehen könnte. Gegen eine Abschiebung nach China sprach, dass mein Mann und meine Kinder kasachische Staatsbürger waren und ich selbst eine Kasachin war. Als ich das las, schöpfte ich noch größere Hoffnung.

Über einen Monat verbrachte ich in diesem Gefängnis. Zwei Tage vor Prozessbeginn wurde ich noch einmal in dasselbe Gefängnis in Scharkent verlegt, in dem ich zuvor eingesessen war. »Damit sie mich gleich von dort über die Grenze nach China abschieben können«, fürchtete ich im ersten Moment, doch im nächsten Atemzug fieberte ich diesem Prozess förmlich entgegen. Vielleicht war das meine Chance, endlich gehört zu werden? Vielleicht war es aber auch mein Ende …!

KAPITEL 8

KASACHSTAN: PEKINGS LANGER ARM IN DIE NACHBARLÄNDER

9. Juli 2018: Erster Gerichtsprozess

Von Kindheit an hatte mein Vater mir Stärke und Stolz mitgegeben. Ich versuchte auf diese innere Kraft zu vertrauen und nicht am Unvorhergesehenen zu zerbrechen. Das half mir, mich am 9. Juli 2018 dem ersten Prozesstag vor Gericht in Scharkent zu stellen, der mit Spannung in ganz Kasachstan erwartet wurde.

In dem kleinen Gerichtssaal standen vielleicht 20 Plätze zur Verfügung, allerdings drängten sich über 100 Menschen darin, darunter auch Menschenrechtler und Journalisten aus dem Ausland. Viele Interessierte mussten draußen vor der Tür bleiben. Weltweit galt ich als die erste Kronzeugin, die den Mut hatte, über die Verbrechen in den chinesischen Straflagern öffentlich auszusagen. Als die einzige Ausbilderin, die dieses streng geheim gehaltene System in seinem Innersten kennengelernt hatte. Und als die einzige kasachische Staatsbeamtin, die trotz ihres Wissens lebendig aus dem größten Überwachungsstaat der Welt herausgekommen war.

Alle Besucher erhoben sich, während das Gerichtspersonal einzog und Platz nahm. Die Richterin war Kasachin, die Staatsanwältin eine Uigurin. Hinter ihnen folgte ich in Handschellen. Als ich in den vollbesetzten Raum trat, schrak ich zusammen. Das Durcheinander, das Geschrei, die Rufe der Journalisten: »Können wir ein Interview machen …?« Das jagte mir für einen Moment große Furcht ein. Dann aber merkte ich, dass mir all diese Leute wohlgesonnen waren und mir beistanden. »Womöglich werde ich doch nicht nach China zurückgeschickt?« Innerlich feuerte ich mich selbst an: »Du musst dafür kämpfen, Sayragul, kämpfe!«

Die Wachen begleiteten mich durch den Saal in eine Kammer, hinter deren Glaswand ich Platz nahm. Weiterhin herrschte ein gewaltiger Tumult im Raum. Der Prozess hatte noch nicht begonnen, die Richterin und die anderen Teilnehmer sortierten noch ihre Dokumente. In diesen fünf Minuten haben sich meine Kinder zwischen diesen Menschen hindurchgedrängt und sind zu mir gelaufen. Wulanai stand hinter der Glaswand und rief mir zu: »Mama! Ich habe dich so vermisst. Bitte, gib mir nur einen Kuss.«

Mein Sohn blickte mich so hoffnungsvoll an, dass es mir ins Herz schnitt. Ich versuchte, seinen Wunsch zu erfüllen, duckte mich, aber sein Kopf passte unten nicht durch die schmale Öffnung der Glaswand hindurch. Da bettelte er: »Mama, dann nimm wenigstens meine Hand, damit du sie küssen kannst ...« Und er hat seine Hand durch die Öffnung geschoben. In dem Moment, als ich mich zu ihm hinunterbeugte, um seine kleinen Finger zu küssen, schoss ein Fotograf eine Aufnahme, die später durch die internationale Presse gegangen und bekannt geworden ist.

»Ruhe jetzt!«, riefen die Ordner im Saal, und alle mussten sich setzen. »Der Prozess beginnt!« Die Justizbeamten nahmen meine Personalien auf und stellten mir zwei Dolmetscher zur Seite, wobei der eine Chinesisch und der andere Russisch sprach. Letzteres benutzten sie in Kasachstan oft als Amtssprache vor Gericht. Da ich kein Russisch verstand, gingen sie ganz selbstverständlich davon aus, dass ich mich als ehemalige Einwohnerin der Nordwestprovinz auf Chinesisch verständigen wollte. Beide Dolmetscher sollten im Wechsel von Chinesisch auf Russisch übersetzen.

Dank meiner zahlreichen Fürsprecher hatte ich ein größeres Selbstbewusstsein entwickelt. Mit einem Mal vergaß ich meine Angst, und Wut füllte meine Stimme mit Kraft: »Ich bin nach Kasachstan gekommen, weil ich dieses Land als meine Heimat betrachte. In meiner Heimat aber möchte ich nur in meiner

Muttersprache und nicht auf Chinesisch sprechen. Andernfalls verweigere ich die Aussage.« Und schon steckte der Prozess nach nur wenigen Minuten fest.

Eine gespannte Atempause folgte, alle waren überrascht und diskutierten sogleich laut miteinander. »Wie lässt sich dieses Problem lösen?« »Sie ist Kasachin! Natürlich will sie Kasachisch sprechen!« »Wollen Sie wirklich einen anderen Dolmetscher?«, hakte die Richterin noch einmal nach. Unbeirrt blieb ich bei meinem Ansuchen. Die Zuschauer führten weiter eine lebhafte Debatte, aber am Ende kamen alle zur gleichen Meinung: »Wir sind in Kasachstan. Dieser Prozess ist für unser Land und seine Einwohner höchst bedeutsam, deshalb kann er nur auf Kasachisch geführt werden.« Sogar die Staatsanwältin erwies sich mir gegenüber so freundlich und milde, als ob sie meine eigene Anwältin wäre, und gestattete obendrein meiner Familie, mich am Nachmittag zu besuchen.

Nach einer halben Stunde vertagte die Richterin den Prozess auf einen anderen Termin.

Familienbesuch in der Zelle

Draußen auf den Straßen hatten sich viele Leute versammelt. Manche waren extra wegen mir aus fernen Städten und Ländern angereist. Ich war so dankbar, so gerührt und völlig fassungslos. Die Anteilnahme all dieser Menschen gab mir ein Stück weit meinen Glauben an Gerechtigkeit und Menschlichkeit zurück.

Kurz darauf geleiteten mich die Wachen in den Besucherraum des Gefängnisses, wo Wali und die Kinder bereits an einem Tisch mit gereckten Hälsen nach mir Ausschau hielten. Das war unser erstes gemeinsames Wiedersehen seit meiner Entführung vor fast zwei Monaten. Zehn Minuten blieben uns, einander zu umarmen und zu sprechen. Der Gedanke, sich gleich wieder trennen zu müssen, wo jede Sekunde so kostbar war, war schrecklich.

»Was hast du die ganze Zeit gemacht«, wollte Wukilumu wissen. »War alles in Ordnung? Hast du gut gegessen?«, hakte Wulanai nach. Wali fasste sich an seinen Hals. »Haben sie dich geschlagen oder misshandelt?« Seine Augen glänzten. Ich antwortete: »Alles ist gut, ich war nur eingesperrt in einem Raum ...« Unmöglich, in dieser Situation zu sprechen. Ich musste selbst mit aller Kraft eine Wunde im Inneren zusammenhalten, die vielleicht nie wieder heilte. Und die Kinder sollten beruhigt sein und nichts zu fürchten haben. Dann ging es auch mir selbst besser.

Draußen vor dem Gefängnistor standen die Leute mittlerweile in einer langen Reihe mit Paketen an, doch die Polizei wies sie zurück: »Nur Angehörige dürfen für Sayragul Sauytbay noch etwas abgeben.« Daraufhin haben all diese Unbekannten behauptet: »Ich bin ein Bruder! Ich ein Cousin! Ich eine Schwester! ...« und ihre Gaben für mich dagelassen. In meiner Zelle zwinkerte mir ein Polizist mit einem Auge zu. »Was? So viele Verwandte hast du?« »Nein«, verteidigte ich mich mit hochrotem Kopf und senkte den Blick, immer noch von der Angst getrieben, einen Fehler zu machen, der mich am Ende meinen Kopf kostete, »ich habe wirklich niemanden damit beauftragt ...!« Später berichtete mir ein anderer Beamter: »Deine Gönner kommen aus allen Gesellschaftsschichten. Darunter sind Reiche wie Arme, Junge wie Alte.«

Seit 2016 hatten sich die Menschen in Kasachstan jeden Tag mit ihren Sorgen den Kopf zerbrochen: »Wie geht es meinen Angehörigen in Ostturkestan? Warum melden sie sich plötzlich nicht mehr? Was passiert mit ihnen in diesen sogenannten

›Berufsbildungslagern‹?« Doch ihre Fragen verhallten an der hohen Mauer aus Schweigen, die die Grenze nach Ostturkestan umgab. All diese Menschen brannten darauf, endlich Antworten zu erhalten.

Auf den Straßen forderte die Bevölkerung wütend und erregt: »Warum sperrt ihr eine der Unseren ein? Sie ist unschuldig! Setzt Sayragul Sauytbay sofort auf freien Fuß! Sie muss Asyl in ihrer Heimat bekommen!« Doch die Regierung wand sich wie ein Wurm, den man zerteilt hatte, wobei jedes Stück in eine andere Richtung strebte. Wohin nur? Auf der einen Seite das eigene Volk, auf der anderen der riesige Nachbar, der drohend seinen geschnürten Stiefel hob …

13. Juli 2018: Zweiter Gerichtsprozess

Fünf Tage später war der zweite Prozesstermin angesetzt. Auf dem Weg zum Gericht freuten sich die Polizisten im Auto und zeigten durch die Scheiben: »Sieh mal, du brauchst dir keine Sorgen um deine Freiheit zu machen! Die ganze Stadt steht hinter dir!« Jeder Platz, jeder Garten und jede Ecke waren vollgestopft mit Menschen. Vom Straßenrand winkten mir die Leute zu, gekleidet in weiße T-Shirts mit blauer Aufschrift: »Freiheit für Sayragul Sauytbay!« Und das in drei Sprachen, Kasachisch, Russisch und Englisch.

»Atajurt« war es gelungen, in Kasachstan bislang beispiellose Massenproteste zu organisieren, die meine Abschiebung vorerst unmöglich machten. In einem autokratisch regierten Land gehörte viel Mut dazu, sich so zahlreich zusammenzufinden, um seinen Protest auszudrücken. Anders als im Westen waren hierzulande Demonstrationen mit Lautsprechern und Plakaten nicht erwünscht. »Wir wollen die Wahrheit!«, rief jemand. Hunderte warben friedlich bei der Regierung um Mitgefühl für das eigene Volk. Der kasachischen Regierung hätten ein Gesichtsverlust und vielleicht sogar eine Revolte im eigenen Land gedroht, wenn sie dem Drängen Pekings nachgegeben hätte, also ließen sie die Menschen zähneknirschend gewähren.

Dieses Mal äußerte ich vor dem Aussteigen eine Bitte an den Polizisten neben mir: »Könnten wir vor meinen Kindern die Handschellen verstecken?« Mit einem freundlichen Lächeln umfasste er meine Hand hinter meinem Rücken so, dass die Handschelle unter dem Stoff des Ärmels fast verschwand. Die Menschenmenge vor dem Saal war noch größer als beim ersten Mal, und die Sicherheitskräfte mussten erst einen Weg für uns durch den Flur bahnen. »Sei stark!«, riefen mir die Leute zu. »Du kommst bald in Freiheit!«

Das Gericht hatte mir alle meine Wünsche erfüllt. Nicht nur, dass ein russischer Dolmetscher für überflüssig erklärt wurde, sondern der ganze Prozess sollte in kasachischer Sprache geführt werden. Damit konnten wir uns problemlos untereinander verständigen. Ich verstand den Richter, der Richter mich und das Publikum uns alle miteinander. Auf diesem Weg war es für jedermann möglich, an diesem politischen Schauprozess teilzuhaben.

Der an mich gerichtete Hauptvorwurf lautete: »Illegaler Grenzübertritt.« Daher sollte ich begründen, warum ich das Gesetz gebrochen hatte. Das war meine Chance. Ich straffte mich und richtete den Blick geradeaus. »In Xinjiang steht die gesamte Bevölkerung unter sehr großem Druck. Dort gibt es Straflager, die die Chinesen nach außen hin als ›Berufsbildungszentren‹ bezeichnen. In Wirklichkeit aber werden die Menschen dort schlimmer als in jedem Gefängnis behandelt. In diesem Land findet ein Genozid an uns Kasachen und an den anderen Muslimen statt. Ich weiß das, weil ich selbst in so einem Lager als Lehrerin beschäftigt war. Dort herrscht ein faschistisches System. Die einheimische Bevölkerung wird tyrannisiert ...«

Ich gab mir alle Mühe, in nur zehn Minuten möglichst sachlich den Zustand in der Nordwestprovinz Chinas und in den Straflagern zu beschreiben. »Da ich beschlossen habe, die Welt über diese Tatsachen zu informieren, ist mein Leben heute in großer Gefahr. Deshalb musste ich fliehen.« Ich führte noch aus, dass die Beamten unsere Reisepässe eingezogen hatten und für mich eine legale Ausreise daher unmöglich gewesen sei. Manche Leute im Publikum reagierten auf meinen Bericht erschrocken, andere sprangen auf mit geballten Fäusten, voller Hass auf die Kommunistische Partei und die chinesische Regierung. »Das dürfen wir uns nicht länger bieten lassen! Befreit unsere Leute aus den Konzentrationslagern!«

Mit angehaltenem Atem verfolgte ich zum ersten Mal in meinem Leben, dass Menschen auf so einen Aufruhr hin nicht sofort eingesperrt und gefoltert wurden. Die Richterin zeigte sogar Verständnis und ließ die Leute weiterhin lautstark ihrer Empörung Luft machen. »Wir verkaufen unser Land an Peking!« oder »Zum Dank dafür rauben sie uns die Freiheit und unterdrücken uns!«

Am späteren Nachmittag endete dieser Prozess. Bis zum 23. Juli durfte ich meine Familie nicht wiedersehen, von ständiger Unsicherheit hin und her gerissen. Werde ich morgen an China ausgeliefert? Oder auf Lebenszeit verbannt in ein kasachisches Gefängnis? Oder bin ich vielleicht bald eine freie Frau?

23. Juli:
Dritter und letzter Gerichtsprozess

Bei den letzten Gerichtsterminen passierte etwas, was ich für undenkbar gehalten hatte. Tatsächlich hatten sich noch mehr Menschen versammelt. Die internationale Presse sowie Vertreter aus Politik und großer Organisationen aus aller Welt hatten sich im Saal eingefunden.

Beim dritten Prozess verlas die Richterin die Namen der zahlreichen ausländischen Organisationen, die sich für meine Freilassung stark gemacht hatten. Die Vereinten Nationen, Amnesty International, Botschaftsvertreter beispielsweise aus den USA, Italien oder Deutschland, das Europäische Parlament, die Gesellschaft für bedrohte Völker ... All diese wichtigen Repräsentanten hatten auch mit Präsident Nasarbajew selbst Kontakt aufgenommen, was entsprechend Wirkung zeigte. In einer Situation wie meiner war internationale Hilfe überlebenswichtig. Die Hoffnung, die sie mir damit gaben, ließ mich an eine bessere Zukunft glauben. Zum ersten Mal hegte ich den wagemutigen Gedanken: »Egal, wie mächtig China ist, vielleicht sind die freien Länder noch mächtiger ...«

Jedes Mal, wenn mir jemand vor Gericht eine Frage stellte, habe ich die Möglichkeit genutzt, um auf die Zustände in den Straflagern hinzuweisen. Diesmal aber entfaltete das eine noch größere Auswirkung, da die Presse meine Botschaft in aller Welt verbreitete.

Bis zu diesem Tag hatte Peking stur die Existenz solcher Straflager abgestritten. Stattdessen verschaukelte die chinesische Regierung die Welt mit Bildern über lachende Studenten, die der Propaganda nach in »Schulen mit kostenlosem Essen und Sprachunterricht versorgt wurden«.

Am Nachmittag waren alle notwendigen Dokumente und Beweismittel beigebracht. Inzwischen hatte man mir sogar einen vorübergehenden Ausweis ausgestellt, der mich als Asylsuchende auswies. Die Staatsanwältin, die mich eigentlich anklagen sollte, wählte am Ende die leichtesten Paragraphen aus dem Strafgesetzbuch und forderte in ihrem Abschlussplädoyer eine nur geringe Strafe für mich.

Nachdem eine Woche später, beim vierten Prozess am 1. August 2018, die Richterin das Urteil verkündet hatte, ging ein lauter Schrei des Jubels durch den Saal. »Freiheit für Sayragul!« Ich durfte das Gefängnis verlassen und stand lediglich unter Hausarrest. Alle sprangen auf, umringten mich und gratulierten mir. Überall streckten sich mir Mikrofone entgegen.

»Ich bin frei«, dachte ich fassungslos. Und zum ersten Mal, nach so vielen Jahren, erfüllte mich großer Stolz.

Feier mit abruptem Ende

Im Gedränge im Flur war es kaum möglich, einen Fuß vor den anderen zu setzen, also ließ ich mich von den Menschen zum Ausgang schieben. Zwischendurch stellte ich mich auf beide Zehenspitzen, um nach meinem Mann und meinen Kindern Ausschau zu halten, aber außer fliegenden Hüten und hochgereckten Armen war nichts zu entdecken. Vor mir zehn oder fünfzehn Treppenstufen, die direkt in die nächste Menschenmenge hineinführten.

Unten erwarteten mich viele Frauen mit Blumen, Kinder und Alte mit Geschenken. Einigen liefen Tränen über das Gesicht. Andere hatten ihre kasachischen Instrumente mitgebracht und spielten Musik. Auch bekannte Dichter und Schriftsteller reichten mir die Hand. Ich wischte mir selbst andauernd die Augen. Wohlhabende Geschäftsleute hatten für die zahlreichen Angereisten ganze Restaurants reserviert, Lämmer geschlachtet und Essen spendiert. Was soll ich sagen? Auf einmal Luft, Licht und Lachen. Was für ein Triumph! Das war ein unvorstellbar glücklicher Moment.

Draußen vor dem Gericht sprach ich zu der Menge: »Als ich nach Kasachstan gekommen bin, hatte ich das Gefühl, allein zu sein. Nun bin ich zuversichtlich, dass das nicht wahr ist. Ich habe meine Leute, meine Nation, meine Heimat gefunden!«

Laut Gerichtsurteil sollte ich sechs Monate lang unter Beobachtung und Hausarrest stehen. Falls ich aber irgendwo hingehen wollte, musste ich vorher eine Genehmigung bei den örtlichen Behörden einholen. Ich war so viel Schlimmeres gewohnt, dagegen waren solche Auflagen eine Kleinigkeit für mich.

»Hoch lebe Kasachstan!«, tönte es um mich herum. Mit einem Gefühl im Herzen, als bräche die Sonne mit hellen Strahlen durch ewige Dämmerung hindurch und füllte die Welt mit Licht, setzte ich die ersten Schritte meines Lebens in die Freiheit. Unter Gesang und Jubel stieg ich zu den Polizisten ins Auto, die mich zum Gefängnis zurückbrachten, damit ich dort meine Sachen abholen konnte. Meine Liebsten traf ich erst am Nachmittag in einem dieser Restaurants, in denen meine Entlassung groß gefeiert wurde. Die Kinder waren außer Rand und Band vor Freude. Wulanai sagte fröhlich zu mir: »Mutter, weißt du, ich habe die ganze Zeit Gott gebeten, dass du freigelassen wirst und wieder zu uns nach Hause kommst.« Und Wukilumu umhalste mich. »Siehst du, Gott hat unseren Wunsch erfüllt« und erstickte mich fast in ihren Küssen. Mein Mann legte den Arm um meine Schulter, und ich spürte voller Dankbarkeit, wie sich mein Körper nach so langer Zeit mit Wärme füllte.

Danach sind wir gemeinsam mit dem Auto in Richtung Almaty gefahren, etwa drei Stunden Fahrtzeit lagen vor uns. Je länger wir unterwegs waren, desto länger wurde die Kolonne unserer Unterstützer, die sich hinter uns bildete. »Ganz Kasachstan scheint den Ausgang deines Prozesses mitverfolgt zu haben«, staunte Wali. Ich nickte nur stumm, so bewegt war ich. Unterwegs an den Straßen hatten sich die Leute versammelt und jubelten uns zu. Teilweise war kein Durchkommen mehr.

Hunderte warteten darauf, dass ich ausstieg, um sie zu begrüßen und mit ihnen zu reden. Sie stimmten die Nationalhymne an. Überall fröhliche Gesichter um mich herum und Hände, die mir Essen und Geschenke reichten. Alle wollten Fotos mit mir machen. Sogar entlang der Autobahn winkten uns die Menschen zu. »Vielleicht ist das nur ein Traum?«, dachte ich. Unsicher blickte ich nach meinen Kindern, aber sie waren bei mir. Ganz nah.

In Almaty hatte ein spendabler Restaurantbesitzer für rund zweihundert Leute, darunter einige lokale Berühmtheiten und meine Familie, groß aufgetischt. So viele Unbekannte, und alle ließen ihren Dankesgefühlen freien Lauf und umarmten mich. Auf riesigen Flachbildschirmen flimmerte die kasachische Flagge und ertönte unsere Volksmusik. Erst morgens, als die Vögel in den Bäumen zwitscherten, fanden wir ein wenig Ruhe und konnten uns bei unserem Gastgeber zu Hause aufs Ohr legen.

Andertags war die Wahrheit über das Leben in den Straflagern in der *New York Times, Washington Post* sowie in Berichten der BBC und anderer wichtiger Medien nachzulesen. Nach wenigen Stunden Schlaf waren wir schon wieder auf den Beinen. Dauernd klingelte das Telefon oder mein Handy. Einem Journalist nach dem anderen habe ich ein kurzes Interview gegeben. »Ich habe in meiner Heimat erlebt, was es heißt, unter Entbehrung und Einschränkung zu leben. Und ich kann Ihnen sagen: Freiheit ist eine überwältigende Freude!«

Tief erschöpft, aber zufrieden wollten wir nach Walis Heimatdorf aufbrechen. »Noch ein letztes Interview mit einem kanadischen Reporter«, bat mich mein Gastgeber ans Telefon. Neben mir übersetzte ein Dolmetscher, als ich auf einmal die betroffenen Gesichter um mich herum bemerkte. Danach habe ich nicht mehr mitbekommen, was ich dem Reporter erzählt habe. Uns hatte eine Nachricht erreicht, die mir die Füße unter dem Boden wegzog.

Leben im Hausarrest: Von einem Haus zum anderen

»Deine jüngste Schwester ist heute in der Heimat verhaftet worden«, hörte ich die Worte meines Gastgebers, der mit gesenktem Blick vor mir stand. Obwohl es draußen heiß war, fing ich an zu frieren. Dann räusperte er sich und schob hinterher. »Direkt nach deiner Urteilsverkündung haben sie gestern auch deine Mutter abgeholt.« In China eine übliche Vergeltungsmaßnahme für Berichte eines Flüchtlings in der Öffentlichkeit. Ich zitterte am ganzen Leib, als hätte ich Fieber.

Kraftlos sank ich auf das Sofa. Es war, als hätte mich jemand hinterrücks mit einem Faustschlag niedergestreckt. Plötzlich sah ich die Männer mit den schwarzen Masken und die weinenden Mädchen im Lager vor mir: »Rette mich!« Dabei hatte ich die Gesichter meiner Verwandten vor Augen. Meine kranke Mutter mit 70 Jahren. Meine Schwester mit 26 Jahren, die wie ich Lehrerin war und mitten in ihren Hochzeitsvorbereitungen steckte. Sie hatte sich so sehr darauf gefreut, endlich zu heiraten.

Bis heute weiß ich nicht genau, ob meine Schwester und meine Mutter im Straflager waren oder nicht. Manche behaupten, man hätte sie einen Monat lang in ein Gefängnis gesperrt. Andere sprechen von zwei Monaten. Was sie dort durchgemacht haben, kann ich nur erahnen.

Das Hochgefühl der Freiheit währte nicht lange bei mir. In einem Land wie Kasachstan, in dem sich Chinas Macht zunehmend ausweitete, gediehen Korruption, Vertuschung sowie Gier kräftiger denn je und töteten wie ein Krebsgeschwür die letzten gesunden Zellen in einer Gesellschaft ab.

Knapp drei Tage nach der Feier in Almaty sind wir abgekämpft zu Hause in Baidebek angekommen, wo uns der nächste Schock erwartete. Vor uns waren Fremde in unserem Haus gewesen. Alle Schubladen waren herausgerissen, Papiere und Kleider lagen durcheinander im Raum. Sogar die Kinderzimmer sahen aus, als hätte ein Sturm darin gewütet. Wukilumu und Wulanai standen weinend mitten in diesem Durcheinander. Gestohlen war nichts, doch alles war verwüstet.

»Ob das der chinesische Geheimdienst war?«, argwöhnte Wali. Es jagte uns große Angst ein, dass wir selbst in einem geschützten Rückzugsraum wie dem eigenen Haus nicht mehr sicher waren. Wukilumu und Wulanai fassten mich ungestüm am Arm und wollten mich hinausziehen. »Mama, Mama, lass uns gehen! Die Chinesen wollen dich wieder entführen!«

Unser Haus hatte Wali sowieso bereits verkauft, weil er dringend Geld gebraucht hatte, um die Kosten für meinen Aufenthalt in der Privatklinik, die Suche nach mir, das Honorar für den Anwalt und alles weitere zu begleichen. Von der Summe war nichts mehr übrig geblieben. Der neue Käufer aber hatte uns großzügig angeboten, noch so lange dort zu wohnen, bis wir eine günstigere Bleibe gefunden hatten. In diesem Moment aber war uns allen bewusst, dass wir hier keine Minute länger bleiben konnten. Für uns fühlte es sich so an, als ob die Täter noch im Haus waren. Ekel hatte uns ergriffen. Was hatten diese Eindringlinge alles angefasst?

In der Eile rafften wir nur unsere Dokumente zusammen und ließen sogar Nahrungsmittel und Kleidung zurück. Wir hatten so viel Unfassbares erlebt, dass uns der Gedanke, unsere Sachen könnten vom Geheimdienst vergiftet worden sein, nicht mehr seltsam vorkam. Zunächst haben wir uns am Stadtrand von Almaty eine kleine Wohnung gemietet. Zum Glück unterstützten uns anfangs einige Organisationen wie »Atajurt« finanziell, damit wir wieder auf die Beine kamen.

Ab diesem Augenblick gab es keine einzige Minute mehr, die wir ohne Angst gelebt haben.

Auf der Flucht im eigenen Land

Das Gerichtsurteil trat innerhalb von 14 Tagen inkraft. Das zwang uns, in die Kleinstadt Jessik umzuziehen, weil wir von diesem Zeitpunkt an in dem Bezirk gemeldet waren. Für sechs Monate besaß ich ein vorübergehendes Asylrecht, das ich danach alle drei Monate verlängern lassen musste, sofern mir die Regierung kein dauerhaftes Aufenthaltsrecht einräumte. Jederzeit könnte es abgelehnt werden, was zur Folge hätte: »Zurück nach China. In den Tod.«

Immer aufs Neue haben die vom Geheimdienst angeheuerten und von Peking bezahlten Kasachen unsere Familie belästigt. Wer sonst hätte ein Interesse gehabt, uns auf Dauer psychisch zu zermürben? Seit Kurzem bewohnten wir ein einstöckiges Haus, wo mitten in der Nacht Unbekannte versuchten, unsere Fenster mit Gewalt aufzuhebeln. Und das wiederholte sich mehrere Male. Uns gefror jedes Mal das Blut in den Adern. Aus Furcht vor einem Überfall schliefen wir nur noch alle gemeinsam in einem Raum, die Kinder in der Mitte.

Schließlich tauchten einige dieser Spitzel an Wukilumus und Wulanais Schule auf und versuchten, von anderen Eltern Informationen über uns zu bekommen. »Beobachtet sie für uns und horcht ihre Kinder aus. Welche Gewohnheiten haben sie? Wann gehen sie zu welchen Orten? Wen besuchen sie? ...« Die Kerle waren sogar so unverfroren, unsere Kinder direkt zur Rede zu stellen: »Sag mal, erwartet ihr wieder Besuch von Journalisten? Mit wem habt ihr Kontakt?« Rastlos überprüften Wali und ich daraufhin unsere Umgebung und versuchten, alles im Blick zu behalten. Waren auch wirklich alle Türen und Fenster im Haus verschlossen?

Wieder waren es die starken Arme der Bevölkerung, die uns für einen Moment aufgefangen haben. Der etwa 80 Jahre alte Schriftsteller Habbas Habsh hatte versprochen: »Sobald du frei bist, Sayragul, gebe ich ein großes Fest für dich!« Dieses Versprechen löste der alte Herr nun ein, obwohl er selbst sehr krank war, und ließ auf einem Berg an den heißen Quellen von Almali ein Lamm für uns schlachten.

Viele Intellektuelle, Künstler und bekannte Persönlichkeiten trafen dort zusammen, um mir zu meiner neu gewonnen Freiheit zu gratulieren und mir Rückhalt für mein Asylgesuch zu geben. Zum Abschied schenkte Habbas Habsh mir und Wali eines seiner Bücher mit kasachischen Erzählungen, versehen mit einer persönlichen Widmung. Behutsam wie einen kostbaren Schatz haben wir sein Werk mit zu uns nach Hause genommen.

Am 3. Oktober 2018 hat das Gericht meinen ersten Antrag auf Asyl in Taldyqorghan abgelehnt. Nur ich alleine durfte an diesem Verfahren teilnehmen, meine Familie musste draußen bleiben. Wo aber war mein Anwalt abgeblieben? Abzal Husman war nicht erschienen.

Um meine Chancen auf ein Bleiberecht zu verbessern, hatte sich eine kleine Kommission aus Helfern gebildet. »Wenn das nächste Mal über dein Asyl verhandelt wird, haben wir vielleicht schon eine gute Nachricht für dich«, ermunterte mich Serikzhan Bilashuly von »Atajurt«. Er war ein etwas kräftigerer Mann, vielleicht in meinem Alter, sehr gebildet und eloquent, der ein umfangreiches politisches Wissen besaß. Wegen seiner Glaubwürdigkeit und Kompetenz war er längst Ansprechpartner vieler internationaler Organisationen und Journalisten.

Serikzhan Bilashuly war es auch, der mich über das tatsächliche Ausmaß der Straflager in Ostturkestan ins Bild gesetzt hatte. Es war noch weit schlimmer, als ich es mir vorgestellt hatte. Es handelte sich um das größte Gulagsystem der Menschheit in unserer Zeit. »Nur durch Intervention von außen besteht Hoffnung, dieses Grauen zu beenden«, waren sich alle einig.

Nach so einem Treffen mit meinen Helfern fingen mich auf der Straße zwei Kasachen vom Geheimdienst ab. »Wenn du nicht sofort den Mund hältst und weiter mit Journalisten über die Situation in China redest, wirst du nach Ablauf der sechsmonatigen Frist für immer verschwinden.«

Nichts wäre mir lieber gewesen, als einfach Asyl in Kasachstan zu erhalten und fortan nichts mehr als eine glückliche Mutter zu sein. Aber ich war mir unsicher, ob das überhaupt noch möglich war. Ich befand mich in einem furchtbaren inneren Konflikt. Einerseits wollte ich meinen Status in Kasachstan sichern, andererseits wurde mir immer deutlicher, wie wichtig es war, die Medien noch viel ausführlicher über die schlimme Situation in meiner Heimat zu informieren. Bislang hatte ich mich bedeckt gehalten. Ohne die nötige Sicherheit und Rückendeckung zu haben, wollte ich nicht auspacken.

Genau wie die Geheimdienstmitarbeiter verlangte unterdessen auch mein Anwalt Abzal Husman meinen sofortigen und vollständigen Rückzug aus der Öffentlichkeit. Niemand verstand diese Strategie. »Geht es ihm nur darum, die Wünsche Chinas zu erfüllen?«, fragten wir uns abends in kleiner Runde. Es war ein durchsichtiger Plan, dass die kasachische Regierung mich heimlich abschieben wollte, sobald die Aufmerksamkeit in der Bevölkerung nachgelassen hatte.

Tagsüber traf ich mich mit Journalisten, meist insgeheim irgendwo draußen im Auto, um sehr allgemein über unsere aktuelle Lebenssituation zu berichten. Danach saß ich bis zum späten Abend am Küchentisch und füllte Hilfsanträge bei unterschiedlichen internationalen Organisationen aus.

Für meine inhaftierte Mutter und meine Schwester verfasste ich einen Bittbrief nach dem anderen an die Vereinten Nationen und wichtige politischen Instanzen in dieser Welt. »Bitte helfen Sie ihnen! Beide sind unschuldig und haben nichts mit dem zu tun, was ich getan habe! Sie haben nicht einmal gewusst, dass ich im Straflager war und nach Kasachstan geflohen bin.«

Der Druck der internationalen Politik führte schließlich dazu, dass man sie wieder auf freien Fuß gesetzt hat. Trotzdem weiß ich nicht, wie es ihnen heute geht. Es ist schwierig, an glaubhafte Informationen zu gelangen. Mein Elternhaus wird seither, innen wie außen, mit Kameras bewacht. Die Behörden zeichnen alle ihre Bewegungen auf, ob sie ins Bad oder in die Küche gehen. Keiner will sie noch besuchen. Freunde, Bekannte und auch der Bräutigam meiner Schwester haben sich von ihnen abgewendet. Aus Furcht, sonst ebenfalls in den Schlund der Lager gerissen zu werden.

Aus diesem Grund mache ich mir ständig Vorwürfe. Meinetwegen hat meine Schwester keinen Mann und kann keine Familie gründen. Meinetwegen hat meine Mutter in ihrem hohen Alter hinter Gittern gedarbt. Meinetwegen sind meine Verwandten, Bekannten und Freunde in Lebensgefahr. Manchmal erhalte ich über viele Umwege Nachrichten aus Ostturkestan, aber es ist unmöglich für mich, mit meinen Bekannten, Freunden, Brüdern oder Schwestern selbst zu sprechen, da auch deren Häuser jeden Tag, 24 Stunden lang, überwacht werden.

Verfolger

Unsere Bedrohungslage spitzte sich immer mehr zu. Wenn wir das Haus verließen, folgten uns Unbekannte. In der Nähe der Wohnung parkten immer dieselben Autos, meist mit einem anderen Fahrer am Steuer.

Meinen zweiten Antrag auf Asyl lehnten die Behörden in Astana am 26. Dezember 2018 ab. Allerdings hatten sie mich darüber nicht benachrichtigt. Ich fragte immer wieder nach, erfuhr aber von dieser Absage erst am 6. Januar 2019. Wieder hatte mein Anwalt sich nicht gemeldet. Trotzdem ließen Wali und ich uns nicht unterkriegen. In den letzten Monaten hatten uns so viele Menschen Mut gemacht. Im Internet fanden sich hunderte Kurzfilme, in denen sich kasachische Kinder und Großmütter, Familien und Geschäftsleute, Intellektuelle und Arbeiter mit einem Appell an die Regierung wandten: »Sayragul Sauytbay hat unschuldig in einem chinesischen Straflager gelitten. Sie ist eine von uns. Bitte geben Sie dieser Frau Asyl und Schutz in Kasachstan.«

Wer wie unsere Familie vor Augen hatte, dass etwas gut ausgehen könnte, egal, wie schlecht die Chancen standen, gab seine ganze Kraft dafür, um dieses Ziel zu erreichen. Die Hoffnung trieb uns an, wir gingen an unsere Belastungsgrenzen und darüber hinaus. Mein Mann und ich suchten nach Auswegen, wie wir wieder ein halbwegs normales Leben führen könnten. Gemeinsam hatten wir uns überlegt, einen Laden zu eröffnen. »Wir könnten Tiere halten und vom Mehrverdienst unseren Unterstützern etwas zurückzahlen«, schlug ich vor. »Und wieder einen Laden eröffnen«, ergänzte Wali. Eine Kuh hatten wir uns bereits gekauft. Einen Teil der Milch tranken wir selbst, das Übrige verkauften wir auf dem Markt.

Kaum aber hatten wir zusammen mit der Milchkanne in der Hand das Haus verlassen, hefteten sich diese Leute an unsere Fersen. Einige Male drehte ich wütend um und stapfte direkt auf sie zu. »Warum verfolgt ihr uns?« Sie haben kein Wort gesagt, sondern mich nur abfällig gemustert.

Manchmal sind Wali und ich um die Ecke gerannt, weite Umwege gelaufen, aber sie klebten wie Kaugummi an unseren Absätzen. Gelegentlich atmeten wir erleichtert durch. »Wir haben sie abgehängt!«, aber dann tauchten sie an der nächsten Ecke wieder auf und nahmen erneut unsere Verfolgung auf.

Unterdessen verbreitete Pekings Propagandaabteilung verstärkt Falschinformationen über meine Familie, damit die Menschen in Kasachstan und im Rest der Welt uns endlich ihre Hilfe versagten. Eine Routinehandlung der KPCh, um Opponenten mundtot zu machen. Sie schwärzten uns im Internet und in den sozialen Netzwerken als Verbrecher, Lügner und Betrüger an. Meine Schwester, meinen Bruder und andere Bekannte nötigten sie dazu, uns in einem Video zu verleumden.

Seit Tagen lag ich mit hohem Fieber im Bett. Wali machte sich große Sorgen und brachte mich im Januar 2019 in eine Privatpraxis in Jessik, wo mich ein Arzt untersuchte und mir eine

Spritze gab. Als wir nach der Behandlung am späten Nachmittag zurückkehrten, fanden wir unsere beiden Kinder völlig verstört und in einem Zustand der Panik im Haus vor. Stumm vor Entsetzen. Vor Schreck zitternd. Unfähig, zu weinen. Den unterdrückten Hilfeschrei in ihren Kehlen.

»Was ist los?«, fragten wir erschrocken. Ich stürzte mit meinem heißen Kopf auf Wulanai zu, der sich japsend den Hals vor Schmerzen hielt. Der Kleine vergaß fast Luft zu holen, so aufgebracht war er. »Da war ein großer Mann in der Wohnung!« Und Wukilumi schluchzte. »Ich hatte keine Zeit, abzusperren, er ist hinter uns zur Tür hineingelaufen und hat uns einfach weggeschubst …! Er wollte wissen, wo ihr seid und was ihr macht.«

»Und dann …?« Wali war bemüht, die Kinder zu beruhigen, doch er rang genau wie ich selbst um Fassung. »Dieser Mann hat dauernd Fragen gestellt: Welche Leute kommen hierher? …«, setzte unsere Tochter fort, kreidebleich und kalten Schweiß auf der Stirn, »und dann wollte Wulanai die Polizei anrufen …!« Für den Notfall hatten wir die Telefonnummern der zuständigen Polizeistation an die Wand geheftet. Im selben Moment habe dieser kräftige Kerl ihm das Handy aus der Hand gerissen und ihn angebrüllt: »Was machst du da? Wen rufst du an?«, dann habe er den Jungen mit seinen Pranken an der Kehle gepackt und am Hals nach oben in die Luft gezogen. Während er unseren Sohn würgte, plärrte er unsere um Hilfe schreiende Tochter nieder: »Du wirst als Nächstes von den Chinesen entführt und ermordet!« Solche Grausamkeiten hatte er unseren Kindern zugefügt. Solche Todesangst hatte er ihnen eingejagt.

Dennoch hatten wir wegen meines Hausarrests keine andere Wahl, als in Jessik zu bleiben. Nach diesem Vorfall fingen mein Mann und ich an, abwechselnd Wache zu halten. Tag und Nacht.

Wenn der eine schlief, wachte der andere. Außer einem großen Holzstock besaßen wir keine Waffe, um unser Leben zu verteidigen.

Keine Minute haben wir die Kinder noch aus den Augen gelassen, sie jeden Tag zur Schule begleitet und wieder abgeholt. Wukilumu und Wulanai hatten ständig Angst, nachts türmte sie sich wie eine riesige Welle vor ihnen auf und kurz bevor sie uns alle verschlang, wachten sie wimmernd und weinend auf. Danach fanden auch wir Erwachsenen keinen Schlaf mehr. Wir standen alle vier auf und warteten auf den Sonnenaufgang.

Diese Situation hat sich bei mir bis zum heutigen Tage nicht verändert. Ab Mitternacht stehe ich auf und durchwache die Nacht. Dann schwitze ich – vor Angst.

Eigentlich hatten Wali und ich geplant, wieder unser eigenes Geld zu verdienen, aber das war unmöglich. Mein Mann rieb sich die zerfurchte Stirn. »Was ist, wenn ich weggehe und sie genau in dem Moment hier ins Haus eindringen …? Was ist, wenn dir oder den Kindern etwas passiert?« Unsere Nerven waren bis zum Zerreißen angespannt.

Nachdem mein dritter Antrag abgelehnt worden war, ging ich in Berufung, aber keiner informierte mich darüber, dass dieser Vorgang am 11. Februar 2019 vor Gericht in Taldyqorghan geprüft werden sollte. Mein Anwalt, also die Person, die für mich eintrat, war nicht ansprechbar. Nach all diesen Ereignissen hatte ich beschlossen, nicht still zu bleiben, sondern vor der Presse unsere Lage noch offensiver bekannt zu machen.

Alleine waren wir verloren.

Unterirdische Lager

Während ich all das erzähle, frage ich mich, wie ich die Erinnerung daran aushalte. Bei jedem Gespräch mit Journalisten über die Straflager wird die Vergangenheit wieder lebendig und genauso unerträglich, wie sie war. Dann fühle ich mich wieder in die damalige Situation versetzt. Mein Herz trommelt, und mein Shirt klebt schweißdurchtränkt an meiner Haut. Die Bilder in meinem Kopf wirbeln durcheinander, bis ich vor Erschöpfung keine Kraft mehr habe.

Befragt mich ein Reporter über diese Tage, springe ich normalerweise auf und schicke ihn fort, denn ich halte es keine Sekunde länger mehr aus. »Bitte gehen Sie …!« Todmüde krieche ich danach ins Bett und bleibe dort ein bis zwei Tage, erst dann schaffe ich es, mühsam wieder hochzukommen. Es reicht, wenn ich über die Schicksale anderer Inhaftierter höre, schon schnürt es mir die Brust ein, und ich habe das Gefühl, nur noch aus meinem Herzschlag zu bestehen …

Wie die Geschichte über einen Polizisten in einem Lager bei Hulija, der Innenstadt von Ili, der den Koran in der Hand hielt, ein Blatt nach dem anderen herausriss, um sich damit den Hintern abzuwischen, es auf den Boden zu werfen, mit den Füßen darauf zu stampfen und zuletzt darauf zu pinkeln. Nachdem er das den Häftlingen demonstriert hatte, zwang er sie, sein Verhalten nachzuahmen und dabei zu rufen. »Das ist unser Gott! Das ist unser Allah! Das ist unser Heiliger Koran!«

Dazu die zahlreichen Aussagen überlebender Gefangener, die im Lager gezielt mit Tuberkulose und Hepatitis infiziert worden sind, und über schwangere Frauen, die abtreiben müssen. Solche Berichte haben Menschenrechtsorganisationen dokumentiert.

Und zuletzt die Schilderungen über die unterirdischen Lager. Bei den Angaben über die Anzahl der Straflager stützen sich internationale Menschenrechtsorganisationen auf Satellitenbilder und gehen davon aus, dass 1,2 bis 1,8 Millionen Menschen in Konzentrationslagern in Ostturkestan inhaftiert sind.

In Wirklichkeit jedoch gibt es viele versteckte und unterirdische Konzentrationslager, die von Satelliten nicht entdeckt werden. Bei den Bingtuan, den Produktions- und Baukorps in Ostturkestan, findet man einige unterirdische Konzentrationslager, die nicht so leicht zu entdecken sind.

Von einem Freund, der letztes Jahr seine Eltern in Guliden besucht hat, habe ich selbst von zwei unterirdischen Lagern erfahren. Er ist vor einigen Jahren von Ostturkestan nach Kasachstan gezogen und lebt dort als kasachischer Staatsbürger. Als er letztes Jahr seine Eltern im Landkreis Tugiz Tarau im Kasachischen Autonomen Bezirk Ili besuchte, hörte er von seiner Familie und anderen Zeugen über ein unterirdisches Lager vor Ort in Guliden. Dort werden offenbar 14 000 Menschen festgehalten. Mein Freund fuhr nach Sumen, Qapqal County Nummer 6, um bei einem befreundeten Polizisten herauszufinden, wo genau seine eigenen Verwandten inhaftiert seien. Dieser Polizist erklärte ihm, dass seine Verwandten in Sumen im Unterwassergefängnis festgehalten werden, und gab ihm noch weitere furchtbare Insider-Informationen. Auch in diesem Unterwassergefängnis seien viele Menschen inhaftiert.

Die Wärter legten die Gefangenen dort in Ketten, die an der Decke befestigt sind. Mit den nach oben gebundenen Händen über den Köpfen hingen die Gefangenen nebeneinander im Wasser, das ihnen bis zum Mund reicht. Wenn sie vor Schmerzen die Beine ausstrecken wollten, hielten sie das nicht lange aus, weil sie Wasser schluckten und keine Luft mehr bekämen. Ihr täglicher

Urin und andere Fäkalien schwämmen im selben Wasser. Am Tag dürften diese Gequälten nur dreimal das Wasser verlassen, um drei Mahlzeiten einzunehmen. Sie hingen wochenlang im Wasser. Ich weiß nicht, wie lang ein Mensch das aushalten kann. Ich weiß nicht, ob es andere Überlebende gibt. Ich habe nur gehört, dass mehrere solcher Unterwassergefängnisse existieren sollen.

Als mein Freund nach Kasachstan zurückkehrte, berichtete er mir über diese beiden Lager. Sein Bruder wurde letztes Jahr unschuldig verurteilt. Ich habe die Adressen und Informationen über diese Lager an die zuständigen einschlägigen internationalen Organisationen weitergeleitet.

Aufgrund dieser zuverlässigen Aussagen über eine Vielzahl unterirdischer Gefängnisse gehen andere Menschenrechtler und ich davon aus, dass die Zahl der in Ostturkestan inhaftierten Menschen fast 3 Millionen beträgt.

Wenn ich all diese Geschichten höre, fühle ich mich selbst wieder wie eine von diesen Gefangenen. Wie eine Schwerkranke.

Drohungen: »Du wirst deinen Anwalt nicht wechseln …!«

»Ich werde meinen Anwalt wechseln«, verkündete ich im Februar 2019 in einem Video, das ich ins Netz gestellt hatte. Diese öffentliche Bekanntmachung war nötig, um vor dem Gesetz zu beweisen, dass mich dieser Mann nicht länger vertrat und kein Recht mehr hatte, nach außen hin für mich zu sprechen.

Kurz danach, um 18 Uhr, flog unsere Haustür auf und vier Polizisten trampelten in unserer Wohnung herein. Die Kinder rannten schreiend in ein anderes Zimmer und versteckten sich dort. »Setzt euch!«, befahlen diese Eindringlinge barsch. Wali und ich nahmen stocksteif nebeneinander auf einem Hocker Platz, während die Uniformierten sich auf dem Sofa breitmachten und mich mit donnernden Stimmen in die Schranken wiesen: »Du wirst deinen Anwalt behalten!« »Aber ich habe das Recht, meinen Anwalt zu wechseln ...«, beharrte ich mit leiser Stimme. Sie verspotteten mich. »Eine wie du soll Rechte haben?« Was ich mir überhaupt einbildete?

Meinem Mann und mir war schlecht vor Angst. »Du wirst sofort auf deinem Handy ein neues Video aufzeichnen, in dem du vor der Öffentlichkeit richtigstellst, dass du es dir noch mal anders überlegt hast und deinen Anwalt doch behalten willst!« Ich weigerte mich, weil ich wusste, dass das mein Ende bedeutete. Mehrere Stunden lang haben sie uns eingeschüchtert.

In dieser Zeit durften wir nicht aufstehen, nichts trinken, nicht nach unseren vor Angst zitternden Kindern sehen. »Wenn du nicht tust, was wir dir sagen, wird deine Familie ein schreckliches Schicksal erleiden, dann Gnade euch Gott.« Gegen Mitternacht hatten sie ihr Ziel erreicht. Ich war so tief besorgt um Wukilumu und Wulanai und so hoffnungslos, dass ich nachgegeben habe.

Am nächsten Morgen brachten mich einige Polizisten zur Wache, wo ich überraschend auf meinen Anwalt Abzal Husman und einen hohen Beamten traf, der extra aus der Hauptstadt eingeflogen war. Dieser zweite Mann gab mir weder seinen Namen noch seine konkrete Position preis. Seine Botschaft war knapp, seine Drohung dieselbe wie die der anderen Schergen dieses Systems: »Du wirst deinen Mund halten und weiter mit deinem Anwalt zusammenarbeiten, sonst droht deiner Familie Schreckliches ...« Welche Möglichkeit bleibt einem Menschen noch, wenn er das Messer im Rücken seiner Liebsten vor Augen hat, außer allem zuzustimmen?

Mein Mann und ich waren zutiefst frustriert. Nachmittags saß ich mit offenen Augen auf dem Sessel, und Wali rief mich an: »Sayragul, ich muss mit dir reden …!« Aber ich reagierte nicht. Ich schlief. Mit offenen Augen. Drei Tage später sollte der Richter in Taldyqorghan über meine Berufung bestimmen. Die letzte Nacht davor wippten wir nervös mit den Füßen im Wohnzimmer, bis wir uns dazu durchringen konnten, allen Drohungen zum Trotz eine neue Anwältin einzuschalten. Kurz darauf erhielt Aiman Umarova meine verzweifelte Videobotschaft. »Bitte übernehmen Sie meinen Fall, sonst bin ich verloren. Peking verlangt meine Auslieferung …«

Danach wollten wir sofort verschwinden, aber draußen bewachten Polizisten in ihrem Auto unseren Hauseingang.

Opfer einer Politik, die vor Peking einen Kotau macht

Was tun? Mitten in der Nacht verständigten wir einen Freund: »Bitte, hole uns schnell ab! Wir können hier keine Minute länger bleiben!« Als er wenig später mit seinem Wagen vorfuhr, verjagten ihn die Polizisten von unserem Haus: »Hau ab! Was hast du hier zu suchen?!« Er redete sich heraus: »Ich bin nur hier, um Kohlen zu kaufen und abzuholen.« Dann parkte er sein Auto in einer Seitenstraße und gab uns übers Handy Bescheid. Erst als die Polizisten im Auto eingeschlafen waren, kletterten Wali, die Kinder und ich über unsere Hausmauer, rannten los und stiegen keuchend zu ihm in den Wagen. Nachdem wir in seinem Dorf in Sicherheit waren, veröffentlichte meine neue Anwältin mein letztes Video, überschrieben mit dem Titel: »Ich will meinen Anwalt wechseln!«

Am Morgen darauf traf ich am 11. Februar 2019 vor dem Gerichtsgebäude in Taldyqorghan auf meinen Anwalt Abzal Husman. Schwindelig vor Empörung machten mein Mann und ich ihm unmissverständlich deutlich: »Wir wollen nicht mehr mit ihnen zusammenarbeiten.« Damit hatte er nicht gerechnet.

Meine neue Anwältin Aiman Umarova war ungewöhnlich mutig und übernahm meinen Fall, der für die kasachische Regierung so überaus heikel war. Danach wurde allerdings auch sie bedroht und verfolgt. Als wir einmal gemeinsam in einem Café auf Journalisten von CNN warteten, hatten wir bereits gemerkt, dass jemand hinter uns her war, aber wir ignorierten diese Person.

Kaum richtete der Journalist die erste Frage an mich, stellte sich dieser Kerl in Hose und Jackett breitbeinig vor uns hin und filmte uns mit seinem Handy. »Hören Sie bitte auf damit! Wir fühlen uns gestört. Gehen Sie«, beschwerte sich der Reporter über dessen freches Verhalten, aber er blieb einfach stehen und machte weiter.

Bei Nachforschungen stellte sich heraus, dass es sich um einen Angestellten der Polizeistation im Ort handelte, nur hatte er im Café Zivilkleidung getragen. Um meine Anwältin zu schikanieren, töteten unsere Peiniger ihren Hund im Garten und legten ihr das tote Tier vor die Tür. Sein Maul war vollgestopft mit Erde. Dasselbe taten sie danach mit ihrer Katze.

Am Ende entschied das Gericht auch im Berufungsverfahren gegen mich; außerdem war Serikzhan Bilashuly von »Atajurt« Mitte März »wegen Schüren von ethischem Hass« erst verhaftet und dann unter Hausarrest gestellt worden. Seine Menschenrechtsarbeit hatte man ihm bis auf Weiteres verboten. Meine unglaublich tapfere Anwältin, die auch seinen Fall übernommen hat, wurde als »Feindin der Nation« verunglimpft.

Trotzdem trat sie vor die Presse und sprach von einem »politischen Prozess«, der mit dem großen Einfluss Chinas in Kasachstan zu tun habe. »Die Regierung will nicht, dass man offen über die Situation in den chinesischen Lagern spricht. Ich sage das ganz deutlich und unter großer Angst und mit persönlichem Risiko.« Und trotz seines Arbeitsverbotes veröffentlicht der unglaublich tapfere Serikzhan Bilashuly weiterhin Zeugenberichte aus den Straflagern.

Eine heimliche Abschiebung meiner Person nach China war der Regierung mittlerweile jedoch nicht mehr möglich, davon hätte sonst die ganze Welt erfahren. Deshalb ließen sie mich schließlich in den Westen ziehen. Damit waren sie selbst eine Bürde los, und die Beziehung zwischen Kasachstan und China wurde nicht länger wegen einer Kronzeugin beeinträchtigt.

Als Trost bleibt mir, dass mein Fall allen anderen Flüchtigen, die nach mir aus Ostturkestan folgten, ein wenig den Weg geebnet hat. Dank der Amtsübergabe im Juni 2019 an Nasarbajews Getreuen Qassim-Schomart Toqajev und aufgrund der Tatsache, dass Peking mittlerweile kritischer von den Augen der Welt beäugt wird, geht man in Kasachstan heute mit Asylanträgen aus meiner alten Heimat etwas großzügiger um.

Unsere Familie ist zum Opfer einer Landespolitik geworden, die vor Peking einen Kotau machte und sich in den Staub warf, obwohl die chinesische Regierung das eigene Volk knechtet. Kasachstan steckt in einer politischen Zwickmühle, weil es mit etwa zwölf Milliarden Dollar aufgrund des »Seidenstraßen-Projekts« gegenüber China verschuldet ist.

Nur knapp 15 Monate, vom 5. April 2018 bis zum 3. Juni 2019, war es uns vergönnt gewesen, in Kasachstan, dem Land unserer Muttersprache, zu leben.

KAPITEL 9

DAS (GEDANKEN-) VIRUS: DIE WELT WARNEN!

3. Juni 2019: Aufbruch in eine neue Welt

Knapp drei Tage vor Abflug erfuhren wir, wohin unsere Reise führte. »Schweden nimmt uns auf!«, rief Wali. Als wir diese Nachricht erhielten, legte mir mein Mann beide Hände auf die Schultern und sagte zu mir: »Gott hat dir dein drittes Leben geschenkt.« Fragend blickte ich ihn an und spürte dabei, wie sich mein Magen zugleich vor Schmerz wegen des Abschieds aus Kasachstan und vor Freude auf die Zukunft in dem fremden Land zusammenzog.

»Erstens hast du es geschafft, aus China zu fliehen«, betonte Wali und bog für jeden weiteren Punkt einen Finger um. »Zweitens hast du Folter und Haft in Kasachstan überlebt. Und drittens ist ein Aufschrei der Empörung durch die Bevölkerung Kasachstans gegangen, nur wenige Stunden vor deiner Abschiebung in den Tod nach China.«

»Wo liegt Schweden?«, versuchte meine Tochter unterdessen herauszufinden. Sofort setzte sie sich mit ihrem Bruder vor den Computer und schaute im Internet nach, wie die Leute in Skandinavien lebten. Wir hatten schon vorher voller Neugierde über alle möglichen Länder im Westen Auskünfte eingeholt, darunter Kanada, Amerika und Deutschland.

Wukilumu las laut vor: »Schweden hat hohe Achtung vor den Menschenrechten. Da wird sogar der Friedensnobelpreis für berühmte Menschenrechtler verliehen.« Wulanai rief mitten in unsere staunenden Gesichter hinein: »Seht mal, dort gibt es viele Inseln und Seen, mit großen Nadelwäldern und Gletscherbergen. Die größten Städte liegen alle an der Küste …« »Endlich werden wir ungestört leben und müssen keine Angst mehr haben!«, juchzte meine Tochter.

Einerseits waren wir glücklich, in Frieden leben zu dürfen, andererseits waren wir jedoch voller Wehmut. Am Abend rollten den Kindern die Tränen über die Wangen. »Wieso dürfen wir nicht hierbleiben?«, jammerte mein Sohn. Die Kinder hatten sich in ihrer Schulklasse eingelebt, wir hatten hier viele Freunde und Verwandte.

Natürlich ist Kasachstan ein autokratisch regierter Staat, aber im Vergleich zu China fühlte sich das Leben für uns dort frei an – trotz Verfolgung und Psychoterror. Hier war es uns erlaubt gewesen, uns ungehindert zu bewegen, uns mit Leuten auszutauschen und übers Internet viele Informationen einzuholen. In Kasachstan hatten wir schlimmste Panikattacken erlitten, aber auch die schönsten Momente unseres Lebens erlebt.

Als unsere Kinder merkten, wie traurig uns ihr Kummer machte, versuchten beide, den Kloß im Hals wegzudrücken und möglichst tapfer zu wirken. »Hauptsache, wir sind weg von der chinesischen Gefahr«, sagte Wukilumu und kaute auf ihren Lippen herum. »Ja, in Schweden sind wir besser geschützt«, unterstrich auch Wulanai und drückte mich. Mein Mann stand da, die Schultern gebeugt, den Kopf gesenkt, als lauschte er. »Würden wir hierbleiben, würde alles noch schlimmer werden«, setzte er nachdenklich hinzu und blickte mir in die Augen. »Sie würden dich umbringen.«

Da faltete ich die Hände ineinander, hob den Kopf und sagte: »Gut, fangen wir ein neues Leben an. Ein drittes Leben.« Sofort packten wir unsere wichtigsten Sachen ein. Viel war es nicht. Die sehr guten Zeugnisse der Kinder, Urkunden, Papiere, Fotos von Festen aus Kasachstan und unserem Leben in Ostturkestan. Am meisten Platz nahmen die Bücher mit Widmungen ein, die uns kasachische Schriftsteller geschenkt hatten. Zuletzt rollten wir eine große und ein paar kleine Flaggen aus

Kasachstan zusammen und steckten sie zwischen unsere notwendigste Kleidung.

Sicherheitshalber informierten wir nur die engsten Angehörigen und Bekannten über unsere Abreise. Es war ein kleiner Kreis, der sich am Flughafen von uns verabschiedete. Sie baten mich, noch eine kurze Videobotschaft für das Volk in Kasachstan aufzunehmen, die sie später veröffentlichen wollten. Doch ich weinte die ganze Zeit und brachte kaum ein Wort heraus. Bis zur letzten Sekunde hatte ich mich an die Hoffnung geklammert, doch noch Asyl in Kasachstan zu erhalten, weil mich Tausende aus vollem Herzen unterstützt hatten. Aber dieser Wunsch ist leider unerfüllt geblieben.

Es war Nacht, als wir von Almaty nach Astana flogen. Durch das Fenster blickte ich nach unten auf die Stadt. Niemand war auf der Straße. Alle lagen im Schlaf. Dieser Anblick berührte mich sehr. »All diese guten Menschen, die für uns so viel getan haben, sind ahnungslos, dass ich heute für immer über ihre Dächer fortfliege.«

Vor meinen inneren Augen liefen die einzelnen Videoaufnahmen ab, die sie bis zuletzt an die Regierung geschickt hatten, alle versehen mit derselben Bitte: »Bitte geben sie Sayragul Sauytbay und ihrer Familie Asyl in ihrer Heimat Kasachstan.« Ich drehte mein Gesicht so zur Scheibe, dass niemand meine Tränen sehen konnte, und versuchte mich selbst zu trösten. »Dass wir heute hier über den Wolken fliegen, ist ein Geschenk Gottes ...«

Am Flughafen in Frankfurt bat ich meine Freunde übers Handy, meine letzte Videobotschaft besser nicht zu veröffentlichen. »Wenn das die Leute sehen, werden sie traurig sein, mich in so einem Zustand zu erleben«, begründete ich meine Entscheidung. In Schweden wollte ich meine Danksagung nachholen, gefasst und ohne Tränen. An jedem Flughafen erwarteten uns Menschen mit unseren erhobenen Namensschildern, bis uns zuletzt jemand von Stockholm im Auto über Malmö nach Trelleborg brachte. »Wohin schicken sie uns denn?«, flüsterten wir leise miteinander.

Keinesfalls wollten wir durch unangenehme Forderungen auffallen. Bis dahin hatten wir uns auch überhaupt keine Gedanken darüber gemacht, wie unser Leben in Schweden weitergehen sollte. Wali und ich hatten ein billiges Hotelzimmer oder eine schäbige, enge Asylunterkunft mit Hunderten anderen Flüchtlingen im Kopf. Was genau würde auf uns zukommen? Die Ungewissheit machte uns ein bisschen bange, aber unsere Erwartungen waren bescheiden. Hauptsache, wir waren in Sicherheit.

Wo ist die Unterkunft?

Als wir in einer kleinen Seitenstraße vor einem zweistöckigen Reihenhaus anhielten, beugte sich Wali zum Fahrer nach vorn und fragte voller Zweifel: »Wo ist denn die Unterkunft?« »Wir sind am Ziel«, verkündete dieser. Alle vier haben wir die Augen weit aufgerissen. »Aber da ist doch kein Hotel?«, habe ich selbst noch einmal nachgefasst. Der Fahrer meinte: »Nein, das ist eure Wohnung. Ab heute gehört sie euch.« Über das Handy waren wir mit einem Dolmetscher verbunden, der uns seine Worte übersetzte.

Völlig perplex folgten wir zwei anderen schwedischen Mitarbeitern ins Haus. »Ooooh!« Wir schafften es vor Staunen kaum, den Mund zu schließen. Alles war sauber, alles neu. Zwei Kinderzimmer, ein Wohnzimmer und ein Schlafzimmer. Die Möbel rochen noch wie frisch ausgepackt, in der Küche fanden wir Lebensmittel für einige Tage, alles war für uns vorbereitet. Schließlich drückte ein Schwede meinem Mann den Schlüssel in die Hand, und beide wünschten uns eine gute Nacht.

Sicherheitshalber drehte Wali den Schlüssel in der Tür dreimal um und die Kinder zogen die Vorhänge zu, ehe wir alle aufgeregt und freudig mehrmals durch die vier Zimmer liefen. »Dieses Land ist noch viel schöner, als wir gedacht haben«, fand mein Sohn, während wir mit den Händen über die Möbel strichen. So vorsichtig und behutsam, als könnten sie im nächsten Moment wie Seifenblasen zerplatzen. Wukilumu lachte mit glitzernden Augen: »Wie kann ein Land für Fremde wie uns so etwas Gutes tun?«

Von der ersten Sekunde an schlug uns in Schweden eine große Hilfsbereitschaft entgegen. Sofort fühlten wir uns angenommen. Das war ein wunderbares Gefühl. Nur leider dauerte es nicht lange an.

So verbrachten wir die erste Nacht zusammengedrängt in einem großen Bett in unserem neuen Zuhause.

Himmelhochjauchzend ...

Am nächsten Morgen um 8.30 Uhr suchten uns erneut zwei Sozialarbeiter auf. Nachdem wir mit ihrer Hilfe alle nötigen Formulare ausgefüllt hatten, zeigten sie uns das etwa einen Kilometer entfernt liegende Stadtzentrum. Hand in Hand mit den Kindern spazierten wir von der Post zur Bank und von den Supermärkten zu den wichtigsten Behörden.

Als wir am Nachmittag zu viert zurückliefen und bereits unser Wohnhaus erblickten, blieb Wali plötzlich stehen, und zog tief die Luft ein: »Hier in der Nähe muss das Meer sein.« Ich runzelte die Stirn. »Woher weißt du das?« – »Ich rieche es.« Wie sollte ein Mensch, der aus der Nähe Urumqis stammte, der Stadt, die am weitesten von allen anderen auf der Welt von einem Ozean entfernt war, das Meer riechen? Schnurstracks liefen wir über eine große Straße und dann entdeckten wir es, direkt hinter unserer Hausreihe – das Wasser der Ostsee. Nicht weit von uns entfernt sah man den Fährhafen, daneben den Hauptbahnhof.

Es war Sommer, Juni, die schönste Jahreszeit. Wie von einem Magneten angezogen, liefen wir zum Strand, die Kinder voraus. Die Familien planschten dort mit ihren kleinen Kindern im Meer. Wukilumu und Wulanai stürzten in Shirt und Hose auch ins Wasser und versuchten zu schwimmen, obwohl sie das noch nie zuvor getan hatten. »Kommt zurück!«, rief ich ihnen voller Angst hinterher, »ihr könnt das nicht, das ist lebensgefährlich!« Aber die Kinder wollten nicht zurückkommen. Wulanai rief mir zu: »Schau mal, Mama, die Kinder schwimmen so und so«, und dann machte er mir mit seinen dünnen Ärmchen Schwimmbewegungen vor. Beide konnten sich nur mit Mühe über Wasser halten, mussten viel husten und Salzwasser schlucken, aber trotzdem fingen sie sofort damit an, Schwimmen zu lernen.

Jeden Tag half uns jemand weiter. Da wir in Kasachstan ständig aus Angst und Geldnot die Wohnung gewechselt hatten, war es erholsam, sich endlich an einem Ort häuslich einzurichten. Die Einwohner dieser Kleinstadt behandelten uns nicht hochnäsig wie Menschen zweiter Klasse, sondern freundlich wie ihresgleichen. Es war ein großartiges Gefühl, ein ganz normaler Mensch zu sein. Meine Tochter warf übermütig ihren geflochtenen Zopf über die Schulter. »Jetzt müssen wir nicht mehr überlegen, wo wir nächste Woche hinziehen ...« Wali stimmte ein: »Hier ist das Paradies!«

Obwohl uns die Nachbarn nicht kannten, kamen sie auf der Straße auf uns zu und begrüßten uns freundlich. »Wann seid ihr angekommen? Kommt ihr aus Syrien oder Usbekistan?« Offenbar stammten viele Flüchtlinge in diesem Ort aus diesen Gebieten. »Nein, wir kommen aus Kasachstan«, gaben wir zu deren Verwunderung zurück.

In den nächsten Tagen hatte Wulanai über eine Suchmaschine im Internet einen großen Supermarkt in der Nähe ausfindig gemacht. »Mutter komm, wir gehen zusammen dahin.« Schon zog er mich hinter sich her. Zwischen den Lebensmittelregalen trat ein etwa 60 Jahre alter schwedischer Herr auf mich zu. »Herzlich willkommen, Sayragul Sauytbay«, sprach er mich an.

Ich verstand kein Wort außer meinem Namen, aber mein kleiner Sohn beherrschte Russisch und ein paar Brocken Englisch, sodass er einigermaßen übersetzen konnte. Dieser Schwede hatte jahrelang in Zentralasien gelebt und die Nachrichten im Internet dort verfolgt. In Kasachstan war ich eine berühmte Person, darum kannte er Bilder von mir. Er gratulierte mir mehrfach und freute sich sehr, dass wir hier in Schweden Asyl gefunden hatten. »Herzlich willkommen in eurer neuen Heimat!«

Das war mein nächstes wunderschönes Erlebnis in Schweden. Doch nach wenigen Tagen verwandelte sich unsere euphorische Glücksstimmung ins genaue Gegenteil. Wir versanken in tiefen Trübsinn.

... zu Tode betrübt

Es war Ferienzeit und Sommer. Das Leben war schwierig. Ohne Freunde, ohne Schule, ohne Aufgabe. Beide Kinder waren erfolgreiche Schüler gewesen und hatten zu ihren Lehrern eine enge Beziehung gehabt. Nun wischten sie sich mit den Fingern ständig durch die Bilder in ihren WhatsApp-Gruppen und lasen die Nachrichten ihrer ehemaligen Klassenkameraden. So kam es, dass sich Wulanai und Wukilumu nach ein paar Tagen am Esstisch die Augen rot gerieben haben. So furchtbar einsam fühlten sie sich.

Im weiten Umkreis fanden sich keine anderen Kasachen, Uiguren oder Muslime aus Ostturkestan. Mein Mann, der zeitlebens so aktiv und fröhlich gewesen war, der sonst sein Herz auf der Zunge trug, der zu jeder Tageszeit, ob es morgens früh, mittags oder abends war, Freunde und Bekannte zu uns eingeladen hatte, war plötzlich in Schweigen verfallen. Immer waren Gäste mit uns am Tisch gesessen. Auf einmal aber war es so still im Haus. Und nur das Weinen der Kinder war zu hören.

Wir vier hatten uns sehr verändert. Wegen jeder Kleinigkeit schossen uns die Tränen in die Augen. Besonders schwer hatte der Trübsinn meinen Mann erwischt. Sonst war es ich gewesen, die sich allein mit ihrem Kummer in sich selbst zurückgezogen hatte. Verschlossen und unzugänglich. Wali war genau das Gegenteil. Zumindest bis zu diesem Zeitpunkt.

Seit einigen Tagen trug er ständig das Buch von Habbas Habsh herum, das wir bei dem Fest auf dem Berg geschenkt bekommen hatten. In dieser Phase war der alte Schriftsteller der Einzige, von dem sich mein Mann noch verstanden fühlte. Immer las er das gleiche Buch mit den kasachischen Erzählungen. Immer wieder von vorne. Gedichte wie: »Der schöne Mond ist unsichtbar, Auch die Sterne sind verschwunden ...« Mein Mann, ein so lieber und so offener Mensch, wollte plötzlich mit niemandem mehr reden.

Eines Morgens schloss sich Wali mit dem Buch ins Schlafzimmer ein. Nach ein paar Stunden versuchten die Kinder und ich – erst nacheinander, dann gemeinsam –, ihn herauszulocken; wir rüttelten an der Klinke, aber er schimpfte nur: »Lasst mich in

Ruhe!« Wir waren tief besorgt. »Was ist mit Papa?«, schluchzte Wukilumu. Als die Sonne unterging, war Wali noch immer allein im Zimmer. So etwas hatte er vorher noch nie gemacht.

Spätabends stellte ich mich vor die verschlossene Tür, den Kopf an den Rahmen gelehnt, und fing an, mit ihm zu reden: »Wie soll es weitergehen, wenn du dich so verhältst? Komm doch bitte wieder heraus.« Aus Ostturkestan kannte ich genug Menschen, die von ihrer Traurigkeit wie von einer Krankheit zerfressen wurden. Viele hatten zu trinken angefangen, um sich selbst nicht mehr spüren zu müssen. »Wenn du so weitermachst, kommst du aus diesem Loch nicht mehr heraus!«, redete ich ihm zu, den Mund ganz nah am Türspalt. Nur Schweigen als Antwort. Da sprach ich lauter: »Gut, du hast momentan keine Freunde hier. Dann erzähle wenigstens mir, was dir auf deinem Herzen lastet, damit du dich erleichtern kannst.« Es war Nacht, als Wali die Tür aufsperrte.

Diese Zeit, zwischen dem 3. und 17. Juni 2019, bis zum Beginn unseres ersten Sprachkurses, war nur schwer auszuhalten. Materiell ging es uns gut, aber wir fühlten uns furchtbar verlassen und von Heimweh geplagt. Die Kinder sprachen nur noch über ihre Freunde in Kasachstan, die sie schrecklich vermissten. »Alles ist schön hier, aber wir können uns nicht verständigen«, klagten sie. »Wie soll das nur mit uns weitergehen?« Ohne Sprache, ohne Verbindung. In den geweiteten Kinderaugen spiegelte sich ihre große Hilflosigkeit.

Zwischendrin schickte ich Wukilumu und Wulanai zum Spielen hinaus, um mich mit Wali ungestört im Wohnzimmer zu besprechen. »Wir haben bereits sehr viel schlimmere Zeiten durchgemacht. Wir müssen durchhalten, auch diese Phase wird vorübergehen.« Müde stützte mein Mann seinen Kopf auf beide Hände auf. »Du darfst nicht alles in dich hineinfressen und dich kaputtmachen lassen«, redete ich weiter und zog ihn näher an mich heran, »wir müssen zusammenhalten, nur dann schaffen wir es, unseren Weg weiterzugehen.«

Telefonieren war teuer, weil wir noch über keine Internetverbindung verfügten, aber trotzdem versuchte ich jeden Tag, für Wali eine Verbindung zu unseren Verwandten in Kasachstan herzustellen. Fortwährend bemühte ich mich, seine Neugierde anzustacheln und ihn zu überzeugen, Nachbarorte zu besuchen, an den Strand zu laufen oder in die Stadt zum Bezirksamt zu gehen, um dort den Schriftverkehr zu erledigen.

Eines Tages klopfte es um die Mittagszeit herum an unsere Tür. Als ich aufmachte, stand ein kleiner blonder Junge davor, wahrscheinlich ein Kind aus der Nachbarschaft. Hilfesuchend rief ich nach meiner Tochter: »Geh mal zu ihm und frage, was er möchte. Du kannst wenigstens ein bisschen Englisch, versuche es.« Und der Junge machte klar: »Ich habe gesehen, dass bei euch in der Wohnung ein Junge lebt. Er soll rauskommen zum Spielen.« Da ich eine Beschwerde oder irgendetwas Übles vermutet hatte, lachte ich erleichtert auf.

Mit den Händen scheuchte ich Wulanai hinaus. »Geh raus zu ihm, selbst wenn du ihn nicht verstehst, spiele mit ihm. Vielleicht lernst du da draußen noch andere Jungen kennen.« Und mein Sohn ging hinaus, kam aber nach einer Weile weinend wieder zurück. »Was ist los mit dir?«, fragte ich ihn. Er presste sein nasses Gesicht gegen meinen Bauch, während ich ihn mit beiden Armen umschloss. »Ich wollte mit ihnen reden«, schluchzte er, »aber keiner versteht mich. Was soll ich jetzt tun?«

Nach ein paar Tagen fingen die Kinder an, sich mit der ungewohnten Situation anzufreunden. Wenig später kaufte ich ihnen Badesachen. Damit gingen sie an den Strand und brachten sich selbst das Schwimmen bei.

Kasachische Flaggen in Schweden malen

Etwa zwei Monate vor Schulbeginn begannen die Sprachkurse für die Neuankömmlinge. Mir war mulmig zumute, als ich meine Tochter und meinen Sohn in der Schule ablieferte. Würden sie meine Kinder als Muslime aus Ostturkestan verachten? Doch die zwei Lehrerinnen nahmen Wukilumu und Wulanai so herzlich wie ihre eigenen Kinder auf. Gerührt beobachtete ich, wie das Lächeln nicht mehr aus ihren Gesichtern wich.

Mit Wulanai und Wukilumu drückten gemeinsam Flüchtlingskinder aus dem Sudan, Irak, Syrien, Afghanistan und anderen Krisenregionen die Schulbänke. An der Wand hingen gemalte Flaggen aus 17 verschiedenen Ländern. Am selben Abend hatten alle Neuankömmlinge den Auftrag, eine Flagge aus ihrer Heimat zu malen und am nächsten Morgen mitzubringen, um diese Bilder neben die anderen an die Wand zu heften.

»Wir sind in einem fremden Land, und trotzdem interessieren sich unsere Lehrerinnen dafür, woher wir kommen«, wunderten sich mein Sohn und meine Tochter und freuten sich dabei. Zweifelnd hob ich die Augenbrauen. War das tatsächlich ehrliches Interesse und Offenheit? Ohne versteckte Anklagen und Vorwürfe? Mein Sohn bestätigte das mit heftigen Kopfnicken: »Die Lehrerin hat sogar gesagt: Ihr sollt euer Vaterland in Erinnerung behalten, denn dort habt ihr eure Wurzeln.« »Diese Frauen sind wie unsere Tanten«, bekräftigte Wukilumu ergriffen und legte ihre Hand dorthin, wo ihr Herz schlug.

Gleich nach dem Essen setzten sich beide hin und fingen an, mit ihren Buntstiften zu malen. Aber während sie mit den Stiften übers Papier fuhren, schnieften sie, weil die schönen Erinnerungen an die Heimat ihr Gedächtnis überschwemmten. Dabei tropften ihre Tränen aufs Papier, und die Farben verliefen untereinander. Das strahlende Türkis, das den Himmel über der weiten Steppe Kasachstans darstellt, vermischte sich mit dem Goldgelb der Sonne und dem Steppenadler mit seinen weit ausgebreiteten Flügeln darunter.

Darum mussten Wukilumu und Wulanai ständig von vorne mit einem neuen Bild anfangen. Die Farben und Symbole unserer Flagge stehen für Frieden und Einigkeit, Hoffnung und den freien Flug der Gedanken. Bis Mitternacht weinten und malten die beiden. Als die Kinder im Bett waren, setzte ich mich aufs Sofa, und dann liefen mir die Tränen in Strömen herunter.

Am nächsten Morgen hängten die Lehrerinnen die Fahnen auf, damit jedes Kind stolz auf sein Land sein konnte. Von diesem Tag an wendete sich für uns alles zum Guten. Die Kinder lernten noch schneller als gedacht und freundeten sich bald mit den anderen an. Abends waren wir zu viert mit dem Lernen neuer Vokabeln beschäftigt, lösten gemeinsam am Küchentisch unsere Hausaufgaben und veranstalteten einen Wettbewerb. »Wer ist als Erster fertig?«, neckte ich die Kinder.

»Du wirst schon sehen«, wendete ich mich als Nächstes ihrem Vater neben mir zu und stieß ihn mit dem Ellbogen leicht an. »Am Ende wird alles sogar noch viel besser als vorher sein.« Wali hob seinen Kopf und blickte mich traurig, aber hoffnungsvoll an. »Wird es wirklich wieder so wie früher sein? Mit neuen Freunden? Werden wir wieder unser eigenes Geld verdienen?« »Aber ja, vielleicht können wir sogar als Lehrer arbeiten«, gab ich munter zurück. Da strahlte er übers ganze Gesicht und nahm mich in den Arm. »Du hast recht. Wieso sollen wir traurig sein? Wir haben nur Grund zur Freude!«

Für uns war es der Beginn eines großen Abenteuers. Wali und ich lernten viele interessante Menschen aus vielen anderen Ländern kennen und tauschten uns mit ihnen über ihre Kultur und ihre Lebensweise aus. Zu unserer großen Freude beehrte uns als unser erster Gast ein Kasache mit seinem Besuch, der seit Jahrzehnten in Dänemark lebte. Mitte Juni meldete sich der nächste Gast an, dieses Mal war es ein Schwede aus Amerika, der sich extra ein Flugticket gekauft hatte, um uns im Auto sein schönes Land zu zeigen und zum Abschied einen Flachbildschirm zu schenken. »Als Schwede bin ich sehr stolz, dass mein Land euch aufgenommen hat«, verabschiedete er sich von uns. Das war ein Erlebnis! Diesen ungewöhnlichen Mann werde ich nie vergessen.

Im August lud uns das schwedische Außenministerium nach Stockholm ein, wo ich eine Aussage über die Situation in den chinesischen Straflagern gemacht habe. Das war eine Herausforderung, die meiner Familie gutgetan hat. Auch meine Anwältin aus Kasachstan besuchte uns zwei Mal. So fingen wir Schritt für Schritt an, uns einzuleben. Das schwedische Schulsystem ist viel besser als in Kasachstan. Die Kinder werden hier ihren Weg machen. Ihnen stehen viele Türen offen.

Und immer wieder kommen Journalisten und Einladungen politischer Organisationen ins Ausland. Im März 2020 verlieh mir der amerikanische Außenminister Mike Pompeo in Washington den »IWOC« (International Women Courage Award), unter anderem für meinen großen Mut und dafür, dass ich »außergewöhnliche Risiken« mit meiner Menschenrechtsarbeit eingegangen sei. Dabei habe ich nichts Besonderes getan, außer Bericht zu erstatten über das, was ich erlebt habe.

Ich werde nicht aufhören, die Wahrheit zu erzählen

Zu meiner Überraschung entdeckte ich während der Interviewpausen für das Buch bei meinen Spaziergängen in den deutschen Einkaufsstraßen viele »1-Euro-Shops«, die vollgestopft sind mit billigen chinesischen Waren. Diese bunten Artikel sehen so harmlos aus. Welche Gedanken und welche Politik hinter diesen kleinen Dingen stehen, das ist jedoch eine große Sache.

Mit sanften Methoden fasst Peking in vielen Teilen der Welt Fuß, überschwemmt die Welt mit günstigen Produkten und vergibt großzügige Kredite. Das langfristig angestrebte Ziel der Regierung ist es, sich Monopole zu sichern und eine neue Ordnung in der Welt zu etablieren. Und wenn sie das erst einmal erreicht haben, wird allein die KPCh die Regeln diktieren. Dann erwartet uns alle eine Herrschaft von Tyrannen.

Längst strecken Regierung und Partei ihre Tentakel wie ein Krake in die Universitäten der Welt, nehmen Einfluss auf Eliten und Meinungsmacher aus Wirtschaft und Politik, versuchen, die Europäer zu spalten, umgarnen mit Milliardensummen rechte osteuropäische Länder wie Polen und Ungarn, verfolgen Andersdenkende im Ausland, setzen Medien und Universitäten unter Druck, werben um Aufbau sowie Kontrolle der Mobilfunknetze und importieren die chinesische Zensur.

Das führt in freien Ländern unter anderem dazu, dass ein Weltklassefußballspieler wie Mesut Özil vom Platz gewiesen wird, weil er es gewagt hatte, die Einrichtung der Straflager in China zu kritisieren. Dazu, dass ein großer Konzern wie »Daimler« sich untertänigst bei Peking für die Veröffentlichung eines harmlosen Kalenderspruchs des Dalai Lama entschuldigt und ihn, wie verlangt, löscht. Dazu, dass die »Lufthansa« sich wie ein gerügtes Kleinkind schämt, weil sie Taiwan als eigenes Land aufgeführt hatte ...Wenn aber Firmeninhaber und Bürger dieser Welt weiterhin die ökonomischen Interessen wertvoller einschätzen als die Menschenrechte, verkaufen wir unsere Seele an den Teufel.

Mit 22 anderen Nationen hat Deutschland die Menschenrechtsverletzungen in den Straflagern in China angeprangert. Darunter ist kein einziges muslimisches Land, das Solidarität zu seinen Glaubensbrüdern und -schwestern im Nordwesten Chinas ausgedrückt hätte. Sofort danach bekam Peking Rückendeckung von 37 anderen Staaten, darunter Russland, Syrien oder Myanmar, deren Machthaber die Freiheit ihrer Bürger selbst mit Füßen treten und vor allen ihren eigenen Interessen dienen.

Mit Wirtschaftsdeals und Investitionen hat sich China deren Loyalität erkauft und sie in Abhängigkeit gebracht, die Bürger solcher Länder aber leben heute nicht in blühenden Landschaften, die Peking ihnen zuvor versprochen hatte. Stattdessen sitzen solche Staaten auf hohen Schuldenbergen und haben stückweise ganze Straßenzüge, ihr Ackerland, ihre Häfen, Kraftwerke, Pipelines, Flughäfen und Zugstrecken an Peking verscherbelt. Nur, was bleibt am Ende übrig fürs eigene Volk, wenn die Entscheidungsträger ihre eigene Heimat verkaufen?

Im Gegensatz zu dieser verantwortungslosen Politik machen mir die anderen 23 westlichen Länder Mut. Obwohl auch für sie die ökonomischen Interessen lebenswichtig sind – besitzen sie die Weitsicht, dem Wert der Menschenrechte ein höheres Gewicht beizumessen. So ist China beispielsweise Deutschlands wichtigster Handelspartner, und das schenkt all denjenigen Menschen auf der Erde Hoffnung, die in Leid und Elend leben, genauso wie denjenigen, die für Freiheit, Gerechtigkeit und gegen Willkür kämpfen. Irgendwann werden wir vielleicht erfolgreicher sein als die anderen! Dann wird es in Zukunft ein besseres Leben für alle Menschen auf der Welt geben.

Selbst wenn Peking weiterhin mit Gewalt und Desinformation versucht, mich als Lügnerin und Betrügerin abzustempeln, meine Familienangehörigen dabei als Geiseln benutzt und alles unternimmt, um mich zum Verstummen zu bringen, werde ich nie damit aufhören, Zeugnis abzulegen. Diesen 23 Ländern bin ich zutiefst dankbar dafür, dass ich heute hier in Schweden in Frieden mit meiner Familie leben darf. Und dass sie mir die Freiheit geschenkt haben, die Wahrheit aussprechen zu dürfen.

Beim letzten Gerichtsprozess in Kasachstan hatten mich zwei Vertreter des chinesischen Konsulats gebeten, mit ihnen unter vier Augen zu sprechen. Natürlich beabsichtigten sie, mir dabei wieder Angst einzujagen und den Mund für alle Zeiten zu verbieten. Damals habe ich in aller Öffentlichkeit mitten in den Saal hineingerufen: »Hier wollen mich zwei Chinesen zum Schweigen bringen, aber ich werde nicht aufhören, die Wahrheit zu sagen!«

Hinter mir liegen 43 verlorene Jahre. Seit meiner Kindheit habe ich unter der Kontrolle der Kommunistischen Partei gelebt. Was die Partei wünschte, haben wir erfüllt. Ich hätte schon vor 20 Jahren nach Europa kommen sollen. Dann hätte ich viele Sprachen und viele Berufe gelernt, viele Länder besucht und wäre mit vielen Menschen in Kontakt getreten. Aber noch ist es nicht zu spät für mich. Ich will die geschenkte Zeit nutzen, um Verlorenes nachzuholen und auf friedlichem Weg für die Freiheit zu kämpfen, denn Freiheit ist nichts Selbstverständliches.

Die Masseninternierungen in Ostturkestan sind ein Beweis dafür, dass die Regierung in Peking keine Skrupel kennt, diejenigen brutal zu vernichten, die ihr im Weg stehen. Keiner kann nach diesem Buch noch behaupten, dass er davon nichts gewusst habe.

Das (Gedanken-)Virus

Die Interviews für das Buch waren noch nicht abgeschlossen, als sich Mitte Dezember 2019 die Zahl der mit dem Coronavirus Infizierten in der Elf-Millionen-Einwohner-Metropole Wuhan auffällig häufte. Da der dort zuständige Gouverneur der Provinz Hubei kein Recht hatte, eigenständig Maßnahmen zu ergreifen, meldete er die Situation umgehend an das nationale Zentrum für Seuchenbekämpfung in Peking. Niemand unternahm jedoch etwas, um die Ausbreitung des Virus einzudämmen.

Stattdessen gab die KPCh ihr Bestes, um alle Tests zu stoppen und bestätigte Laborproben zu zerstören; außerdem wurden chinesische Reporter und Personen festgenommen, die vor der Gefahr einer raschen Verbreitung des Virus gewarnt hatten. Der Gouverneur der Provinz Hubei wurde ebenfalls aus seinem Amt entfernt. So verstrichen weitere 20 Tage, in denen sich das Virus in einer Millionenmetropole verbreitete.

Epidemiologen gehen davon aus, dass die erste Übertragung bereits im Oktober passierte. Nachdem die Einwohner Wuhans erfahren hatten, dass die Stadt am 23. Januar kurz vor der Schließung stand, machten sich etwa fünf Millionen Menschen von dort aus auf den Weg. Wer Geld und einen Reisepass besaß, flog in Länder auf der ganzen Welt; andere flüchteten sich nach Xinjiang oder reisten innerhalb Chinas.

Die KPCh hatte also mit einem Handstreich eine Tragödie ausgelöst, die am Ende die ganze Welt betroffen hat. Millionen Unschuldige leiden seither unter dem Virus und zahlen einen bitteren Preis für diese intransparente Politik. Hätte Peking zu Beginn der Ausbreitung des Virus energisch kontrolliert und die Zustände rechtzeitig der Weltgesundheitsbehörde gemeldet, wäre der Menschheit die nachfolgende Tragödie erspart geblieben. Die gefälschten Krankenakten, vertuschten Fälle und geschönten Statistiken machten es den anderen Ländern zudem unmöglich, aus dem Geschehen im Ursprungsland zu lernen und die eigenen Einwohner besser zu schützen.

Aktuell präsentiert die chinesische Regierung nach altbewährter Manier ihre humanitäre Softpower, verdreht geschickt die Tatsachen und präsentiert sich der Welt als vorbildlicher Vorkämpfer gegen das Virus, um vom eigenen systematischen Versagen abzulenken und den Ursprung des Virus in Vergessenheit geraten zu lassen. Für die vermeintlich großzügige humanitäre Hilfe, unter anderem in Form von Atemmasken und Krediten, wird sie in Zukunft willige Gefolgschaft von noch mehr Ländern einfordern. Durch gezielte Desinformationskampagnen nutzt Peking wie andere autokratische Staaten diese Krise zudem, um Verwirrung zu streuen und das Vertrauen der Europäer in die Einheit der EU zu stören.

Schnell vergessen sind die mutigen Menschen, die über die katastrophalen Zustände in Wuhan berichtet hatten, bevor sie zum Schweigen gebracht wurden. Vergessen ist auch, dass vorherige Erreger wie das SARS-assoziierte Coronavirus (Erreger des schweren akuten respiratorischen Syndroms) und Typen des Influenza-A-Virus (Erreger der Vogelgrippe) ebenfalls ihren Ursprung in China genommen hatten. Der Zusammenhang zu Wildtiermärkten und einer schonungslosen Umweltzerstörung liegt laut Experten sehr nahe. Ins Gerede gekommen ist auch ein Labor für Virologie nahe eines solchen Marktes in Wuhan, in dem am »Coronavirus« geforscht wird und über das die *Washington Post* 2018 über Sicherheitsmängel berichtete. Ein Virus dieser Art lässt sich nicht mit Spekulationen bekämpfen, sondern nur mit globaler Kooperation und offenem Austausch. Das neue Märchen aus Peking aber lautet: »Das Virus stammt aus einem Militärlabor der USA.« China habe es dank seiner überlegenen Mittel besiegt und helfe gönnerhaft dem Rest der Welt.

Noch erschreckender als das Coronavirus selbst ist das im Testlabor Ostturkestan entstandene chinesische faschistische »Gedankenvirus«, das sich in allen Teilen der Welt verbreitet hat. Die damit infizierten Menschen erkennen nicht, dass dadurch Freiheit, Frieden und Menschenrechte auf der ganzen Welt bedroht sind. Und dass Peking mit dem propagierten »chinesischen Modell« die Überlegenheit der Diktatur gegenüber der Demokratie unter Beweis stellen will. Ein Virus, das in der Lage ist, die gesamte Erdbevölkerung heimzusuchen, macht uns Menschen erneut deutlich, wie überlebenswichtig es ist, die Welt als großes Ganzes zu begreifen.

Dieses Mal wird sich das Coronavirus nach einiger Zeit allmählich zurückziehen. Die Situation auf der ganzen Welt wird sich normalisieren, aber Chinas Gedankenvirus gegen die freiheitliche Welt wird nicht verschwinden. Ich hoffe, dass die Menschen rund um den Erdball verstehen, welche Gefahr von der KPCh und der Regierung in Peking nicht nur den Chinesen selbst, sondern allen Bürgern dieser Welt droht. Dieses »denkende« Virus ist weit gefährlicher als das Coronavirus.

Es ist die Hölle!

Schlusswort von Alexandra Cavelius

Sehr schnell haben wir die Auswirkungen unserer Arbeit zu spüren bekommen. Seitdem unser Buch *Die Kronzeugin* veröffentlicht worden ist, steht Sayragul Sauytbays Telefon in Schweden kaum noch still. Die Nummern auf ihrem Display stammen, wie gehabt, zumeist aus China. Wieder drohen die Anrufer mit dem Schlimmsten, mit dem man einer Mutter drohen kann: »Denk an deine Kinder ...«

Weiter bin ich in steter Sorge um das Leben dieser todesmutigen Menschenrechtsaktivistin, die für Frieden, Gerechtigkeit und Freiheit der Uiguren, Kasachen und anderen muslimischen Ethnien in ihrer Heimat kämpft. Bei meinem ersten Buch *Die Himmelsstürmerin – Chinas Staatsfeindin Nr. 1 erzählt aus ihrem Leben* vor knapp 14 Jahren über die weltweit bekannte und mehrfach für den Friedensnobelpreis nominierte Uigurin Rebiya Kadeer hatte ich, kurz vor ihrer Abreise zu mir nach Deutschland, eine schockierende Nachricht erhalten. Die Dissidentin war Opfer eines Mordanschlags geworden, den sie fast nicht überlebt hätte. Die Spuren damals führten das FBI in Washington zur chinesischen Botschaft.

Dennoch konnte ich bald darauf, im Jahr 2006, die Interviews mit einer noch schwer gezeichneten, zarten, aber unglaublich kämpferischen und lebhaften Frau führen, mit Halskrause und schwarzblau gefleckter Stirn. Mit einem Mal jedoch wirkte unser Dolmetscher zunehmend verstört, versuchte, mich in die Irre zu lenken, und behielt Schriftstücke ein. Erst nachdem der Verlag ihm mit rechtlichen Schritten gedroht hatte, gab er zu, dass Peking ihn unter Druck gesetzt habe.

Diesen Fehler, einen falschen Übersetzer zu wählen, wollte ich bei den Interviews mit der international bekannten und kasachischen Whistleblowerin Sayragul Sauytbay im Jahr 2019 nicht wiederholen. Deshalb verzichtete ich diesmal bei der Auswahl eines Übersetzers lieber auf eine akademische Bildung und setzte stattdessen darauf, dass er von einer Menschenrechtsorganisation als vertrauenswürdig eingestuft wurde.

Aber auch jener Mann änderte sein Verhalten nach Aufnahme unserer gemeinsamen Gespräche. Er übersetzte teils falsch und unterschlug gezielt wichtige Informationen über das Straflager, die ihm Sayragul Sauytbay extra für mich auf einen Notizblock diktiert hatte. Sein Verhalten zwang mich schließlich dazu, alle Informationen mithilfe anderer Dolmetscher erneut abzufragen. Das kostete nicht nur Nerven, sondern auch Zeit und Geld, was für einen kleinen unabhängigen Verlag wie den Europa Verlag das Ende bedeuten kann.

Zuerst hatte jener Übersetzer versucht, unsere Arbeit am Buch zu sabotieren, danach den Druck des Buches zu verhindern, und zuletzt betrieb er im Netz üble Nachrede über seine kasachische Mitbürgerin. Was ihn letztendlich dazu bewogen hat, wissen wir nicht. Bekannt aber ist, dass die KPCh oft Familienangehörige solcher Leute in ihrer Heimat in Sippenhaft nimmt oder sie mit großzügigen Geldsummen zum Seitenwechsel verführt. Fakt ist zudem, dass dieser Mann noch wenige Monate zuvor in Brüssel bei einer Einladung der EU an Sayragul Sauytbays Seite stand, um dort ihren Mut und ihre Menschenrechtsarbeit anzuerkennen.

Es galt, einige Hürden zu überwinden, damit ich auf Grundlage unserer Gespräche ihre Geschichte niederschreiben konnte. Zuletzt erlebte ich, wie stark und kraftvoll Sayragul Sauytbay auf den Presseterminen auftrat. Und wie sie gleich danach, abseits der Öffentlichkeit, mit den Folgen des Lagers kämpfte. Geplagt von einem traumatisch bedingten Stress, der sich unter anderen in Herzrasen und ständiger Übelkeit infolge eines zerstörten Magens äußert.

Ich erlebte, wie sie sich erschöpft im Taxi zurücklehnte, ans krampfende Herz fasste, die Augen geschlossen, stöhnend den Bildern aus der Vergangenheit ausgeliefert: »Was machen Sie genau in dieser Minute mit meinen Landsleuten? Ich weiß es. Sie werfen die vergewaltigten Mädchen wie Abfall in die Zellen. Sogar das Weinen verbieten sie ihnen ...« Mit Staunen verfolgte ich, wie sie sich danach wieder straffte und erhob, um anderen Menschen Trost zu spenden und unermüdlich bis in die Nacht hinein für die Unterdrückten in Ostturkestan weiterzuarbeiten und weiterzukämpfen.

Mit jedem öffentlichen Auftritt setzt diese Frau ihr Leben aufs Spiel. Und bei jedem Interview werden in ihr die grauenhaften Erinnerungen aufs Neue lebendig. Doch all das nimmt sie weiterhin auf sich, um die Folter an unschuldigen Kindern, Frauen, Alten und Männern in ihrer Heimat bekannt zu machen. Damit deren unaussprechliches Leid ein Ende nimmt. Und damit die Welt nicht länger ungeniert den Blick abwenden kann.

Als ich im Juni 2020 mit Sayragul Sauytbay auf einer Pressereise für unser Buch im Zug von Berlin nach München saß, recherchierte sie auf ihrem Handy quer durchs Internet über Pekings Politik. Als Erstes zeigte sie mir auf der Seite der Menschenrechtsorganisation »Atajurt« gepostete Fotos von einem buddhistischen Gebetshaus in Tibet, über dem ein Propaganda-Plakat in chinesischer Schrift hing: »Ohne die Kommunistische Partei gibt es auch keinen Tathagata Buddha.« Nachdenklich blickte Sayragul auf. »In Ostturkestan predigt die KPCh den Menschen: Euer Leben und alles, was ihr besitzt, wird euch von der KPCh gegeben. Ohne die KPCh gibt es keinen Gott.«

Im nachfolgenden Beitrag deutete sie mit dem Finger auf ein Foto aus Brasilien mit einem weiteren Propaganda-Plakat: »Even the Brasilians are mad of China!« (Sogar die Brasilianer sind verrückt nach China!) Im Anschluss daran spielte sie mir einen Film vor mit zwei weinenden schwarzafrikanischen Kindern, die von Parteikadern in ihrer eigenen Heimat gezwungen werden, Chinesisch zu lernen und laut zu singen: »Wir haben alle eine Familie namens China.« Ihre Kindergesichter gequält, aber ihre Münder beim Singen weit aufgerissen: »Und wir haben viele Brüder und Schwestern, und die Landschaft dort ist schön ...« Dieses Lied »Großartiges China« kennt Sayragul aus Ostturkestan. Ihre kasachischen und uigurischen Schulkinder mussten dieselben Texte singen.

Mit einem Mal blieben Sayraguls Blicke an einem Video vom 19. Parteitag in Peking hängen, auf dem hochrangige Parteikader vor großem Publikum ihre Reden schwangen.

Ich fragte nach: »Wer ist dieser Referent, der da spricht?«

»Das ist der Bildungsminister Chen Baosheng.«

»Was sagt er?«

»Er sagt, dass bis zum Jahr 2049 das chinesische Bildungssystem auf der ganzen Welt als zentrales Bildungssystem akzeptiert wird.«

Verdutzt zog ich die Augenbrauen hoch und hakte nach »Was äußert er genau?«

»Das weltweite Bildungssystem wird bis dahin von der KPCh geleitet und geregelt. China wird vorschreiben, was die Welt für ein Bildungssystem haben wird.«

»Was???«

»Die ganze Welt wird der KPCh gehorchen und nur noch die Schulmaterialien verwenden, die die Partei zur Verfügung stellt.«

Es hielt mich kaum mehr auf meinem Sitz. »Und weiter ...?«

»In allen Schulen weltweit soll das chinesische Schulsystem eingeführt werden. Alle Schüler werden mit chinesischem Schulstoff versorgt und Chinesisch sprechen.«

Zuletzt habe ich sehr aufgeregt gerufen: »Sie machen gar kein Geheimnis aus ihren Eroberungsplänen. Diese Rede von Chen Baosheng ist ein weiterer sehr wichtiger Beleg für den Drei-Stufen-Plan!«

Bei Nachforschungen stieß ich im Netz sogleich auf ein Foto von Chen Baosheng bei einem Besuch in der CSU-nahen Münchner »Hanns-Seidl-Stiftung«. Wenige Tage später, am 27. Juni 2020, berichtete die Tagesschau über einen aufgeflogenen und bestens vernetzten BND-Spion, der in der Hanns-Seidl-Stiftung gearbeitet hatte und zum chinesischen Geheimdienst gewechselt war. Seine Aufgabe war es unter anderen, Referenten über den Weltuigurenkongress in München »auszupressen«, wie es im Geheimdienstjargon heißt. In der Vergangenheit hatte dieser Spion mehrmals vergebens versucht, auch mich einzuladen und auszufragen. Der Fall stände exemplarisch für den strategischen Ansatz chinesischer Geheimdienste, heißt es in Sicherheitskreisen. »Neben Angriffen in der virtuellen Welt setzen diese beharrlich auf Anwerbung menschlicher Quellen in allen Bereichen des öffentlichen Lebens«, so das ARD-Hauptstadtstudio. Der Fall wiege schwer.

Nachdem ich Sayragul Sauytbay im Juli 2020 mitgeteilt habe, dass eine große politische Stiftung eine geplante Veranstaltung in Berlin mit uns abgesagt und vage aufs nächste Jahr verschoben hat, war sie für einen Moment lang sehr traurig. Wegen des neuen Sicherheitsgesetzes in Hongkong fürchteten die Organisatoren jedoch, dass andernfalls ihre Mitarbeiter in China unter der Präsentation unseres Buches zu leiden hätten.

Eine Woche darauf las ich in der Zeitung, dass das Auswärtige Amt die Flagge aus Taiwan von seiner Seite gelöscht und stattdessen ein weißes Bild hinterlassen habe. Auf dem *Münchner Merkur* prangte die Schlagzeile: „Auswärtiges Amt hisst weiße Fahne: Flagge verschwindet von Homepage – »Schämt euch.« Kurz danach stach mir die Überschrift der *Frankfurter Allgemeinen Zeitung* ins Auge: »Bei Kritik an China: Bundesregierung rät zu Selbstzensur.« Deutsche sollten in Zukunft bei China-Kritik besonders vorsichtig sein, warne das Auswärtige Amt.

Das geänderte Sicherheitsgesetz erlaubt es der KPCh, ab sofort alle Leute festzunehmen, die Kritik an Pekings Politik üben. Auch Andersdenkende, die im Ausland leben und nach China einreisen. Als Autorin unseres Buches »Die Kronzeugin« würde mich dort lebenslange Haft erwarten, womöglich sogar die Todesstrafe. Der Vorwurf lautet in so einem Fall gemeinhin auf Separatismus oder Terrorismus.

Ob ich selbst um mein Leben Angst habe? Das fragen mich Journalisten oft. Nein, antworte ich, aber nachdenklich bin ich schon. Allein die Tatsache, dass man diese Frage mit solcher Selbstverständlichkeit stellt, ist ein Indiz dafür, wie gefährlich der Einfluss der KPCh auch in Deutschland ist. Mich beeindrucken deren Aktionen in meinen eigenen vier Wänden nicht. Häufige Anrufe mit chinesischen Nummern, während meiner Arbeit am Buch. Dazu eine automatische Stimmen, die mir »Auf Wiedersehen« wünscht, oder Unbekannte, die mir still ins Ohr atmen. Fotos, mit Messern auf dem Tisch oder Kalaschnikows an eine Wand gelehnt, hatte ich beim ersten Buch über Rebiya Kadeer erhalten. Dazu Koransprüche, die Ungläubigen wie mir den Tod wünschten. Es sollte so aussehen, als hätten Muslime mir diese Nachricht geschickt. Eine Nachfrage bei der Kripo ergab, dass die Bilder aus Peking kamen.

Im Juli titelt *Die Welt:* »China: Wie Peking seine Macht ausweitet«, und der *Spiegel* schiebt nach: »China weitet militärische

Präsenz in Afrika offensichtlich massiv aus.« Setzt man all diese Berichte und einzelnen Bausteine zusammen wie ein Puzzle, erkennt man ein genaues Muster, was die Parteikader weltweit planen und wie lang der Arm Pekings sogar in Demokratien wie in Deutschland reicht ...

Doch trotz dieser erdrückender Belege wollen viele Politiker, Journalisten und Entscheidungsträger auf der Welt bis heute nicht glauben, was sie sehen und mit eigenen Ohren hören. Sie verschließen die Augen davor, wie die KPCh unbeirrt ihre Macht auf der Welt ausweitet. Das aber bedeutet für uns alle: Zensur, Propaganda, Korruption, Lüge, Rassismus, Folter, Straflager, Faschismus ...

Bevor sich drückende Betroffenheit in mir ausbreitet, gehe ich oft hinaus und schnappe Luft am nahen Fluss. Ein schwarzer Schwan schwimmt auf mich zu. In China gilt dieses sehr seltene Tier als Sendbote für den Einbruch des Unerwarteten ins Geplante. Wenn plötzlich alte Wahrheiten nicht mehr gelten, kann das katastrophale Auswirkungen haben. Der schwarze Schwan steht für den Anbruch einer neuen Zeit.

Diese Ausnahmeerscheinung der Natur spiegelt wider, wie unkalkulierbar politische Konsequenzen sind. Auf einmal dringen immer mehr Wahrheiten über die Grausamkeiten der chinesischen Regierung in Ostturkestan ans Licht. Auf einmal sind da die Konflikte mit Hongkong, England, den USA, Indien ... Was aber, wenn das Leben weniger lenkbar und überwachbar ist, als die KPCh denkt? Was, wenn sich am Ende das eigene Volk gegen Unterdrückung, Schulden und zunehmende Armut stemmt? Dann geht der Plan des Alleinherrschers Xi Jinping nicht mehr auf. Dann steht die Diktatur vor dem Ende.

Zu Hause schicke ich Sayragul per WhatsApp ein Bildchen von einem nach oben gereckten muskelbepackten Arm. Das ist unser Symbol, das uns Mut macht und Kraft gibt, wenn wir erneut vor einer Hürde stehen, die es zu überwinden gilt. Darunter schreibe ich: »Solange wir in Freiheit leben, werden wir nicht aufhören mit unserer Aufklärungsarbeit! Wir lassen uns nicht stören! Von niemandem! ...«

Gleich darauf antwortete Sayragul mir: 💪💪💪💪💪💪

Die neue Seidenstraße: Chinas weltweites Infras
Häfen, Bahnlinien und Energieleitungen sind Teil der „B

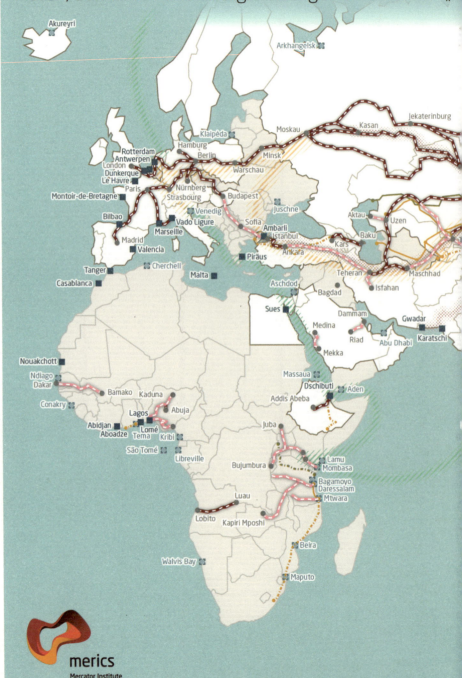